Benedetto Croce

Authorized Translation

by

Douglas Ainisilie

HISTORY

Its Theory And Practice

New York

Harcourt, Brace and Company

1923

根据纽约哈考特－布雷斯公司 1923 年版译出

汉译世界学术名著丛书
（120年纪念版·珍藏本）
出 版 说 明

2017年2月11日，商务印书馆迎来120岁的生日。120年前，商务印书馆前贤怀揣文化救国的理想，抱持“昌明教育，开启民智”的使命，立足本土，放眼寰宇，以出版为津梁，沟通中西，为中国、为世界提供最富智慧的思想文化成果。无论世事白云苍狗，潮流左右激荡，甚至战火硝烟弥漫，始终践行学术报国之志，无改初心。

迻译世界各国学术名著，即其一端。早在20世纪初年便出版《原富》《天演论》等影响至今的代表性著作，1950年代后更致力于外国哲学和社会科学经典的译介，及至1980年代，辑为“汉译世界学术名著丛书”，汇涓为流，蔚为大观。丛书自1981年开始出版，历时三十余年，迄今已推出七百种，是我国现代出版史上规模最大、最为重要的学术翻译工程。

丛书所选之书，立场观点不囿于一派，学科领域不限于一门，皆为文明开启以来，各时代、各国家、各民族的思想与文化精粹，代表着人类已经到达过的精神境界。丛书系统译介世界学术经典，引领时代思想，为本土原创学术的发展提供丰富的文化滋养，为推动中国现代学术和现代化进程做出了突出的贡献。

为纪念商务印书馆成立120周年，我们整体推出“汉译世界学术名著丛书”120年纪念版的珍藏本，寄望既利于文化积累，又便于研读查考，同时向长期支持丛书出版的译者、编者和读者致以敬意。

两甲子后的今天，商务印书馆又站在了一个新的历史时间节点上。我们不仅要铭记先辈的身影和足迹，更须让我们的步伐充满新的时代精神。这是商务人代代相传的事业，更是与国家和民族的命运始终紧密相连的事业。我们责无旁贷，必须做好我们这代人的传承与创造，让我们的努力和成果不仅凝聚成民族文化的记忆，还能成为后来人可以接续的事业。唯此，才能不负前贤，无愧来者。

商务印书馆编辑部

2017年10月

出版说明

本书作者贝奈戴托·克罗齐(Benedetto Croce,1866—1952年)是意大利著名的资产阶级唯心主义哲学家,新黑格尔主义学派的代表人物之一。

本书初版用德文写出,1915年出版,1919年又以意大利文再版。1920年英人道格拉斯·安斯利据意大利文版译出英译本,这本中译本是据英译本转译的。

克罗齐的著述甚多。在本书之前,还撰有《作为表现科学的美学》、《作为纯粹概念科学的逻辑学》和《实用哲学》等书,以后他将这三本书连同本书《历史学的理论和实际》合并,命名为《精神哲学》,卷次即依此排列,本书列为末卷。这四卷本的《精神哲学》表达了克罗齐的全部哲学思想,并构成他的一套哲学体系。克罗齐的历史观,深受黑格尔的影响,但又杂以康德以及奥地利的马赫和法国柏格森的观点,带有折衷主义的特色。

克罗齐的唯心主义历史观和马克思主义的唯物主义历史观是截然对立的。克罗齐站在公开反对马克思主义的反动立场,二十年代以后,经常发表文章反对马克思主义。意大利共产党人把批判克罗齐的哲学思想作为马克思主义理论战线的一项重要任务。此书译成中文出版,就是供我国理论界和学术界分析批判之用。

译者傅任敢先生译述本书，倾注了很大心力，译文一改再改，力臻既信又达雅。遗憾的是，在排出清样时，傅先生已去世，未能由他自己再做一次校订。在此谨向傅任敢先生表示深切悼念！

商务印书馆编辑部

1982年6月

意大利文第一版序

构成这部论著的文章几乎全部都于1912年到1913年间在意大利各学会的会刊和意大利各论评中刊登过。由于它们是一个全盘计划的一部分,所以收集成书并不困难。这一卷用德文印行过,书名叫作《历史学的理论和历史》①,图宾根默尔出版社1915年出版。

在用意大利文刊印成书的时候,我间或稍有修改,并增加了三篇短文,附在第一编后面,作为附录。

把这一卷书看作我的《精神哲学》的第四部分需要稍加说明;因为事实上它并不是我的哲学的一个新的自成体系的部分,而应看作我的史学理论的加深与扩大,那是我在第二部分即《逻辑学》的某几章中所已大体谈过的。但我对精神的方式、对这些方式的差别和统一、对它们的真正具体生活亦即发展与历史及对历史思想亦即这种生活的自我意识的全部研究都是指向历史理解问题的。因此,从某种意义上说,这次我在谈完了大的范围后重新讨论史学问题并使它超出第一次所谈的范围,乃是对于整部著作所能

① 原文为Zur Theorie und Geschichte der Historiographie,恩雷科·皮佐(Enrico Pizzo)译。——译者

作出的最自然的结论。"结论"的性质说明了这最后一卷的行文较之以前各卷较为紧凑和较少说教的原因,也说明了这样做是对的。

贝奈戴托·克罗齐

1916年5月于那不勒斯

英译者说明

作者本人说明了这卷书和《精神哲学》其他三卷的正确关系，就是，这一卷是《精神哲学》的结论。

当我翻译其他各卷时，我没有打算翻译这部论著，因为当时它还没有以现在的形式出现，事实上，一册把它当作相当于四卷杰作中最后的、晚出的一卷的外文本是由出版前三卷外的另一家书店出版的。我相信，这种不统一的情形不会妨碍书中的创造性思想的传播，我深信，细心的读者从啮合的译文中是不会放过其中的任何创造性思想的。

这一卷在版本大小上跟《逻辑学》、《实用哲学》和《美学》一样。《美学》现在绝版了，但我将从定本的意大利文第四版译出重版，内容比以前各版多得多。

这译本是从1919年出版的意大利文第二版译出的。作者在这版中在字句方面稍有修改，并略有增补。我永远是最大限度地尊重原文来译的。

道格拉斯·安斯利

1920年11月于伦敦雅典杂志社

目　　录

第一编　史学理论

第二编　史学史

第一编　史学[1]理论 11

一　历史与编年史

一

“当代史”通常是指被视为最近过去的一段时间的历史，不论它是过去五十年的、十年的、一年的、一月的、一日的，还是过去一小时或一分钟的。但是，如果我们严密地思考和精确地叙述，则“当代”一词只能指那种紧跟着某一正在被做出的活动而出现的、作为对那一活动的意识的历史。例如，当我正在编写这本书的时候，我给自己撰写的历史就是这样一种历史；它是我的写作思想，这种思想必然是和我的写作工作相联系的。在这种情况下，用“当代”一词是恰当的，因为它和其他一切精神活动恰恰一样，是在时间之外的（没有先后之分），是与其相联系的活动“同时”形成的，它和那种活动的区别不是编年性质的而是观念性质的。反之，“非当代史”、“过去史”则是面对着一种已成历史的，因而是作为对那种历史的批判而出现的历史，不论那种历史是几千年前的还

---

① historiography 的意思是历史的写定（the writing of history）或写定的历史（written history），所以本书的同一英译本的伦敦版书名用 historiography，而纽约版书名用 history，均可译为历史学，但主要是从编撰的角度来看历史学的。——译者

是不到一小时前的。

12 但是，如果我们更细想一下，我们就看出，这种我们称之为或愿意称之为“非当代”史或“过去”史的历史已形成，假如真是一种历史，亦即，假如具有某种意义而不是一种空洞的回声，就也是当代的，和当代史没有任何区别。像当代史一样，它的存在的条件是，它所述的事迹必须在历史家的心灵中回荡，或者（用专业历史家的话说），历史家面前必须有凭证，而凭证必须是可以理解的。至于这种历史当中杂有或掺有一份或一系列关于事实的叙述，只是表明事实较为丰富，却还没失去当前的性质：前人的叙述或判断现在本身就变成了事实，即等待解释或判断的凭证。历史绝不是用叙述写成的，它总是用凭证或变成了凭证并被当作凭证使用的叙述写成的。可见，当代史固然是直接从生活中涌现出来的，被称为非当代史的历史也是从生活中涌现出来的，因为，显而易见，只有现在生活中的兴趣方能使人去研究过去的事实。因此，这种过去的事实只要和现在生活的一种兴趣打成一片，它就不是针对一种过去的兴趣而是针对一种现在的兴趣的。这一点已由历史家们在他们的经验公式中用各种各样的方式一再说过了，对于历史是生活的教师（magister vitae）那句老话，它纵使没有替它构成更深刻的内容，也构成了使它得以收效的原因。

我之所以想起这类历史表现形式，目的是想消除“一切真历
13 史都是当代史”这一命题中的看来似乎矛盾的局面。但是如果我们不犯错误，不对一切历史家或某些历史家的著作兼收并蓄，并把它们用于一个抽象的人或被抽象地看待的我们自己，然后再问是什么当前兴趣使人去写或去读这类历史的，例如，叙述伯罗奔尼撒

战争或米特拉达梯斯战争的历史的当前兴趣是什么，有关墨西哥艺术或阿拉伯哲学的事件的当前兴趣是什么，那么，这个命题的正当性是容易得到证实的，是在史学著作的实际中有了大量清晰的例证的。我此刻对它们是不感兴趣的，因此，此刻对我说来，那些历史就不是历史，充其量只是一些历史著作的名目而已。而在思索过它们或将要思索它们的人们的心中，它们则曾是或将是历史，当我也思索过它们或将要思索它们并按照我的精神需要去推敲它们的时候，在我的心中，它们也曾是或将是历史。反之，如果我们把自己限制在真历史的范围以内，限制在我们的思想活动所真正加以思索的历史的范围以内，我们就容易看出，这种历史和最亲历的及最当代的历史是完全等同的。当我所处的历史时期的文化发展向我提出（说是向作为一个个人的我自己提出的，这也许是多余的，或许是不确切的）有关希腊文明或柏拉图哲学或某种阿提卡风俗习惯的问题时，那个问题跟我的生活的关系和我所从事的一点工作、或我所沉溺的爱情、或威胁我的某种危险的历史跟我的关系是一样的。我用同样的焦虑去考查它，我同样感到不快，直到把它解决为止。在这种情形下，希腊生活对我就是当前的；它诱惑我、吸引我、折磨我，就像一个人看见了敌人、看见了心爱的人、或看见了他所为之担惊受怕的心爱的儿子时的情形一样。米特拉达 14
梯斯战争、或墨西哥艺术、或我在前面所说过的其他一切事例也都是这样、或曾是这样、或将是这样的。

我们论证了当代性不是某一类历史的特征（如同经验性范围所持之有理的），而是一切历史的内在特征之后，我们就应当把历史跟生活的关系看作一种统一的关系；当然不是一种抽象意义的同一，而是一种综合意义的统一，它既含有两个词的区别，也含有两个词的统一。因此，谈什么没有凭据的历史就如确认一件事物缺乏得以存在的一个主要条件而又谈论其存在一样，都是瞎说。一种与凭据没有关系的历史是一种不能证实的历史；既然历史的真实性在于这种可证实性，既然使历史获得具体形式的叙述只有当它是对于凭据的批判性说明时（直觉与反省，意识与自动意识等等）才是历史性的叙述，那么，那种历史既无意义，又不真实，就不能作为历史而存在了。一个没有看过和欣赏过他所要去批判地描述其来历的作品的人怎样能写一本绘画史呢？一个没有叙述者所假定具有的艺术体验的人对有关的作品能有多少理解呢？没有哲学家的作品或至少是其片段，怎样能有一部哲学史呢？要有一部关于一种情操或一种风俗习惯的历史，例如关于基督教的谦逊
15 态度或勇武的骑士精神的历史而没有重温生活的能力，或不如说，不去实际重温个人心灵中的这类特殊心境，那怎么行呢？

反之，一旦生活与思想在历史中的不可分割的联系得到体现以后，对历史的确凿性和有用性的怀疑立刻就会烟消云散。一种我们的精神现在所产生的东西怎么能不确凿呢？解决从生活中发生的问题的知识怎么能没有用呢？

二

但是，凭证与叙述之间亦即生活与历史之间的联系能不能被割断呢？就已经失去凭证的历史而论，或把事情说得更普遍更根本些，就其凭证已不再活在人类精神中的历史而论，答案是肯定

的。而当我们说我们人人都对这一部分历史或那一部分历史依次处于这种境地时，这一说法当中也已含有这种答案了。对我们说来，希腊绘画史大部分是没有凭证的，就像一切我们对其生活的地点、对其体验过的思想与感情、或对其所获成就的个别外貌并不确切地知道的民族的历史一样；对于那些我们并不知道其论著，或即使有其论著而且也能全部阅读其论著，但因我们缺乏完备的知识，或因我们的性情固执，有抵触，或因我们一时分心而不能理解其精神实质的文学或哲学，情形也是这样的。

在这种种情形之下，如果那种联系中断了，我们就不能把下余 16
的东西再叫作历史了（因为历史不是别的，而是那种联系）。从此以后，它只能像我们把人的尸体叫作人一样被叫作历史了，下余的东西并不因此就是无（甚至尸体也不是无）。如果说它是无，那就等于说那种联系是不会中断的，因为无是不真实的。那么，如果它不是无，如果它还是有，没有凭证的叙述又是什么呢？

一部根据流传至今的或当代学者的记载所写成的希腊绘画史，如果仔细加以检查，实际只是一系列附有传记性故事的画家姓名（阿波罗多洛斯、波律诺托司、杰乌克西司、阿佩列斯等等），只是一系列绘画的画题（特洛伊的焚毁、阿马松人的斗争、马拉松战役、阿基里斯、诽谤等等）[1]，在流传到我们手里的描述中有关于这类题材的某些具体情节；否则，连同大体按照年代排列的人名、故事、画题、论断一道的，就是，对于这些画家及其作品的一系列程度

① 阿佩列斯曾将诽谤、忌妒、阴谋、欺骗、忏悔、真理、无知、迷信，拟人化作为画题。——译者

不同的褒贬。但是不直接知道画家的作品，画家的名字就只是一些空洞的名字；故事是空洞的，画题的描绘、臧否的判断、编年的安排也都是空洞的，因为它们仅仅是算术性的，缺乏真实的发展；由于它缺乏应有的组成因素，所以我们就不能在思想上实现它。如果那些字面上的形式具有任何意义，那是因为我们从断片和第二
17 手作品获得了关于古代绘画的点滴知识之故；这些第二手作品是流传下来的副本或其他艺术或诗歌中的类似作品。但是除了这种点滴知识以外，这种希腊艺术史本身只是一串空话。

如果我们愿意，我们可以说，希腊绘画史"没有定性的内容"，因为我们并不否认，当我们提到一个画家的名字的时候，我们就想起某个画家，确乎想起一个雅典画家，当我们说出"战争"或"海伦"这个词的时候，我们就想起一次战争，确乎想起一次希腊甲兵的战争，或想起一个类似我们所熟悉的希腊雕像中的美妇人。但是，我们对于那些名目所唤起的无数事实中的任何一件事实在思想上会是漠不关心的。由于这个缘故，它们的内容是无定的，这种内容的无定性就是它们的空洞性。

一切脱离了活凭证的历史都像这些例子，都是些空洞的叙述，它们既然是空洞的，就是没有真实性的。说有过一个名叫波律诺托司的画家，说他在波依启列画廊画过米尔提亚戴斯的肖像，到底是不是真有其事呢？人们会告诉我们说，这是真的，因为有一个人或几个人认识他，看见过这幅画，可以证明它的存在。但是，我们应该答复说，这对这个或那个见证人说来是真的，而对我们说来则既不是真的，也不是假的，或者说（结论是一样的），它只是由于那些见证人的作证才是真的，——也就是说，是由于一种外在的理由，

而真实性则永远需要内在的理由。那一命题既然不是真的(既不是真的,也不是假的),因而就是无用的,因为一无所有时,国王就失去了他的权力,一个问题失去了它的要素时,解决问题的有效意志和有效需要连同解决问题的可能性也就没有了。因此,引用那些空洞的判断对于我们的现实生活是毫无用处的。生活是一种现 18
实情况,而那种变成了空洞叙述的历史则是一种过去:它是一种无可挽回的过去,纵然不是绝对这样,总之,此刻当然是这样的。

剩下的是空洞的字句,而空洞的字句则是声音或代表这些声音的书写符号,它们不是靠一种思索它们的思想活动(那会使它们迅速得到充实)而是靠一种意志活动结合在一起和得以支持下来的,这种意志活动为了自己的某些目的,认为不论那些字句多么空洞或半空洞,保存它们是有用的。所以,单纯的叙述不是别的,只是一种意志活动所维护的空洞字句或公式的复合物。

现在,有了这个定义,我们就得以恰如其分地找到至今没有找到的历史与编年史的真正差别。这种区别之所以一直没有被找到是因为,它通常是被当作事实的性质上的区别去寻找的,性质成了每一种区别的对象。例如,把关于个别事实的记载划归编年史,把关于一般事实的记载划归历史;把关于私人事实的记载划归编年史,把关于公共事实的记载划归历史:好像一般的并不总是个别的,个别的并不总是一般的,公共的也并不总是私人的,私人的并不总是公共的一样!否则就把关于重要的事实(值得记忆的事情)的记载划归历史,把关于不重要的事实的记载划归编年史:好像事实的重要性与我们所处的情境无关,好像对于一个被蚊子所打扰的人说来,这种小虫子的发育并不比克谢尔克谢斯的远征更

19 为重要一样！当然，我们懂得，这类错误的区分中含有一种正当的心情，就是，把历史与编年史的区别放在有关和无关这一概念上（一般的有关，特殊的无关，大事有关，小事无关等等）。在其他惯常举出的考虑中，例如认为历史事件之间有紧密的联系，而在另一方面，编年史中的则无联系，历史有逻辑的顺序而编年史则只有编年的顺序，历史深入事件的核心而编年史则限于事件的表面或外表等等，在这种考虑当中也可以看出一种正当的心情。但是，在这里，差别的性质，与其说是思索出来的，不如说是形象地表达的，而当形象表达不是作为表达思想的简单形式时，我们刚刚获得的东西瞬刻就会失去。真相是，编年史与历史之得以区别开来并非因为它们是两种互相补充的历史形式，也不是因为这一种从属于那一种，而是因为它们是两种不同的精神态度。历史是活的编年史，编年史是死的历史；历史是当前的历史，编年史是过去的历史；历史主要是一种思想活动，编年史主要是一种意志活动。一切历史当其不再是思想而只是用抽象的字句记录下来时，它就变成了编年史，尽管那些字句一度是具体的和有表现力的。甚至哲学史由不懂哲学的人去写去读时，也是编年史；甚至历史也会变成我们现在倾向于把它当作编年史去读的东西，例如，当卡西诺山寺院的僧侣记载：1001 年，有福的多米尼克到基督那里去了。1002 年，今年萨拉森人越过了卡普阿城。1004 年，此山大为地震所苦等等时，就是这样的；因为当他悲泣逝世的多米尼克的死去或震惊于他的
20 故乡所遭受的自然的人类灾难，在这一系列事故中看到上帝的手时，以上那些事实对他都是当前的。但是，当同一个卡西诺山寺院的僧侣写下这些冷酷的条条，自己既不面对它们的内容，也不思索

它们的内容，一心只求不使这些记忆遭到遗忘，只求把它们传给后来住到卡西诺山寺院的人们的时候，这并不妨碍那份历史采取一种编年史的形式。

但编年史与历史之间的真正差别是一种形式上的差别（就是说，是一种真正的真差别），这种差别的发现不仅使我们不必徒劳无益地去寻求实质性的差别（就是说，想象性的差别），而且使我们得以拒绝一种极其常见的假设——即认为编年史先于历史的假设。老文法学家马里奥·维托里诺所说的编年史，先有年代记，然后才写成历史曾被人反复引述，被人概括化，被人普遍化。但是，研究这两种做法或态度的性质从而也是研究这两种做法或态度的来历的结果表明，情形恰恰相反：先有历史，后有编年史。先有活人，后有死尸；把历史看作编年史的孩子等于认为活人应由死尸去诞生；死尸是生命的残余，犹之编年史是历史的残余一样。

三

历史脱离了活凭证并变成编年史以后，就不再是一种精神活动而只是一种事物，只是一种声音与其他符号的复合物了。但是，凭证脱离了生活，也就像编年史一样只是一件事物，只是一种声音或其他符号的复合物了——例如，那些一度传达过法律的声音与 21
字句；那些通过一个神的形象来表达宗教情操的大理石上所刻的条纹；一堆骨骸——一度表现是一个人或一只兽。

有没有空洞的叙述和死凭证那类事物呢？在某种意义上说是没有的，因为精神之外不存在外在的事物；同时，我们已经知道，当精神产生编年史并用一种意志活动牢固地掌握它的时候（我们可以及时再度说明，这样一种活动总是含有一种新的意识活动和思想活动的），编年史是作为空洞的叙述而存在的：意志活动把声音从思想抽象出来，而声音的确凿性和具体性是寓于思想中的。同样，这些死凭证在它们作为一种新生活的表现时是存在的，就像无生命的死尸本身也确乎是一种生命创造的过程一样，虽则对某一特定的生命形式说来，它像是一种解体的过程，像是一种死东西。但是，像那些一度含有一种历史思想、为了纪念它们所含有过的思想而终于叫作叙述的空洞的声音一样，那些新生活的表现也仍然被视为先行的和确乎业已消失的生活的残余。

现在请注意我们是怎样通过这一连串演绎得以说明某些近代方法论者把史料分为叙述与凭证，或如人们所表述，分为传说与残余或遗物的。这种分法从经验论的角度看来是不合理的，它对指
22 出不宜在经验论中采取思辨思维这一点可能是有用的。这种分法很不合理，使人们立刻遭到一种困难，就是，无法区别想要区别的东西。一种被视为一件事物的空洞“叙述”就等于任何其他一种叫作“凭证”的东西。反之，如果我们坚持这种差别，我们又遭到一种困难，就是，我们必须使我们的历史结构有两种不同的资料作依据（一只脚在岸上，另一只脚在河里）——就是说，我们必须求助于两种平行的事例，其中一种永远要求我们回头去查考另一种。如果我们想去决定两种资料的关系以期避免不便的平行论时，结果就是：或则把这种关系说成是这一种资料比那一种资料高级，这样一来，差别就消失了，因为高级的形式吸收了低级的形式，取消了低级的形式；否则就造出第三个词，假定高低两种形式带着一种

差别在这第三个词中统一起来了，但这是用另一种方式来宣布，在那种抽象性中它们是不存在的。因此，我认为，最重经验论的方法论者不采用叙述与凭证的分法不是没有意义的。他们不卷入这类细微的争论而满足于把史料分成书面的和表现的两类或其他类似的分法。然而，在德国，德莱臣在他的价值很高的《历史主义原理》一书中利用了这类叙述与凭证、传统等等之间的差别（他具有强烈的哲学倾向），其他被我们拉丁语各国视之为驳杂的经验论 23
者，“体系制定者”或“学究”的其他方法论者也采用这种分法。这是由于富于德国的哲学传统之故。学究气当然是有的，它恰恰可以在那种不适用的哲学中被找到。但是，那种学究气及其遗留的矛盾乃是一件大大的好事，它使人心从经验论的假寐中苏醒过来，使它看到，除了被假定的事物以外，实际上还有精神的活动，在那里，一种无法调和的二元论的词被设想为是矛盾的，实则是有关系和统一的！把资料分为叙述与文献，并认为文献比叙述高级，认为必须把叙述看作一种从属的但又是无法根除的因素的想法几乎成了一种神话或寓言，它把生活与思想之间的、把文献与历史思想中的批判之间的关系用一种想象的方式表示出来。

文献与批判，即生活与思想才是真正的史料——就是说它们是历史综合的两种因素；处在这种地位，它们就不是和历史对立的，也不是和综合对立的，如同泉水和携桶汲水的人相对立一样，它们就是历史本身的部分，它们就在综合之中，它们是综合的组成部分并被它所组成。因此，认为史料存在于历史之外的看法也是一种应予以消灭的假想，应与认为历史是编年史的反面的假想同样予以消灭。这两种错误的假想是殊途同归的。经验论者的外在

意义的、当作事物一样的资料，和编年史是一样的；编年史就是一类那样的事物，不是先于历史的，而是后于历史的。指望历史由后
24 于它的东西去产生，由外在的事物去产生，历史就会陷于窘境！由事物产生的是事物，不是思想；由事物派生的历史会是一件事物，恰恰是我们刚才说过的，是不存在的。

但是，为什么编年史与文献看来像是先于历史的，像是它的外在资料，这当中必有一个缘由。人类精神保存历史的尸骸，即空洞的叙述和编年史，同一人类精神又收集过去生活的痕迹及遗迹与文献，竭力把它们不加改变地保存下来，坏了就把它们恢复过来。这种保存空洞和僵死的东西的意志活动的目的是什么呢？也许是那种用建立陵寝和墓室的办法把人的业已销蚀的因素在迪斯神[①]的疆域中保全一些时候的错觉或愚蠢吧？但是，墓室不是愚蠢和错觉；反之，它们是一种借以肯定个人所做的工作的不朽性的道德行动。他们虽然死了，但将活在我们的记忆中，并将活在后代的记忆中。收集死凭证与写下空洞的历史是一种替生活服务的人生活动。它们重现过去的历史，使其更加丰富，并在我们的精神前成为“现在”的日子是会来到的。

因为，当生活的发展需要它们时，死历史就会复活，过去史就会再变成现在的。罗马人和希腊人躺在墓室中，直到文艺复兴时期欧洲人的精神有了新出现的成熟，才把它们唤醒。原始的文明形式是很粗糙和野蛮的，它们被忘记了，或很少被人重视，

① 原文为 Dis，罗马人的阴间之神，意指死后。——译者

或被人误解了，直到那被称为浪漫主义或王政复古的欧洲精神的 25
新阶段才“同情了”它们，就是说，才承认它们是它自己本身的现在兴趣。因此，目前被我们看成编年史的大段大段历史，目前哑然无声的许多文献是会依次被新的生活光辉所扫射，并再度发言的。

这种种再生都有它们的内在的动机，不论多少凭证或叙述都不能使它们出现；事实上，大量收集凭证和叙述并将其放在自己跟前的就是再生的本身，没有它们，凭证和叙述就会是散漫无章的和不起作用的。除非我们从这样一个原则出发，就是认定精神本身就是历史，在它存在的每一瞬刻都是历史的创造者，同时也是全部过去历史的结果，我们对历史思想的有效过程是不可能有任何理解的。所以，精神含有它的全部历史，历史和它本身是一致的。忘掉历史的一种面貌而记住其另一面貌，那只是精神生活的节奏表现，精神的做法是：规定自己和使自己个别化，并永远把原先的规定和个别化变成不定的和非个别化的，以便作出其他更为丰饶的创造。可以说，精神无需那些被称为叙述和凭证的外在事物而重温它自己的历史；但那些外在的事物是它为自己所造出的工具，是它为那内在的富有生命力的精神迸发所做的准备活动，在这种精神迸发的过程中，叙述和文献这类外在的事物就都融化了。为了那个目的，精神维护和谨防地保存“过去的记录”。

我们每个人在笔记本中记下我们的私事的日期和其他事项
（编年史）或把绸带和干花瓣放在首饰匣中（请允许我选择这类逗 26
人喜欢的形象作为收集“文献”的例子）之类的日常行动由某一类

叫作语文学家[1]的工作人员大规模地进行着，好像是由整个社会邀请他们去做的一样。当他们收集的是证明和叙述时，他们的专称是博学家[2]，当他们收集的是文献和文物时，他们就叫作考古学家和档案工作者，而保存这些东西的地方（“死东西的寂静的洁白的住所”）就叫作图书馆、档案室和博物馆。对于这类履行一种必要的因而是有益的和重要功用的博学家、档案工作者和考古学家，怎么能有任何恶感呢？事实上，人们有一种嘲笑他们和怜悯他们的倾向。他们有时候确乎给人以笑柄，因为他们天真地自信历史锁住在他们手里，当人们渴求知识的时候，他们就能把“资料”的锁打开；但是我们知道，历史存在于我们每一个人身上，它的资料就在我们自己的胸中。因为，只有在我们自己的胸中才能找到那种熔炉，使确凿的东西变为真实的东西，使语文学与哲学携手去产生历史。

① philologist，即从事文字性历史文献的校勘、训诂和考据的学者，源出 philology。后者有人译为语言学、文字学、说文学、博言学、语言文献学或言语文字学等，兹节译为语文学。——译者

② 略当于我们所说的考据家。——译者

二　假历史 27

一

我们已经知道历史、编年史和语文学的起源了，它们是一系列的心理形式，它们虽则彼此有差别，但都应当被看成生理的东西，也就是说，它们都是真实的和合理的。但是，逻辑关系现在把我们从生理学导向了病理学，即导向了那么一些形式，它们不是形式而是变形、不是真实的而是错误的、不是合理的而是不合理的。

语文学家天真地相信，他们把历史锁在他们的图书馆、博物馆和档案室里（有点像《天方夜谭》中的神怪缩成轻烟形式锁在一只小瓶中一样），这种信心不是不起作用的，它引起了一种用事物、传说、文献（空洞的传说和僵死的文献）去编写历史的想法，这就产生了那种可以称之为语文文献学历史。我说的是想法，不是实际，因为，不管怎么努力，不管怎么不辞劳苦，要用外在的事物写一部历史干脆就是不可能的。把编年史清除杂质、分成断简、重新加以组合、重新加以安排以后，它们永远还是编年史，就是说，还是空洞的叙述；把文献恢复过来、重现出来、加以描绘、加以排比，它们仍旧是文献，就是说，仍旧是无言的事物。语文性历史是从一本或多本书中倾泻出来的一本新书。这种做法在通用语中有一个恰当 28

的名称，叫作“汇编”。这类汇编通常是很方便的，因为它们可以节省同时参考几本书的麻烦；但是它们却不包含任何历史思想。近代编年体的语文学者怀着一种优越感去看待中世纪的编年史家和昔日意大利的历史家（从马基雅维里与圭奇阿尔狄尼直到詹诺内）。他们说，这些作家在其著作的专事叙述的部分——即编年史——中“抄录”了“资料”。但是他们自己的做法却没有什么两样，也不能有什么两样，因为用外在事物的“资料”来写作历史时，除了抄录资料以外是无事可做的。抄录的方式不一样，有时概括，有时更换字句，这是因为，有时是一个风格爱好问题，有时是一个文字爱好问题；抄录也是一种引语的核实工作，这种核实工作有时是为了证明忠实与准确，有时是为了使别人相信并使自己相信自己是坚实地立足于地面、立足于真实性的土壤上的，相信那是从凭证取来的叙述和引语。在我们的时代、尤其自从所谓“语文学方法”被夸大，即赋予这种方法以片面的价值以来，这种语文文献学历史家有多少啊！这类历史确乎具有一副尊严和科学的外貌，但不幸得很不充分，没有精神上的连结。归根结蒂，它们实际上什么也不是，只是一些渊博的或非常渊博的“编年史”，有时候为了查阅的目的是有用的，但是缺乏滋养及温暖人们的精神与心灵的字句。

29　但是，既然我们业已表明，语文性历史所提供的实际上是编年史与文献而不是历史，人们又看见我们认为编年史的编写和文献的收聚以及花费在它们上面的辛苦是最合理的，他们不免要问，我们有什么理由责备语文性历史为不合理及错误呢？要知错误的绝不是事实而是伴随事实的“主张”或“观点”。在这里，它们就是前面已经被明确为专属于语文性历史的观念和主张，就是，用文献和叙述来写历史。就这种主张所主张的是历史应当越出纯编年史或纯文献的范围而论，尽管主张并未实现，它也可以说是能起合理作用的。但是就其提出主张而自己并未实现其主张而言，这种形式的历史应该被认为是以矛盾与荒谬为其特征的。

主张既然是荒谬的，语文性历史就是没有真实性的，它像编年史一样，本身中没有真实性，而是从它所求助的根据那里去取得真实性的。有人会说，语文学是要检验根据的，它选择那些最值得信赖的根据。但是他们不提这样一个事实，就是，编年史、最粗糙的编年史、最无知最轻信的编年史也同样检验和选择它所认为最值得信赖的根据，这永远是一个信赖问题（即一个别人的思想和过去的思想的问题），不是一个批判问题（即我们在自己的活动中的思想的问题），是一个逼真问题，不是一个确凿性、即真实性问题。
可见语文性历史当然能是正确的，但不是真实的。它既不具有真 30
实性，它就不具有真正的历史兴趣——就是说，它并不把光辉投射到一组针对实际的和伦理的需要的事实上去；它可以漠不关心地拥有任何事项，不管那事项距离编纂者的实际的和伦理的心灵是多么遥远。因此，作为一个纯语文学者，我欣赏漠不关心的自由选择，过去半世纪的意大利史和中国秦朝的历史对我说来，价值是一样的。我将从这一种历史转向另一种历史，毫无疑问是被一定的兴趣所推动的，但那是一种超历史的兴趣，是在语文学的特殊领域中所形成的那种兴趣。

这种做法既没有真实性，也没有热情，它是语文性历史所特有的做法，它说明了为什么语文性历史家和名符其实的历史家之间

经常一再出现显著的冲突。真正的历史家想要解决关键问题，看见人家要他们去应付索然无味的语文学作品就感到不耐烦，看见别人坚持那就是历史并认为必须用那种精神及方法去研究时就冒火。这种生气与烦恼之感的最好的爆发也许可以从博林布鲁克的《论历史研究》(1751 年)一书中看到，在那本书中，博学被视为名符其实的华美的无知，研究古代或原始历史的渊博的大论文最多不过被视为类似“离心的序曲”而已，那些序曲在合奏之前演出，可以帮助乐器合调，但只有没长耳朵的人才会把它们当作和声，就像只有缺乏历史感的人才会把炫耀博学和真正的历史混同起来一样。作为它们的反面，他提出一种理想，主张用一种“政治地图”
31 来供知性之用而非记忆之用，指出马基雅维里的《佛罗伦萨史》和弗拉·保罗的《论圣我》是接近那种理想的著作。最后，他认为，对于真正的和活生生的历史说来，我们不应当越过 16 世纪初期，不应当越过查理五世和亨利八世，那是欧洲的政治和社会史初次出现的时候——这种体系在 18 世纪初期还坚持不变。随即他就描绘那两个历史世纪的景象，不是为了猎奇家和博学者之用，而是为了政治家之用。我想，对于鼓励他如此活跃地向历史提出这类要求的正当心情是没有人愿意加以否定的。但是，博林布鲁克由于当时的文化条件之故没有、也不可能进而具有关于每一种历史的死亡与再生的概念(那是一种关于“现实”和“当代”史的精确的思辨性概念)，他也没有想到，他所视为无用的枯叶而扔在一边的原始野蛮史会因反对唯智主义和雅各宾主义之故而在半世纪之后重新鲜艳地出现，他也想不到，这种反对的主要促成者之一竟是他的祖国的一位政论家柏克，他更想不到，在他自己的时代，在意大利的一角，这种历史已在乔巴蒂斯特·维科的精神与心灵中重新出现了。我在举过博林布鲁克这个著名的例子以后，关于实效历史家和语文文献学历史家之间的矛盾，我就不再举例了，因为它是大家所非常熟悉的，这种冲突无时无刻不在我们的眼前重新出现。32
我只补充一句，就是，反对“语文学者”的争论竟变得把纯粹的、单纯的语文学者包括在内，当然是可悲的（虽则完全是自然的，因为在一场斗争中，打击是不择手段的）。因为后一类可怜的学者、档案工作者和考古学家是无害的，是一些有用的小人物。如果像有时在争执的高潮中所预示的一样把他们摧毁了，那么，精神领域中的丰产力就不仅会减少，而且会完全被毁掉，我们就不得不以最大的努力来把我们的文化中的协同因素重新引进来，活像传说中的、关于法国农业在连续几年中毫无远见地捕杀无害而且有益的黄蜂以后的情形一样。

说历史不确凿和无用，这句话中无论有什么已证实的或可证实的，也是由于纯历史感对语文性历史的反对所引起的。我这样假定是因为，我们看到，甚至最激烈的反对者（弗恩蒂内尔、沃尔内、德尔菲科等人）最后也承认或要求某种形式的并非无用的或不确凿的、或并非完全无用或不完全确凿的历史，是因为，事实上，他们的全部矛头都是针对语文性历史和以根据为基础的历史的，关于这种历史，卢梭在《爱弥儿》一书中所下的定义是唯一恰当的定义，就是，它是在许多假话中选择那较像真实的东西的技巧。

在所有其他各方面——就是，关于感觉的假设和自然主义的假设所起的作用问题——历史怀疑论像各种形式的怀疑论一样，在这里是自相矛盾的，因为，这样被推崇为范例的自然科学本身的

33 基础是知觉、观察和实验，即，是历史地确定了的事实；而知识的全部真实性所根据的“感觉”除了采取确认的形式，即，当它们就是历史以外，它们本身并不是知识。

但真相是，语文性历史像其他各种错误一样，不是在敌人的进攻前崩溃的，而完全是因为内部的原因才崩溃的；摧毁它的是它自己的教授们，他们认为它和生活没有联系，认为它只是一种学术练习时（请注意，许多历史都是一些学术论文，旨在训练研究、阐明和解释的技术，另有许多则是这种方向在校外的继续，是由于学校灌输的倾向所致），他们自己表现了不确凿性，使他们所说的每一句话都被怀疑所围绕。他们区别批判和苛求。希望阻挠历史语文学的这种自然瓦解；所以，我们发现，批判是被颂扬与被容许的，而苛求则是被责备和被禁止的。但是，这种差别是一种惯用的差别，由于这样一种差别，缺乏知识就装作爱好谦逊，力图削弱它所无力解决的对方的气势。其实苛求就是实行批判；它是批判本身，把批判分成批判性多的和批判性少的两种、并容许批判性少的而否定批判性多的，至少是过分的。没有什么“根据”是确凿的而其他是不确凿的，而是都非确凿的，不过在外表上和在猜想的方式上不确凿的程度各不相同而已。谁能保证自己不受一个通常勤奋可靠的
34 见证人因一时分心或兴奋所说的错话的影响呢？在那不勒斯的一条古老羊肠小道中还可以读到一篇16世纪的铭文，它明智地祷告上帝（历史语文学者应当每早热烈地向他祷告），求他把我们永远从诚实的人们的谎言中拯救出来。因此，当那些把批判推进到所谓苛求程度的历史家使这类工作整个一文不值时，他们就是履行了一种最有教育意义的哲学责任，因而是宜于用萨恩契兹的书名

一无所知称呼他们的。我记得，当我年轻时忙于研究工作时，一位仅有些许文学知识的朋友对我说过的话，他向我借了一本批判性很强，甚至真有点苛求的古代罗马史。他读完之后把书还给我的时候说，他骄傲地相信自己已是一个“最有学问的语文学者”，因为那些语文学者得出的结论是，辛勤努力的结果使他们一无所知，而他则没有做过任何努力，仅凭天赋，达到了一无所知[①]。

二

语文性历史这样自然解体的后果应当是：把自称是靠被视为外部事物的叙述与凭证之助写成的历史予以否定，把这类材料放到它们所应放的较低的地位上去，把它们看作仅是历史知识在精神的发展中规定自己和重新规定自己时的辅助。但是，如果人们觉得这样的后果不好受，虽然屡经失败，还坚持要用这种方式去写

历史，进一步的问题就是，怎样才能治好语文文献学历史的冷酷的 35
漠不关心的态度和它的内在的不确凿性而又不必改变那些假设呢！这个问题本身就是谬误的，只能获得谬误的解决，而表现为用情操方面的兴趣去填补思想兴趣的匮乏，用表现手法上的美学的一贯去代替这里所得不到的逻辑的一贯。这样得出的新的错误形式的历史就是诗歌性历史。

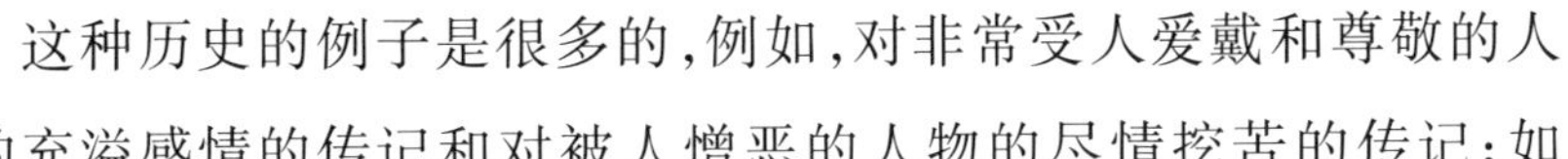

这种历史的例子是很多的，例如，对非常受人爱戴和尊敬的人物的充溢感情的传记和对被人憎恶的人物的尽情挖苦的传记；如

① 见附录一。

渲染作者所隶属、所同情的民族的光荣而悲悯其不幸的爱国历史和对敌对的民族、自己的敌人加以恶意看待的历史；如在自由主义或人道主义理想的照耀下由一个社会主义者所写成的、描绘“愁容满面的骑士”（如马克思所说的）即资本家的行径的普遍史和由一个反闪族的、认为犹太人到处都是人类的灾难与邪恶的根源、认为迫害犹太人是人类的光荣与幸福的极致的人所写的普遍史。诗歌性历史也不是以这种基本的和一般的爱憎（即是憎的爱，即是爱的憎）的描绘为限的，因为它渗透了情操的全部最复杂的形式，即其细微的层次。因而我们有多情的、忧郁的、怀乡的、悲观的、听天由命的、充满自信的、欢乐的以及其他种种人们可以想象出来的诗歌性历史。希罗多德歌颂诸神忌妒的故事，李维歌颂关于罗马人德行的原始叙事诗，塔西佗写作可怖的悲剧，伊丽莎白时代的戏剧是用雕刻式的拉丁散文写成的。如果我们转向近代人中最近代
36 的，我们就发现，德莱臣对希腊的普鲁士，即马其顿历史中的强有力的中央集权国家表示了抒情般的向往；格罗特表示了对雅典所象征的民主制度的向往；蒙森向往恺撒所象征的导向帝国的制度；巴尔博倾泻了他对拉丁独立的全部热情，为此目的，他采用了有关拉丁各战役的一切记载，他正是从意大利人和埃特鲁里亚人对佩拉司吉人的战役开始的；蒂埃里崇拜以法国的（善良农民）为代表的第三等级历史中的中间阶级；戈恩库特兄弟围绕蓬巴杜夫人、迪巴里夫人和玛丽·艾恩托内几个形象所写的香艳小说所更注意的是服饰的材料和剪裁而不是思想；最后，德·巴朗在他的关于勃艮第诸公爵的历史中所注重的是武士与命妇、武器与爱情。

表面上好像语文性历史的漠不关心的态度这样一下就真已被

克服，史料就已被一种原则和价值标准所支配似的。这就是我们今天的方法论者和哲学家们从四面八方坚持地向历史提出的要求。但我一直避免使用“价值”这个词，因为它的含义暧昧，能欺骗很多人。因为，既然历史就是精神的历史，既然精神就是价值，确乎是唯一可能设想的价值，历史就明明白白总是价值的历史了；既然精神作为历史家意识中的思想是显而易见的，支配历史写作的价值就是思想的价值了。但正因这个缘故，它的决定原则就不能是叫作“情操”价值的价值；情操是生活，不是思想，当这种生活 37
在被思想所支配以前获得表达和表现时，我们得到的是诗歌，不是历史。为了把诗歌性传记变成真正的历史性传记，我们必须压下我们的爱情、眼泪、蔑视，必须找出个人在社会活动或文明中起过什么作用；我们对国别史和人类史，对每一组无论是大事或小事的事实和对每一类事件都应当这样。我们应当用思想的价值去代替、亦即改变情操的价值。如果我们不能达到这种思想“主观性”的高度，我们就只会产生诗歌，不会产生历史：历史问题原封未动，甚至不如说，还没有出现，但当必要的条件具备时就会出现。在前一种情形下，激动我们的兴趣不是变成了思想的生活兴趣而是变成了直觉与想象的生活兴趣。

由于我们已经进入诗歌的领域，而将历史问题抛在彼岸，那像是我们的出发点的语文学或博学则仍旧留在此岸，就是说，当作已完全被越过了的东西留在此岸。在语文性历史中，不管它怎么说，编年史和凭证始终是在粗糙自然的和未被消化的状态中。但在诗歌性历史中，编年史和文献就发生了深刻的变化；也可以更准确地说，它们是干脆被消解了。我们可以不理睬这样一种常见的历史

家的情形，就是，为了获得艺术效果不惜存心把自己的捏造和编年史及凭证所提供的资料混同起来，尽力使其被认为是历史——就是说，他使自己犯了撒谎的罪，他成了混乱的根源。但是史学中不断出现的和固有的改变却在细节本身的选择和关系方面，这些细
38 节是根据情操动机而不是根据思想动机从“资料”中选出的。仔细一想，这种情形实际上是对事实的一种捏造或想象；在一种新想象出来的事实中，新的关系就变成具体的了。由于从“资料”取来的材料并不总是顺从人们所需要的关系的，人们便认为从容地向原文献求教是可以被容许的（如果我没有记错，好像是历史诗人之一的勒南说的），把想象的、虽则是以猜想形式想象出来的细节添到实在的材料上去也是可以被容许的。沃西阿斯责备那些希腊历史家和其他国家的历史家，他们在捏造寓言时为了避免空白起见，他们认为只要郑重地添上自己的“据说”、“据传”或与此相差不多的东西就够了。但是，甚至到了今天，如果把那些被认为最重要的历史家为了引进自己的个人想象而采用的“也许”、“似乎”、“我们认为”、“可以设想”、“我们得以推想”、“可能”、“显然”等等暗示形式列举出来，仍然是可以消愁解闷、发人深省的；如果注意到他们有时为了把图景弄得尽善尽美，因而省去这类警句，把自己想象出来的事情描述得好像亲眼目击的一样，万一有什么冒冒失失的人例如一个轻率的怪孩子若是问到“你们是怎么知道的呢？”“是谁告诉你们的呢？”他们就会手足失措，这时的情形也是一样的。他们求助过“想象力对于不愿成为一个单纯编年史家的历史家是必要的”这一方法论上的理论，也就是求助过一种将成为重
39 建性的和综合性的想象；他们也像人们所说的求助过“用我们的

个人心理或心理知识去综合历史材料的必要性”。这种理论和关于历史的价值理论一样，也是一种遁词。因为，毫无疑问，想象力对于历史家是必不可少的：空洞的批判、空洞的叙述、缺乏直觉或想象的概念、全是无用的；关于这一层，我们在这本书中已经一再说过了，我们要求对我们所将叙述其历史的事件应有生动的体验，意思也就是要使事件作为直觉与想象重新被提炼出来。没有这种想象性的重建或综合是无法去写历史或读历史或理解历史的。但是这种历史家所确乎不可缺少的想象是与历史综合不可分割的想象，是在思想中和为了思想的想象，是思想的具体性，这绝不是一个抽象的概念而永远是一种关系和一种判断，不是不确定而是确定。必须严格地把它和那种被某些历史家所珍视的自由的诗情想象区别开；那些历史家仿佛在太巴列湖上看见了耶稣的面孔，听见了耶稣的声音，或者伴随赫拉克图斯日常在以弗所的山间散步，或者重述亚西西的佛兰西斯与翁布里亚的甜蜜乡野间的密谈。

在这里，我们也会被问到，如果诗歌性历史是诗歌（诗歌是精神的一种必需形式，是人心所最珍视的形式之一）而不是历史，那么，我们能说它们有什么错处呢？但是，在这里，我们也必须像答复语文性历史一样答复说，错误不在于已做的而在于宣称要做的：不在于创造了诗歌而在于把本是诗歌的历史叫作诗歌性历史，这在用词上就是矛盾的。我丝毫无意反对用历史资料编写的诗歌，因此，我愿证实，很大一部分纯诗歌能在被称为历史的书籍中被找 40
到，尤其近代是这样。例如，史诗并不像一般人所相信的在19世纪消灭了，不过它不见于博塔、巴尼奥利、贝利尼或班代蒂尼的“史诗体诗”中，而近视的文学分类家是到那里去找史诗的；它见

于复兴运动的历史叙述中，在那里，史诗、戏剧、讽刺诗、牧歌、悲歌以及其他我们所希望的“种种诗歌”都倾泻而出。复兴运动时的史学大部分是一种诗歌性的史学，富于传奇，这些传奇还在等候历史家或仅在机缘凑巧时和历史家偶尔相逢过，恰恰就像古代或中世纪的史诗一样，如果它真是一种诗歌的话，它却被听众、也许还常被作者本人认为是历史。我要求别人和自己有权按照个人的感情所指示的去想象历史，例如，把意大利想象得像心上的女人一样姣好、像最慈爱的母亲一样可爱、像我们所崇拜的女祖先一样严肃，把它在各个世纪中的所作所为找出来，甚至预言它的未来，又如，替我自己在历史中造出恨与爱的偶像，如果我愿意，把逗人爱的更美化，使令人生厌的更讨人厌。我要求找出每一种记忆和每一项细节：声音笑貌、动作姿态、服饰居住等等每一种无关的细节（对别人或在别的方面是无关的，但此刻对我却不是无关的），差不多亲身靠近我的朋友和我的情人，在历史中他们之间都有我要好的朋友和情人。但是，仍然显而易见的是，当我或别人打算写一
41 部历史、一部真正的历史而不是一部诗歌性历史时，我们就要清除神话和偶像，清除朋友和情人，一心注意历史问题，那就是精神或价值（如果爱用哲学味较少而较通俗的词说就是文化、文明、进步），我们就要用两只眼睛和单一的思想目光去看待它们。当有人在那个范围内和在那种高度上开始对我们提到片刻之前在我们胸中翻滚的情操时，我们听去就将像听一个人谈论一些从此远离了、死去了、我们不再参与了的事情一样，因为现在充满我们的心灵的唯一情操是真理的情操，是寻求历史真理。

三

谈过诗歌性历史，即，历史回到了一种观念上居先的形式亦即诗歌的形式时，关于历史的错误形式（或错误的理论形式）就说完了。但是，我若对那种在古代发展了自己的理论并显得很重要的所谓历史形式默不一言，我的议论可能是不完整的。这种历史形式现在虽想遮掩自己的真相、更换自己的服饰、伪装自己，但它在今天仍然具有一定的重要性。这就是古时候叫作演说术或修辞学的历史。它的目的是用范例去传授哲理，激发善行，告诉人们什么是最好的政治制度和军事制度，或仅仅为了娱人心目，按修辞学家的不同意愿而各不相同。甚至到了今天，不仅初等学校还要求并被供给以这种类型的历史（在初等学校里，人们认为年轻人吸吮智慧的苦汁时当然应该伴以寓言的甜头），而且在成人中也是这 42
样的。如果是一个政治问题，它就和政治密切联系起来；如果谈的是宗教、哲学、道德等等，它就和宗教、哲学、道德等等密切联系起来；如果谈的是掌故、怪异、丑恶的和可怕的故事，它就和消遣密切联系起来。但是，我且请问，姑且不说历史，难道这能称得上一种历史的错误（理论上的）形式吗？修辞性历史的结构是以一种既存的历史为前提的，至少要以一种诗歌性历史为前提，是怀抱一种实际目的叙述出来的。它的目的是为了引起导致德行、悔恨、羞愧或热忱的情绪；也许是为了像游戏一样使心灵获得休息；或是为了使心灵认识一种历史的、哲学的或科学的真理（感人、悦人、诲人或按任何方式把这些目的加以分类）；但它终究是一种目的——

就是说，是一种利用历史的讲述作为手段或手段之一的实际活动。因此，修辞性历史（把它叫作实用性历史更正确些）是由两种因素组成的，即历史与实际目的，二者殊途同归，即实际活动。因此，我们无法攻击它而只能攻击它的理论，就是前面已经说过的、在古时候很受尊敬的那种理论，即，把历史看成演说家的作品、看成一种范例的哲学、看成指证、看成胜利之争（如果它是军事性的）、或看成心灵的教育（如果它是政治性的）、或看成是能引起愉快的等等。这种学说完全类似那种当时取得了主导地位的关于诗歌的快感和教育说。人们相信有可能给诗歌指定一个目的，因此就给它
43 指定了一个外在目的，而对诗歌就这样不闻不问了。实用性历史（但它并不是历史）作为一种实际活动是不受非难的：我们每个人都不仅想要探讨历史，而且想要探讨行动，在行动中就能很好地利用这一形象或那一形象的重新招来去推动自己的或（结果是一样的）别人的工作。他确乎可以把所有那些对他随时有用的书读了又读，如小伽图为了准备自杀去读《斐多篇》，而其他的人准备自杀则读《少年维特之烦恼》、《奥蒂斯》或莱奥帕尔迪①的诗篇。从文艺复兴到 18 世纪，许多人为了准备起义和诛戮暴君而读普鲁塔克的著作，尤其是年轻的博斯科利，当他因阴谋反对美第奇而被判死刑时，他在临刑前对德拉·罗比亚说（他叙述了这一事件），“从我的头脑中把布鲁图斯去掉吧！”——布鲁图斯，不是他读过和想过其历史的布鲁图斯，而是迷惑了他、刺激他去犯罪的那个布鲁图斯。对其他的人说来，真正的和正确的历史不是那个产生近代的

① 但丁后最伟大的意大利诗人，1798—1837 年。——译者

带着匕首的布鲁图斯们的布鲁图斯，而是作为思想和处在思想世界中的布鲁图斯。

人们可能想给这种现在业以偏颇闻名的历史以特殊的地位，因为，一方面，它既有一个想要达到的目的，它就似乎不仅是一部情操和诗歌史，另一方面又因为这样一个目的不是外加的而是和历史观的本身一致的。因此，似乎可以把它看作一种诗歌与实用 44
之间的中间形式的历史，看作二者的混合。但是，混合形式和杂种作品只在经验论者的虚构分类中才存在，在精神的实际中是绝不存在的，偏颇的历史，如果细加考虑，其实不是诗歌性历史就是实用性历史。有些书上有时两个阶段并肩存在，如同人们通常所看到的真正的历史和编年史与文献及语文文献学历史和诗歌性历史并肩存在一样，这永远应当看作一种例外。产生一种混合形式或特殊形式的历史错觉的是这样一件事实，就是，许多人是从诗情般的激动出发的（爱祖国、对祖国的忠诚、对一位大人物的热爱等等），而归结于实际的划算：他们从诗歌开始而以特殊辩护者的申述作结束，他们有时也采取相反的途径，但比较罕见。自从这世界成为世界以来，在人们所写的许许多多派系史中都可以看到这种双料的情形，我们不难发现其中哪些部分有诗歌的表现、哪些部分有划算的表现。好尚和批判不断影响历史中的这种分离，如同影响一般艺术和诗歌一样。

好尚确乎喜欢诗歌，偏爱诗歌，并对诗人的实际意向和历史家诗人的实际意向加以区别看待；但是，如果那些意向始终是善良的意向、因而是善良的行为时，它们是道德良心所接受和容许的；人们虽则一般地爱把辩护士说成坏人，但在社会生活中，诚实的辩护

士和审慎的演说家当然是不能没有的。所谓实用性历史也从来没
45 有缺少过，希腊和罗马的办法是提出政治家、将领和英勇女性的形象作为心灵的范例，中世纪的办法是重述荒漠中的圣徒的隐士或富有膂力及忠诚不贰的武士的生平，我们近代的办法则是推荐人们去读有关发明家、商人、探险家、百万富翁的传记和“稗史”，认为读了是有教育和激励作用的。以推进一定的实际安排或道德计划为目的而写出的教育性历史确乎是存在的，每个意大利人都知道，科莱塔和巴尔博的史学著作等在复兴运动时期具有多么大的影响，人人都熟悉一些“鼓舞”过自己、使自己爱祖国、爱自己的乡土和礼拜堂尖塔的书籍。

这种属于道德而不属于历史的道德功效已经深入人心，以致人们怀有残存的偏见，要在教学领域中使历史（还有诗歌）具有道德的功用。甚至拉布里奥拉的教育论文《论历史教学》也受了这种偏见的鼓励。但是我们用“历史”这个词时既指作为思想的历史，相反，又指作为诗歌、语文学或道德意志的历史，那么，显而易见，“历史”就不仅会在一种形式之下而会在所有这些形式之下参与教育的过程。但就历史本身而论，它只会在一种形式之下参与教育的过程，那不是纯然抽象的道德教育的形式，而是思想的教育或发展的形式。

46 四

现在人们谈论“历史改革”的必要性甚至谈得比过去更多了，但是我觉得并没有什么应改的。所谓没有什么应改的是对这样一

种要求说的，就是，要求铸造一种历史的新形式或首创真正的历史。历史现在、过去、将来都是一样的，就是我们称之为活历史的，是合乎理想的当代史；而编年史、语文文献学历史、诗歌性历史以及（我们姑且称之为历史的）实用性历史，现在、过去、将来也是一样的。那些从事创造一种新历史的人总是相继用语文性历史去反对诗歌性历史，或用诗歌性历史去反对语文性历史，或用当代史去反对前两者，如此等等。巴克尔和过去十年中许多令人望而生厌的社会学家及实证主义者则不然，他们架子十足，并且不懂什么叫作历史，而叹息历史缺乏观察和实验的能力（即，观察和实验之自然主义的抽象），自诩他们“使历史成为自然科学”了——就是，把一种既荒谬而又可笑的循环论证法用在它所派生的一种苍白心理形式上。

在另一种意义上，历史当然是一切都应改革的，历史无时无刻不在力图使自己变完善，就是说，它在丰富着自己和更深入地探索自己。没有一部历史能使我们完全得到满足，因为我们的任何营造都会产生新的事实和新的问题，要求新的解决。因此，罗马史、
希腊史、基督教史、宗教改革史、法国革命史、哲学史、文学史以及 47
其他一切题目的历史总是经常被重写，总是重写得不一样。但历史革新自己时仍旧总是历史，它的发展力量恰恰在于它能这样持续下去。

要求彻底地或抽象地进行改革的要求也不能赋以另一种意义，说是要对“历史观念”进行改革，要去发现或终于发现真正的历史观。一切时代都在一定程度上指出了真是历史的历史和那些只是想象产物的历史或编年史之间的差别。这可以从各个时代的

历史家和方法论者的言谈中看出来，甚至也可以从其中头脑最混乱的人无意中所作的供认看出来。虽则表达这些差别的字句没有写下来或保存下来，它也可以蛮有把握地从人类精神的本性中被推论出来。这种概念和差别随时随刻被历史本身所更新，历史是愈来愈丰富、愈来愈深刻的。这应该看成是理所当然的，因而是史学史所表明了的；史学史从哈利卡尔那索斯的第欧根尼[①]和西塞罗的时候到黑格尔和冯·洪堡[②]的时候当然已有了一定的进步。在我们的时代出现了其他的问题，有些我打算在本书中予以解决。我十分明白，这本书只能解决许多问题中的部分问题，我尤其明白，这本书并未解决（因它无法解决）那些尚未形成而将来不可避免地要形成的问题。

48 总之，人们将认为，历史意识对于它自己的工作性质所获得的清晰理解至少是将有利于摧毁各种错误历史形式的，将认为，我们既已说明语文性历史或编年史不是历史，诗歌性历史是诗歌而不是历史，那么，适应那类信念的“事实”在不久或遥远的未来就一定会消灭或范围日趋狭仄而达到完全消灭的境地，就像石弩在枪炮跟前归于消灭和我们看到马车在汽车跟前归于消灭一样。

如果这些错误的形式变成了具体的“事实”，如果它们不像我在前面所说的只是些“主张”，这种情形确乎是可能出现的。假如错误和邪恶是一件事实，人类早就会把它消灭了，就是说，人类会像抛弃奴隶制、农奴制和简单的物物交换等等事实，即人类本身的

---

① 原文为 Diogenes of Halicarnassus。——译者

② 原文为 Humbolt。——译者

过渡形式一样抛弃它。但错误(以及和它一体的邪恶)不是一件事实;它不具有经验上的存在;它只是精神的消极的或辩证的阶段,是积极阶段的具体性所必需的,是精神的实在性所必需的。因此,它是永恒的、不可摧毁的;通过抽象作用去摧毁它(由于这不是思想所能做到的)就等于想象精神的死亡,有如俗话所证实的,抽象就是死亡。

我不必再费篇幅去说明那种将要离题过远的学说[①],我要说的是,稍微看看史学史就可以证明错误的有益性质,错误不是一种克利班而是一种埃里厄[②],到处有它的气息,能号召人和鼓动人,
但绝不能当作一个实体去理解。人们只想在那些迄今为止业已被 49
检验过的一般形式中去找例证,有争辩性和有倾向性的史学当然就被称为错误的。这种史学流行于启蒙运动时期,把历史变成了一种对僧侣和暴君的控诉。但是有谁愿意从这种史学简单地回到本笃会人及其他对折本作家的学问渊博的和恹恹无生气的历史去呢?争辩性的史学及其方向表明了对于活生生的历史的需要,虽则不是用一种完全令人满意的形式来表示的;随着这种需要而来的是,在浪漫主义时期创造了一种新史学。1820 年后在德国传布、后来散播到欧洲全境的纯语文性历史类型当然也是错误的;但它同样也是一种解脱哲学家们随兴而作的、多少有些空想和武断成分的历史的工具。但是有谁愿意从这类历史回到"历史哲学"去呢?随着意大利民族运动的觉醒而出现的那种有时带有倾向

① 见《逻辑学是纯概念的科学》(*Logic as Science of Pure Concept*)。——英译者

② 克利班是莎士比亚《暴风雨》一剧中女巫锡科拉克斯之子,系一怪物;埃里厄是同一剧中被一女巫所禁闭的一个气体的精灵。——译者

性、但更常带诗歌性的历史类型也是错误的——也就是说，它使人失去了历史的恬静。但是，那种以历史真理自诩时格外显得活跃的诗歌意识迟早必然会产生（如同18世纪时所大规模地产生的）一种与生活兴趣有联系而又不被生活兴趣中的爱憎幻象所奴役和导入歧途的历史。我们还可以举出更多的例子，但最好的例子是我们每个人在对待史料时自己身上所发生的例子。当我们进行这一工作时，我们发现，我们有轮流出现的同情和反感（我们的诗歌
50 性历史），我们有作为实际家的愿望（我们的修辞性历史），我们有编年性的记忆（我们的语文文献学历史）；我们从心理上依次抛弃这种种形式，因而我们就获得了一种新的和较深刻的历史真理。这样，历史就肯定了自己，就使自己有别于非历史并克服了从非历史中涌现出来的辩证阶段。由于这个缘故，所以我说，在抽象方面绝无任何应该革新的，在具体方面则事事都应革新。

三　作为普遍的东西的历史的历史。对“普遍史”的批判 51

一

从辩证方面这样绕了一圈回到把历史看作“当代史”的概念时，我们受到一种新的疑惑的袭击和折磨。因为，如果我们所举的证明已使这一概念摆脱了历史怀疑论的一种最顽梗的形式（由于“证据”缺乏可靠性所产生的一种怀疑论）的话，它似乎并未摆脱也无法摆脱另一种形式的怀疑论，这种怀疑论叫作“不可知论”更合适些，它并不绝对否认历史的真实性，但它否认历史具有完全的真实性。但是，分析到底，这就是否认历史具有真知识，因为不健全的知识、半知识也能削弱历史所确认为已知的那一部分的力量。然而一般人都承认，我们所知的只是历史的一部分、很小的一部分：这是一点朦胧的认识，可以使那从四面八方环绕我们的知识的广漠无边的迷蒙境界变得明朗一些。

事实上，关于罗马或希腊诸国的源流、关于希腊和罗马文明以前各该国的民族，尽管我们拥有学者们的全部研究，我们究竟知道些什么呢？如果关于这些民族的生活有什么断简零编传到我们手里，人们对它的解释又是多么不确凿啊！如果有些传说流传到了

我们手里，那又是多么贫乏、混乱和矛盾百出啊！而关于这些民族
52 之先的民族、关于从亚洲和非洲向欧洲的移殖或者倒过来，欧洲向亚洲和非洲的移殖、关于它们和海外各国甚至和神话中的大西洲的关系，我们就知道得更少了。此外，关于人类起源的一元发生说或多元发生说又是一个使人非常头痛的问题，可以有各种各样的推测。人类在世界上的出现像人类与动物的亲缘或关系一样，是可以引起无益的推测的。地球的历史、太阳系的历史、整个宇宙的历史的起源是模糊不清的。但模糊并不限于“起源”方面；整部历史甚至与我们最接近的近代欧洲史都是模糊的。谁能真正说得清决定俄罗斯的一个丹东或罗伯斯庇尔、一个拿破仑或亚历山大的动机的是什么呢？在活动的本身，即活动的外化方面有多少模糊和空白之处啊！关于 9 月中的日子，关于雾月 18 日，关于莫斯科的焚毁，人们写出了堆积如山的书籍；但是谁说得清这些事情真是怎样发生的呢？甚至那些直接目击的人也说不清，因为他们遗留给我们的叙述是分歧的和矛盾的。我们就不谈大历史吧！至少对于一件小历史，姑且不说有关我们的国家、城镇或家庭的小历史而说我们每一个人自己的最小的小历史，我们能不能完全知道呢？一个人（在许多年前或昨天）沉溺在这一或那一热情的动机中，说出这一或那一句话，他当时所要的到底是什么呢？他到底是怎样得出这一或那一特定结论或决定采取某一特定行动的呢？促使他倾向某一特定方向的动机到底是崇高的还是卑鄙的？是道德的还是自私的？是责任感还是虚荣心所鼓舞的？是纯洁的还是不纯的呢？

53 小心谨慎的人知道，这是能够把人弄得晕头转向的，他们愈是

想把自己的良知考查得清清楚楚,他们就愈搞得糊里糊涂。对他们只能提出这样一个忠告,就是,要确凿地考查自己,但是不要做得太过,要向前看,不要向后看,或向后只看到必须看的地步。我们当然知道我们自己的历史和周围世界的历史,但和我们无限的求知欲比起来,我们所知的是多么少、多么微不足道啊!

结束这种精神上的烦恼的最好方法是我所采取过的方法,就是,把这种烦恼推进到极限,然后暂时设想:提出的问题和可能提出的其他无限问题都已得到满足,像人们在无穷的正在发生中的问题中所能得到的满足一样,就是说,立即一个一个地答复它们,使精神踏上一条永远获得无数正确答案的令人眼花缭乱的道路。现在,如果全部疑问都得到了满意的答复,如果我们掌握了所有的答复,我们又该怎么办呢?通向无限的道路跟通向地狱的道路一样宽广,如果它不导向地狱,它就必然会导向疯人院。当我们乍一接触无限时,无限就变大了,它对我们是没有用处的;它只会使我们望而生畏。只有可怜的有限才对我们有帮助,才是有定的、具体的,才能被思想所掌握,才能成为我们的存在基础和我们的行动起点。所以,即使无限的历史之全部特定的无限事物能给我们的欲望以满足,我们所该做的也只有从我们的心中把它们清除出去,忘
掉它们,而只聚精会神于与一个问题相适应和构成活生生的积极 54
历史,即当代史的某一点上。

这就是精神在其发展中的成就,因为没有一件事实在被作出的时候是不通过那永远在行动中萌芽的意识而被知道的;没有一件事实不迟早被忘却但又能被唤起,如同我们所说死历史能在接触生活时复活、过去的能通过当代的而再变成当代的一样。托尔

斯泰坚持这样的想法，就是，不仅没有一个人能够准确地预先决定一次战争的经过，甚至一位拿破仑也不能，而且没有一个人能够知道实际上它是怎样发生的，因为在战争结束的前夕就出现了一种人为的、传奇性的历史，那是只有轻信的人才会误认为信史的；但专业的历史家却是以此为依据来进行统合及以想象调节想象的。但战争是在逐步发展中被人知道的，然后，当战争所引起的骚动归于消失时，意识中的骚动也就消失了，唯一重要的事情是现实的新情境和新产生的心境，它们的表现是诗歌性的传奇或虚构的故事。我们每个人每时每刻都知道而又忘掉自己的大部分思想和活动（一个人如果不这样，那将多么不幸，因为他的生活就会变成对最细小的行动的令人生厌的计算！）；但是一个人不会忘掉而会记住某些思想和情操，有时记得长久一些，有时记得短暂一些；那是一些表示难忘的紧要关头和有关他的未来问题的思想和情操。有时
55 候，我们由于一些我们相信不可能被唤回的情操和思想在我们身上的苏生而感到愕然。因此，我们不能不说，在每一顷刻，我们都知道我们所需知道的全部历史；其下余的既与我们无关，我们就无法知道它，或，到有需要时我们就会有办法知道它。那种“下余的”历史是关于“物自体”的永恒幻想，它既不是“物”，也不是“自体”，它只是我们的行动与知识的无限性的想象的具体化而已。

关于物自体的想象的具体化及其结果的不可知论是自然科学在哲学中的产物，自然科学假定有一种外在的和物质的从而是不可知的真实界。编年体也以类似的方式在历史的自然主义阶段上招致了历史的不可知论，因为它假定有一种死的和无法理解的历史。它任凭自己受到这种诱惑的勾引，因而离弃了具体真理的道

路，而心灵则觉得自己突然充满了无限的、最无益和最无望的疑问。同样，一个离弃了或尚未走上一种勤勉生活的有结果的道路的人就觉得心灵充溢着无限的欲望、无法实现的行动、无法获得的快乐，因而遭受一种坦塔罗斯式[①]的痛苦。但是，生活的智慧警告我们不要沉溺在荒谬的欲望中，如同思想的智慧警告我们不要沉溺在无益的问题中一样。

二

但是，如果我们所能知道的只是有限的和特定的，永远只是这
一特定的和这一有限的，我们是不是应该抛弃（多么令人伤心的
抛弃！）关于普遍史的知识呢？毫无疑问地应该抛弃，但有一个双 56
重的附白，就是，我们所放弃的是我们由于不能具有而从未具有过
的，因此，这样的放弃是毫无痛苦的。

“普遍史”也不是一种具体的活动或事实而是一种“主张”，是一种起因于编年体及其“物自体”的主张，是一种起因于一个奇怪的建议的主张，就是，建议用向无限前进的方法去结束那被不适当地开放的无限前进。普遍史确乎想画出一幅人类所发生过的全部事情的图景，从它在地球上的起源直到此时此刻为止。事实上，它要从事物的起源或创世写起，直到世界的末日为止，因为否则就不成其为真正的普遍了。因此，它有一种倾向，要用神学的或自然主

① 希腊神话中多财之王，主神宙斯之子，被罚永世站在上有果树的水中，水深及下巴，口渴想喝水时水即减退，腹饥想吃果子时，树枝即升高。此处意谓“可望而不可即”。——译者

义的故事去填补史前期及人类起源方面的无底罅隙，或用基督教普遍史中的启示和预言（它远见到了基督之敌及末日审判）或实证主义的、民主主义的和社会主义的普遍史中的预见去勾画未来。

这就是它的主张，但结果却与始愿不同，它得到了它所能得到的，即一种永远只是一份多少由于杂凑而成的编年史，或一种表达人心某一愿望的诗歌性历史，或一种真正的和正式的历史，它虽则包括了许多民族和许多时代的生活，但它不是普遍的而是特殊的。最常见的情形是，这些不同因素并排地存在同一著作中。除了范围相当广阔的编年史（虽则它的范围永远是狭隘的）、诗歌性历史
57 和几种不同形式的各种混合物以外，我们不仅从逻辑推论上立即发现，而且从对任何一部“普遍史”的简单瞥视中立即发现，普遍史在其确乎是历史或就其确乎是历史的部分而言，实际不过是“特殊史”而已，就是说，它们的起因是集中在某一特殊问题上的某种特殊兴趣，它们只理解组成那种兴趣和回答那一特殊问题的事实。在古代，指出波里比阿的著作为例就够了，因为是他最有力地坚持要有一部“普遍史”的（普遍史，即一般事项的写定）。在基督教时代，我们可以引证奥古斯丁的《神国》，在近代，我们可以引证黑格尔的《历史哲学》（他又把它叫作普遍史或哲学的世界史）。但是，我们在这里看到，波里比阿所希望和创造的普遍史是罗马霸权和罗马世界的形成所需要的一种较广泛、较复杂、较富政治性、较严肃的历史，因此，它只包括了那些和罗马发生关系和纠纷的民族，它根据作者的精神倾向，几乎完全只以政治制度和军事措施的历史为限。而奥古斯丁则试图使基督教渗入异教一事成为可以理解的，为了这一目的，他利用了尘世及天国两个敌对国度的观念，

尘世的国度有时被视为天国的国度的敌方,有时被视为天国的国度的预备。最后,黑格尔在他的普遍史和哲学的特殊史中所讨论的是同一个问题,就是,一种被自然或被超验的上帝所奴役的哲学 58
的精神是怎样上升到自由意识的。他从历史哲学中割去史前史,就像从哲学史中把它割去一样,他对东方史的考虑非常概括,因为它对他的计划的实现作用不大。

自然主义的故事或宇宙故事永远有爱写它们的人去写,永远找得到如饥似渴的和欣赏不置的读者,尤其是在懒汉当中找得到,他们高兴在不多的篇幅中掌握“世界的秘密”。永远有人去编纂部头大小不等的、关于东方和西方、关于美洲、非洲及大洋洲的历史。甚至在汇编工作方面,这也不是一个人力所能及的,因此,我们现在有成群的学者或编纂家参加这一工作(好像要亲自证明缺乏任何密切联系似的)。我们近来甚至看到有人企图按地理的原则去写普遍史,就像有很多种历史并肩存在一样——欧洲史、亚洲史、非洲史等等——它们不知不觉采取了一种历史字典的形式。这一和那一特殊史采用一个“普遍史”的名称永远是有用的,这是指的波里比阿的古老意义的普遍史,就是说,它是和那些比较不现实、比较不严肃、比较不称心的书籍相反的,即是和那些由“特殊事件的作者”所写的书相反的,那些作者爱把小事当成大事,爱把值不得记录下来的事写成长篇的故事,没有什么标准之故。在这种意义上,那些在政治和社会发展方面使历史范围缩小了的时代 59
和民族最好放弃细枝末节而正视一下普遍史,即,一种比较广泛的、超出特殊史之外的历史。这一点对今天的意大利格外适用,它在文艺复兴时期由于具有一种全盘的作用而具有普遍的眼光,它

按自己的办法说出了各族人民的历史，然后把自己限制在地方史的范围内，随后再把自己提高到全国史的高度；现在，它比过去更应该把自己扩大到所有过去和现在的广大历史领域中去。但是，“普遍”这个对前述目标有用的词绝不表示我们具有我们所不同意的意义之下的“普遍史”的意思。这样的历史已和类似的各种乌托邦例如应该作为各时代的范例的艺术或永远有效的普遍正义等一同消失在错觉世界中了。

三

但是，同样，某一特殊艺术或某一特殊正义（例如史诗《伊利亚特》或罗马家族法）所固有的普遍性质并不因普遍艺术和普遍正义这一错觉的消失而被取消，否定普遍史不等于否定历史中的普遍的东西。在这里，我们也必须重述一下传说中的人们徒劳无益地在有限的无限系列中到处寻找上帝却发现上帝随处都在的情形：你就在我跟前！那一特殊和那一有限的特殊性及有限性是由
60 思想所规定的，因此是与普遍、那一特殊形式下的普遍一同被知道的。纯有限和纯特殊除了作为一种抽象以外是不存在的。诗歌和艺术，本身中并无抽象的有限，因为它们是个别的领域；但本色的有限是存在的，它是有限和无限未被区别的统一，它在思想领域中将被区别开，并将通过那种方式达到一种高级的统一形式。历史就是思想，因而是关于普遍的思想，是关于具体的普遍的思想，所以总是用一种特殊方式加以规定的。没有一件事实、不管多么微小、能不被认为（被表现和被形容为）普遍的。历史在其最简单的

形式上——即，在其基本形式上——是用判断，即个别与普遍的不可分割的综合来表述的。按照古老的术语传统，个别被称为判断的主辞，普遍被称为判断的宾辞，把这一传统保存下来也许是方便的。但对用思想支配字句的人说来，历史的真正主辞恰恰就是宾辞，它的真正宾辞就是主辞——就是说，普遍在判断中是通过把它个别化来加以规定的。如果这种说法显得太玄妙，像难懂的哲学，那么，我们可以使它变得明白易晓，可以使它变得完全不同于所谓哲学家的私有东西，方法是简单地听听每个能思考的人的答复：如果问他诗歌史的主辞是什么，他的答复当然不会是但丁或莎士比亚，也不会是意大利或英国的诗歌，也不会是我们所熟知的一系列诗篇，而会是诗歌，那就是，一种普遍；如果问他社会和政治史的主辞是什么，他的答复不会是希腊或罗马，也不会是法国或德国，甚至也不会是所有这些国家和其他这样联合在一道的国家，而会是 61
文化，文明，进步，自由或其他任何类似的词，那就是，一种普遍。

在这里，我们就得以在认识哲学与历史的同一性方面搬走一大块绊脚石了。我在另一卷书中[①]曾企图用许多分析和许多论证去刷新、修改和树立这一学说。但这常常是很困难的，因为这是一种无可反驳的争论对象，不是一种完全信仰和信奉的对象。我在为这一困难寻找各种原因时发现了我所认为主要的和基本的一个原因。这正是不把历史看作活生生的当代史而把它看作僵死的和属于过去的历史、看作编年史（或如我们所知，能变成编年史的语文文献学历史）的那种历史观。无可否认的是，当人们把历史看

① 在《逻辑学》一书中，尤其在第Ⅱ篇第Ⅳ章中。

成编年史时,历史和哲学的同一性就看不清楚,因为这种同一性并不存在。但当编年史被还原为其固有的实用的和帮助记忆的功用时,当历史被提升为关于永恒的现在的知识时,历史就表现为与哲学是一体的,哲学原不过是关于永恒的现在的思想而已。应该完全弄明白的是,这永远要以废弃观念和事实的二元论为前提,要废弃理性的真理和事实的真理的二元论,这是一种视哲学为对理性的真理的沉思的哲学观而视历史为对粗糙的事实、对粗糙的事实的真理的收聚的历史观。我们近来发现这种顽强的二元论正在重新抬头,而以历史的本义是知,哲学的本义是懂这一公理为掩饰。
62 结果是知可以不懂、懂可以不知这样一种荒谬的差别,这将是人类的令人加倍沮丧的理论命运。但是这种二元论及随之而来的世界观远不是真正的哲学,而是引起人们去进行哲学化的不完善的企图的永恒根源,当一个人处于宗教的魔掌中时,这种哲学化企图就叫作宗教,当一个人脱离了宗教的魔掌时,它就叫作神话。攻击超验论而主张真实界和哲学具有内在论的性质难道是有用的吗?当然会有用;但是我觉得没有这样做的必要,至少此时此地没有必要。

既然正确地被理解的历史废弃了普遍史的观念,所以,内在论的和与历史同一的哲学也就废弃了普遍哲学、即封闭体系的观念。两种否定是互相呼应的,事实上根本是一件事(因为封闭体系像普遍史一样,是宇宙故事),两者都从当今的最优秀的人物不去从事"普遍史"及"断结体系"而把它们留给编纂家、留给信徒、留给各种轻信的人这一倾向中在经验上获得了证实。这种倾向暗含在最后的一种伟大哲学,即黑格尔的哲学中,但它在本身中遭到了旧有残余的反对，并在执行中完全被背弃了，以致这种哲学也把自己变成了一种宇宙故事。因此可以说，在19世纪初期只是一种*预感*的东西，到20世纪初就变成了一种*坚定的意识*。这就可以激励胆小的人不致害怕普遍的知识因此就会受到损害，并主张这种知识只有用这种办法才能真正地和长久地获得，因为它是从动态中获得的。这样一来，正在变成*现实历史*的历史及正在变成*历史哲学* 63
的哲学就获得了解脱，前者摆脱了无力知道那些未知的、仅因在过去是知道的或在未来将被知道的事情的苦恼，后者摆脱了断然无力达到确切的真理的失望，就是说，两者都摆脱了关于“物自体”的幻觉。

64 # 四 “历史哲学”在观念上的起源及其解体

一

所谓“历史哲学”这一概念永远是和历史的决定论概念相反的，也是历史的决定论概念所反对的。这一点不仅可以从考察中清楚地看出来，而且从逻辑上看也是很明显的，因为“历史哲学”所代表的是关于真实的东西的超验论概念[1]，而决定论所代表的则是内在论[2]概念。

但是，查考事实的结果，同样必然的是，历史决定论永远产生“历史哲学”；这一件事实也跟前一件事实一样明显地是合乎逻辑的，因为决定论就是自然主义，因而当然是内在论的，但，是不充分的假内在论的。因此，不如说，它想成为内在论的，但不是内在论的，无论它怎样从反面努力，它仍然变成了超验论。对于一个清楚地了解超验论和内在论的概念、了解历史哲学的超验性及了解决定论的或自然主义的历史观是假内在论的人说来，这一切都不会

① 原文为 transcendentat conception。——译者

② 原文为 immanent。——译者

有任何困难。但是,比较仔细地去看看这种协调和对立的过程在有关历史的问题上是怎样发展的及怎样解决的,那将是有益的。

“先收聚事实,然后按照因果关系把它们联系起来”;这就是决定论概念中所表现的历史家的工作方法。用这一学派的最有辩才和最善描绘的理论家泰纳自己的话所述的极常用的公式来说就 65
是,先收聚事实,后研究原因。事实确乎是无情的、致密的、真实的,但没有得到科学光辉的照耀,没有智性化。这种可以理解的性质必须通过追寻原因的办法去给予它们。但是,把一件事实当作另一件事实的原因,形成一串因果链条的结果是尽人皆知的:我们就这样开始了一种无限的倒退,我们绝不能找到与我们辛勤地套成的链条相联结的最后的原因或多种原因。

某些、也许好些历史理论家用一种真正的简单办法去摆脱这一困难:他们使那已在另一端的一点上中断了的链条(即他们已着手去考虑的效果)在某一点上中断或脱落。他们用他们的一段链条去进行工作,好像它是一件完整的和自行封闭的东西似的,好像一条从两点上分割的直线应当含有面积并构成一个图形似的。因此,我们发现,在历史方法论者中也有这样一种学说,就是,历史只要找出“近因”就够了。这种学说的企图是想为前述过程补充一种逻辑基础。但是谁能说清“近因”是什么呢?我们既然承认思想是不幸而不得不按照因果的链条去进行思考的,思想就绝不会愿意知道“真正的”原因以外的任何事情,不管真正的原因在空间和时间方面是远还是近(空间像时间一样,是与此无关的)。事实上,这种学说乃是一块遮羞布,是用来遮掩作为一个思想家和一个批评家的历史家所感到羞愧的做法的,这是一种有用的意志行 66

动，但因而也是一种任意的意志行动。但这块遮羞布究竟是一种谦逊的表现，因而是有它的价值的，因为，如果连羞愧之心都丧失了，那就会发生一种终于把武断地截止的“原因”称作“终极的”原因，即“真正的”原因的危险，这样就会把个人随意的考虑升格为能够创造世界的活动，把它看得和上帝、某些神学家的上帝一样了，它的随意的考虑就是真理。我刚说完这一点之后本来是不愿意再引证泰纳的，因为他是一位最可敬的作家，不仅因为他的精神素质，而且因为他是笃信科学的；但我仍旧应该引证他才好。泰纳在追寻原因时得到了一种有时他称之为“种族”有时称之为“时代”的原因，例如，在他的英国文学史中，当他得出“北方人”或“日耳曼人”具有适合这样一种人的性格和才知——感觉淡漠、喜爱抽象观念、趣味粗放、轻视秩序与整齐——的概念时，他庄重地宣称：研究的结果是：人们相信有某种原始的意向，有某种为一个时代或一个种族的一切感觉、一切观念所固有的特性，有某种与人的精神和心理活动分不开的特点。这就是重大的原因、是普遍的和永存的原因。那种原始的和不可超越的东西所包含的是什么，在泰纳的想象中是知道的，但在批评方面是不知道的；因为批评方面要求说出被称为“时代”和“种族”这种事实或成堆事实的起源，并在要求知道它们的起源时宣称，它们既不是“普遍的”，也不是“永存的”，因为，据我所知，我们不知有什么“事实”是普遍的和永存的，日耳曼人和北方人当然不是普遍的和永存的；木乃伊也不是事
67 实，它们虽则存留了几千年，但不是永久存在的——它们变得很慢，但是确乎在变。

可见，对历史采取决定论看法的人，除非他决心不用一种武断

的和幻想的方式去割断他的研究，否则他就必须承认，他所采用的方法是达不到他所期望的目的的。既然他已开始思考历史，虽则是用一种不充分的方法去思考的，他要么就一切从头开始，另辟蹊径，要么就依旧前进，但改变前进的方向，此外别无其他途径。自然主义的假定仍然在坚持自己的意见（“先收集事实，然后再去找出原因”：还有什么比这更明显、更无可避免的？），它当然会使人选择第二种途径。但选择第二种途径就是放弃决定论，就是超越自然及其原因，就是主张一种与历来采取的方法相反的方法——就是说，放弃原因的范畴而另取一种范畴，那另一种范畴只能是目的的范畴，这是一种外在的和超验的目的，是与原因相应的、相似的反面。寻求超验的目的就是“历史哲学”。

随后的自然主义者（我是指“继续思索”的人或如一般人所说的追寻结果的人），不管他怎样看待他的新探索，他是不能避免也从未避免这种探索的。甚至当他试图宣布目的或“终极原因”为不可知时，他也避免不了，因为（像在别处已经说过的），一件已被肯定为不可知的事物就是一件有点被知道了的事物。自然主义总被冠以一种历史哲学的美名，不管它的公式是怎样作出的：不管它 68
对宇宙的解释是不是认为宇宙是原子所构成的，原子互相冲击，由于各种冲击和旋转而产生历史，它们又可以回复原始的分散状态而终止冲击和旋转；不管暗藏的上帝被称为“物质”或“无意识”或其他；最后，也不管上帝是不是被设想成一种利用原因的链条以实现其意见的“智慧”。在另一方面，每一个历史哲学家都是一个自然主义者，因为他是一个二元论者，认为有一个上帝和一个世界，认为有一个观念和一件在“观念”之外或“观念”之下的事实，认为

有一个目的的王国和一个原因的王国或附庸，认为有一个天上的国度和一个或多或少地属于恶魔或尘世的国度。拿起任何一本决定论的历史著作一看，你就会发现或从中发现一种明显的或当然的超验论（例如，在泰纳的著作中用的是“种族”或“时代”的名义，它们是真正的和正式的神）；拿起任何一本“历史哲学”一看，就可以发现其中有二元论和自然主义（例如，在黑格尔的著作中，他承认有些叛逆和无能的事实是不受观念支配或不配受观念支配的）。我们将越来越清楚“历史哲学”是怎样不可避免地从自然主义的内部发生出来的。

二

但是，“历史哲学”跟它所从出和对立的决定论概念一样，同样是矛盾的。它既已接受了但又抛弃了把粗糙的事实联系起来的方法，它就不再有可以联系的事实（因为这些事实业已通过原因
69 的范畴联系得再好不过了）而只有粗糙的事实了，它必须赋予它们的是“意义”而不是联系，要把它们看作一种超验过程，即神的显现的景象。现在，那些事实，就其是严峻的事实而言，乃是无言的，而过程的超验性需要一个器官来设想和表现，这器官不是思索事实或产生事实的思想器官，而是一种超逻辑的器官（例如按费希特的方式抽象地先验地进行的思想），这除了作为一种消极的阶段，表示它缺乏有效的逻辑思维以外，在精神中是找不到的。逻辑思维的匮乏立即就被实践或被称为情操的东西填满了，那时情操是通过理论的折光作为诗歌而出现的。一切“历史哲学”中都

贯穿着一种明显的诗歌性质。古代的历史哲学把历史事件表现为某些民族或某些种族神祇之间或某些个人保护者之间的斗争，或表现为光明与真理之神跟黑暗与谎言势力之间的斗争。它们就这样表达了民族、团体或个人对于霸权的向往，或人类对于善与真的向往。近代形式中的最近代的形式是那被各色各样的民族感情和伦理感情（意大利的、日耳曼的、斯拉夫的等等）所激发的形式，或那把历史进程表现为走向自由的王国的形式，或那把历史表现为从原始共产主义的伊甸乐园经过中世纪的奴隶制、奴役和工资走向恢复共产主义的形式，这种共产主义不再是不自觉的而是自觉的，不再是伊甸乐园式的而是人世的。在诗歌中，事实不再是事实而是字句，不再是真实而是偶像；如果它仍作为纯诗歌，那本是没有机会非难它们的。但它并不仍是作为纯诗歌的，因为那些偶像 70
和字句是作为观念与事实放在诗歌中的，就是说，是作为神话放在那里的：进步、自由、经济、技术、科学，当它们被视为事实之外的媒介时，它们都是神话。它们之为神话并不亚于上帝与魔鬼、不亚于战神和维纳斯神、不亚于召夫神和巴力神[①]、不亚于任何其他比较粗糙的神性形式。这就说明了，为什么决定论的概念在产生了反对它自己的“历史哲学”之后，又不得不去反对它自己的孩子，从求助于目的的领域转而求助于因果关系的领域，从求助于想象转而求助于观察，从求助于神话转而求助于事实。

历史决定论和历史哲学的相互驳斥使双方都变成了一种空虚或一无所有，即一种单纯的空虚或一无所有，在折衷主义者看来，

---

① 原文为 Jove 和 Baal，Jove 即 Jupiter。——译者

这种相互驳斥照例是两个实体的相互完成,它们产生或应产生一种相互支持的联盟。由于当代哲学中盛行折衷主义,即名称变换[①],可见我们除了有责任研究历史的原因以外,还有责任明确历史进程的“意义”或“一般计划”,原是不足为奇的(可参看拉布里奥拉、齐美尔和李凯尔特等人的论历史哲学的著作)。由于讨论方法的作家通常又都是经验论的,因而是折衷主义的,所以我们发现,他们也把历史分为联合凭证及批判凭证并重建事件的历史和“历史哲学”两种(可参看伯恩海姆的教本,它是这类作家中最典型的一种)。最后,由于人们的常规思想是折衷主义的,最容易的事莫过于同意这样一种论旨,就是,仅有表现一系列事实的简单的
71 历史是不够的,思想必须回到已经构成一连串的事件中去,以便在那里发现隐藏着的计划,并答复我们从哪里来和到哪里去的问题。这等于说,我们应当假定有一种和历史并肩存在的“历史哲学”。这种折衷主义赋予两种相反的空虚以内容,使它们携起手来;它有时候企图大显本领,把那两种谬误的科学或科学的谬误部分混杂起来。因而我们听到有人在保卫“历史哲学”,但警告说,“历史哲学”应当通过寻求原因以显示神的活动和理智或天意的办法,用“科学的”和“实证的”方法去处理[②]。一般思想很快就同意了这

① 原文为 mutato nomine。——译者

② 例如,可参看佛林特的著作;但是,既然不如佛林特那样极端的黑格尔及黑格尔派也终于承认了两种相反方法的合流,这种曲解的痕迹也可以从他们的“历史哲学”中找出来。在这里,也要注意那使黑格尔去发现像数学与自然事实之间的关系一样的先验事实与历史事实之间的同样关系的错误类比:我们必须先天地熟悉属于整个范围的各个原则,就像天文学家开普勒必然已经先天地熟悉了椭圆形、立体形、正方形,以及它们彼此间的关系的种种思想,然后他才能够从经验的记录里,发现他的那些千古不朽的“法则”,那些法则就是从那些观念的决定得来的。(参看 Vorles. üb. d. Philos. d. Gesch.《历史哲学讲义》,布龙施塔德 Brunstäd 编印,pp. 107—108。)

一纲领,但后来无法把它实现[①]。

对于知道下述情形的人说来,这里也并无新颖之处,就是,通过“实证的方法”来建造“历史哲学”,即通过假内在论的方法来指证超验论,在历史研究的领域中恰恰等于新派批评家(热勒等人)所主张的“通过实验的方法来建造形而上学”,因为它所主张的不是抛弃互相驳斥的两种空虚,而是使它们协调起来,并在赋以内容 72
之后把它们并成一种单一的实质。我不想把上述办法的不可能性说成是炼金术士的奇迹(这个譬喻似乎太高贵了),只想把它看作是蹩脚厨师的杂烩。

三

真正矫治历史决定论和“历史哲学”的矛盾的远不是这样一种办法。要达到这个目的,我们就必须接受前述驳斥的结论,就是,两者都是无用的,并且把历史哲学的“计划”和决定论的因果链条都看作是缺乏思想的而加以拒绝。当这两种阴影消失以后,我们就会发现自己回到了出发点上:我们又面对着没有联系的严峻的事实了,又面对着有联系但不被理解的事实了,对它们,决定论曾企图采取因果关系作接合剂,“历史哲学”则曾企图利用终极论的魔杖。我们对这些事实怎么办呢? 我们怎样使它们变明朗而不像过去那样浑浊、使它们变成有机的而不是无机的、使它们成为

① 甚至前面提到过的佛林特也没有把它实现,因为他忙于整理历史求证的初步工作,从来没有去进行应许过的构造。

可理解的而不是不可理解的呢？要对它们加以任何处理，尤其要使它们发生期望中的改变，看来确乎是有困难的。精神对精神之外的或假定为精神之外的事物是无能为力的。当事实被那么理解时，我们就易于再次采取哲学家轻视历史的态度，这种态度从古代几乎一直到18世纪末叶都是习见的（亚里士多德认为历史比诗
73 歌的"哲学味少"，并且不如诗歌正经，塞克斯都·恩披里柯认为历史是"乱七八糟的材料"；康德没有感觉或理解历史）。这种态度的结果是：把观念留给哲学家，把严峻的事实留给历史家——即，让我们满足于正经的事情而把它们的小玩意留给孩子们好了。

但在求助于这样一种诱惑之前，为了谨慎起见，应当从方法方面加以怀疑（这种怀疑永远是最有用的），并且恰恰注意一下那些严峻的和不连贯的事实；那些事实是探原方法所视为起点的，是我们现在已被这种方法及作为其补充的历史哲学所遗弃之后看来又在与之面面相对的。方法方面的怀疑所将首先建议的将是这样一种思想，就是，那些事实是一种未经证明的假设，并且它将引导我们去搞清楚，看证明是不是能得到的。我们经过试图证明之后终将得出结论说，那些事实其实并不存在。

因为事实上谁能证实它们是存在的呢？证实它们的存在的恰恰就是打算追寻原因时的精神。但当精神进行那种活动时，精神并不是已经掌握了严峻的事实然后再找原因的；它是通过那种活动使事实成为严峻的，就是说，是它自己把它们那么假定的，因为这种假定对它是有用的。历史对原因的追寻与我们三番五次地说过的自然主义的做法毫无不同，它对真实界进行抽象的分析和分类。抽象地进行解释和分类同时意味着分类时的判断，就是说，不把事

实当作思索事实的精神所意识到的精神活动，而把它们看成外在
的严峻的事实。《神曲》是我们读它的时候在我们的想象中所纤 74
细不遗地重新创造的一首诗，我们批判性地把它理解为精神的一
种特殊规定，因此，我们给它及它的全部环境和全部关系以历史上
应有的地位。但是，当我们这种思想中的和想象中的现实告一结
束时，亦即当那种心理过程得到完成时，我们就能用一种新的精神
活动去分别分析它的各种因素。例如，我们会把有关“佛罗伦萨
文明”或有关“政治诗”的概念加以分类，并说《神曲》是佛罗伦萨
文明的一种结果而这种文明又是各公社之间的斗争的结果等等。
这样一来，我们也就将为那些在有关但丁的作品上常使德·桑克
蒂斯感到十分烦恼的荒唐问题扫清了道路，他把这些问题加以惊
人的描绘，说只有当栩栩如生的美学表达冷淡下来而诗作落入耽
湎于废话的蠢材手中时，它们才会发生。但是，如果我们及时止
步，不走到那些荒唐问题的道路上去，如果我们以完全实用的方式
使自己纯粹地和简单地限于自然主义的阶段、限于分类、限于分类
性的判断（那也是一种因果关系），不去从中导出任何推论，那么，
我们所做的就不是完全不正当的；事实上，我们将是在运用我们的
权利，在向一种合理的需要表示屈服，那就是，当自然化有用时就
自然化，但不越过那种界限。这样，事实的形体化和把它们加以外
在的或因果的联系，作为纯粹的自然主义就是完全正当的了。甚
至那吩咐我们止于寻求“近”因，即不过分强行分类以致分类失去
一切实际效用的箴言也可以自圆其说。使《神曲》的概念与“佛罗 75
伦萨文明”的概念发生关系可能是有用的，但使它与“印欧文明”
或“白人文明”之类发生关系却是毫无用处或用处无限地少的。

四

让我们怀着更大的信心回到起点，回到真正的起点去吧——那就是说，不是回到已被搅乱的和已被自然化的事实方面的起点去，而是回到思索和建造事实的心灵方面的起点去。让我们使被诋毁的“严峻的事实”抬起被鄙视的头来吧，我们是会在它们的额上看到思想的光芒在闪烁的。那种真正的起点会表明它自己不仅是一个起点，而既是一个终点又是一个起点，会表明它自己不是历史建造的第一步，而是建造中亦即自我建造中的历史的全部。历史决定论，尤其“历史哲学”把历史的实在抛在自己后面，虽则它们是向它行进的，这已成了一种十分不规则的、充满无用的重复的行进。

我们将使率真的泰纳承认我们所说的是真话，当我们问他，他所说的收聚事实是什么意思，他的回答是，这种收聚分成两个步骤
76 或阶段，在第一阶段中，凭证被复活，以便经过长期以后获得一个栩栩如生、勤勤恳恳、天赋着情欲、配备着习惯、具有自己的声音和容貌、姿态和服饰、如同我们刚才在路上告别的人一样鲜明和完全的人；第二个阶段则在于寻找和发现那隐存于外表的人心中的内在的人、“看不见的人”、“核心”、“产生其他一切的那些能力和感情”、“内心的戏剧”、“心理”。可见这是和收集事实大不相同的！如果作者所说的事情真正出现，如果我们真能使人物与事件在想象中重新复活，如果我们能思索他们的内心，即能思索直觉与概念的综合，即具体的思想时，历史就已完成了：此外还缺什么呢？此

外不再有什么要寻找的了。泰纳的回答是:“我们必须把原因找出来。”就是说,我们必须扼杀思想所想的活生生的“事实”,必须把它的抽象因素分开——毫无疑问,这是一件有用的事情,但只对记忆与实用是有用的。否则我们就必须像泰纳所惯做的一样去曲解和夸大这种抽象分析作用的价值,使我们自己迷失在种族、时代或其他不同但同样相似的类似事物的神话中。如果我们想要像历史家一样进行思考,我们就应该当心我们是怎样扼杀不幸的事实的,如果我们真是历史家,真是这样进行思考的,我们就不会觉得有求助于外在的因果联系即历史决定论,或求助于那同样外在的超验目的即历史哲学的必要。被历史地思考着的事实在其本身以外无原因,亦无目的,原因与目的仅在其本身中,是和它的真正性质及质的实情一致的。因为(应该顺便提一下),确定事实是真实的、但有着未知的性质,是肯定的、但不是被理解的,这本身也是一
种自然主义的错觉(它就这样预兆了它的其他错觉,即“历史哲 77
学”的错觉)。在思想中,实在与性质、存在与本质,全是一回事,肯定一宗事实是真的而不同时知道那件事实是什么,即不予以质的规定,那是不可能的。

当我们回到并停留或活动于具体事实时,或者不如说,当我们使自己成为具体地思考事实的思想时,我们就经验到了我们的历史思想的不断形成和不断进步,并使自己弄清了史学史的情形;它的进行方式也是一样的。我们知道(我只说这一点,以免离题太远)从希腊人的时代到我们自己的时代,对于历史的理解一直在丰富和加深,不是因为重新找出了人类事物的抽象的原因和超验的目的,而只是因为对于人类事物的意识不断获得了增长。政治

与道德,宗教、哲学与艺术,科学、文化与经济变成了更复杂的概念,同时,在其本身方面及与整体的关系方面也得到了更好的规定与统一。与此相应,这种种活动形式的历史也变得越来越复杂、越来越坚实地统一了。我们对于文明的“原因”,所知的和希腊人一样少;我们对于控制人类命运的神或诸神,所知的也和他们一样少。但是,我们对于有关文明的理论却比希腊人知道得多,例如,我们知道(而他们不知道或不同样清晰地、有把握地知道)诗歌是理论精神的一种永恒形式,退化或衰落是一个相对的概念,世界不是分为观念及观念的影子的,也不是分为潜能及活动的,奴隶制不
78 是经济的真正形式的范畴而是其历史形式的范畴等等。因而,除了我们当中至今仍可找到的旧日的残余和守旧派以外,谁也不再根据人们假定诗人们所怀有的教育性目的那一原则去写诗歌史了;反之,我们却努力去规定表达他们的情操的形式。当我们面对所谓“衰落”时,我们毫不感到手足失措,而要通过它们的辩证法去找出有什么新的和更伟大的事物在发展。我们不认为人类的作为是可悲的和幻觉的,不认为向往和渴羡苍天及其无欲并因而厌恶尘世是唯一值得羡慕和模仿的。我们在活动中认识到力量的真实性,在影子中认识到观念的坚实性,在地上认识到天堂。最后,我们并不觉得奴隶制度消失了,社会生活就不能进行了。如果奴隶在真实界中是当然的,奴隶制的消失就是真实界的剧变,如此等等。

这种历史观和关于史学工作本身的考虑使我们有可能对于历史决定论和“历史哲学”采取一种公正的态度,它们的不断出现业已不断指出了我们在历史知识和哲学知识两方面的差异,它们所

提供的错误的临时性解决办法业已预兆了对于我们所提出的新问题的正确解决。我们也没有说过从此以后它们就将不起这种作用了(那是形形色色的乌托邦的有益的作用)。此外,虽则历史决定论和“历史哲学”并没有历史,因为它们并无发展可言,但它们却从其与历史的关系中得到了一种内容,而历史则是发展的,就是说,历史在它们身上发展,而不顾它们的内容之外的外表,它甚至 79
使得想要进行体系化和进行想象而不进行思考的人也不得不进行思考。因为,在笛卡儿、维科、康德、黑格尔之后的今天所能出现的决定论与亚里士多德以后所出现的决定论之间,在黑格尔及马克思的历史哲学与格诺西斯教及基督教的历史哲学之间,区别是很大的。超验论和假内在论分别在这两类概念上发生作用;但在较为成熟的思想时代中出现的抽象形式和神话,本身已具有这种新的成熟性。为了证明这一点,让我们在“历史哲学”上稍微耽搁一下吧(顺便提一下自然主义的各种形式)。我们已经看到,出现在荷马世界的历史哲学和希罗多德的历史哲学之间的区别是很大的,对希罗多德说来,诸神愤怒的概念就是道德律的模型,它饶恕谦逊的人而践踏骄傲的人;希罗多德以后有斯多噶派的关于命运的法则,这种法则是诸神本身也必须服从的,这之后有天命观,它在古代的晚期被认为是统治世界的睿智;这种异端的天命说之后又有基督教,基督教对人类是神圣的正义、为人类培养出传播福音的教士以及对人类予以教育性的关怀,如此等等,这之后有神学家们的精密的天命说,它照例摈弃神的干预而通过次要的原因来起作用,这之后有维科的天命说,它是作为精神的辩证法而发生作用的,这之后有黑格尔的“观念”,那是对于自我意识的逐步克服,而

80 自我意识则是自由在历史进程中所做出的成绩，最后，我们就有关于进步与文明的神话，这种神话至今依然存在，它被认为行将最终消灭偏见与迷信，将因实证科学的日益增长的力量和公开而实现。

这样一来，“历史哲学”和历史决定论有时候就成了一层薄薄的透明的帷幕，它遮住了思想中的真实事物的具体性，同时又揭露了这种具体性。因此，机械的原因显得观念化了，超验的神灵人性化了，大部分事实剥去了它们的粗糙的面貌。但不管帷幕多么薄，它总是一层帷幕，不管真理多么清楚，它总不完全清楚，因为骨子里错误的信念仍旧认为历史是由无情的事实“材料”、由原因的“黏合”、由目的的“魔法”所构成的，就像是由三种连续的或并存的方法所构成的一样。宗教方面也有同样的情形，在高洁的人士的心目中，它几乎完全避免了庸俗的信仰，如同它的伦理完全避免了神意的他律[1]和赏与罚的功利主义一样。几乎全然地，但不全然地，由于这个原因，宗教除了否定自己以外是绝不会成为哲学的，因之，“历史哲学”和历史决定论只有否定自己才能成为历史。原因是，当它们以积极的方式前进时，二元论也就会存在下来，后果是怀疑论和不可知论的折磨。

对历史哲学的否定，在具体地被理解的历史中，就是它在理论方面的解体；由于所谓哲学只是一个抽象的和消极的阶段，我们确
81 认历史哲学死去了的理由是显而易见的。它在它的积极性方面死去了，作为一份学说，它死去了，连同其他超验的概念和形式都这样死去了。我不想在我的简单的（但我认为是充分的）讨论中加

① 原文为 heteronomy。——译者

上一种某些人看来（如同在我看来一样）很少哲学意味的甚至卑之无甚高论的说明。但我既然宁愿被斥为泰半平凡而不愿被斥为模棱两可，我想补充一下，就是，对原因与超验的终极论“诸概念”的批判，当它们只是一些字眼时（例如，用想象的方式把自由说成是一个女神，或如，在研究但丁前，我们想去“找出”他的这一或那一作品或活动的“原因”或“各种原因”），既然并不禁止这些“字眼”的使用，所以谁也不禁止我们继续谈论“历史哲学”和历史的哲学化，意思是指研究或更好地研究这一或那一历史问题的必要。同时，谁也不禁止我们把有关历史认识论的研究叫作“历史哲学”，虽则在这种情形下，我们所研究的严格地说并不是历史的历史而是史学史，这两样东西在意大利文和其他文字中通常是用同一个词来指名的。我们也无意阻止这样一种说法（如同多年以前一位德国教授所说的），就是说，“历史哲学”应当被看作“社会学”——亦即用所谓社会学的旧称作幌子的关于国家、社会和文化的经验科学。

这种种名称都是可以利用的，它们有着探险家卡萨诺瓦所请
求的同样权利，即他到官员们跟前为自己换了名字申辩时所说的，82
“人人具有的用字的权利”。但上面所讨论的问题不是一个用字的问题。我们所已简单地说明其起源及解体的“历史哲学”不是具有各种不同意义的用法的，而是一种看待历史的最确定的方式，即超验的方式。

83

五　历史的积极性质

因此，我们就接触到了弗斯特尔·德·库兰兹的名言，他说当然有“历史和哲学，但没有历史哲学”，我们也接触到了这样一种说法，即，既没有哲学，也没有历史，也没有历史哲学，而只有本身就是哲学的历史和本身就是历史并为历史所固有的哲学。由于这个原因，哲学家、历史方法论者、社会学家自信为属于他们各自的领域的并在其论著首尾夸示于人的全部争论——尤其是全部关于进步问题的争论——对我们就都变成了具有历史动力的简单的哲学问题，它们都是和哲学所研究的问题有关的。

在有关进步问题的争论中，人们所探询的是：人类的作为是有结果的还是无结果的；是消失了还是保存下来了；历史有没有目的，如果有，是什么样的目的，这种目的能及时达到还是只能在无限中达到；历史是进步还是退步，还是进步与退步、伟大与衰落相交替；历史中的主流是善还是恶；如此等等。当我们稍许用心考虑一下这些问题时，我们发现，它们实质上归结成三点，即，关于发展的概念，关于目的的概念，及关于价值的概念。也就是说，它们所
84 涉及的是真实界的整体，只有当历史恰恰就是真实界的整体时，它们才涉及历史。因此，它们不属于某些被假定的特殊科学，不属于历史哲学，不属于社会学，而属于哲学和本身就是哲学的历史。

当日常通用的术语被译成哲学术语时，它立即唤起了正、反、合，那些问题是在哲学过程中通过正、反、合被思考和被解决的，渴望获得教益的读者必须参证它们才行。在这里，我们所能提到的只是，把真实界看作发展的概念只是两个片面对立物的合，别无其他，是由没有变的恒和没有恒的变，由没有分歧的同一和没有同一的分歧所构成的，因为发展是一种永恒的超越，同时又是一种永恒的保持。从这种观点出发，历史书籍中最流行的概念之一，即历史循环的概念就被揭露为是一种由于模棱两可，企图摆脱一份双重片面性而又无法摆脱这种片面性的模棱两可的尝试。因为一系列的循环或则被视为同一的事物所组成，因而只有恒，或则被视为分歧的事物所组成，因而只有变。但若我们相反地把这一系列的循环看作一种既是永远同一又是永远分歧的循环，在这种意义下，它和发展概念的本身就是一致的了。

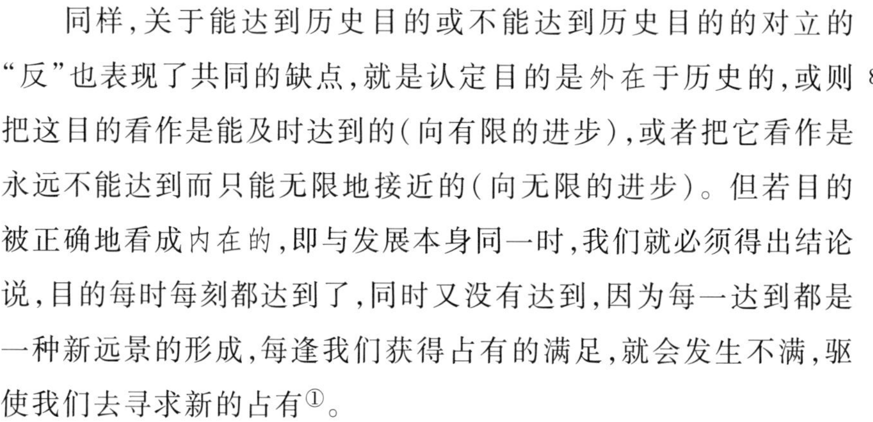

同样，关于能达到历史目的或不能达到历史目的的对立的“反”也表现了共同的缺点，就是认定目的是外在于历史的，或则 85
把这目的看作是能及时达到的（向有限的进步），或者把它看作是永远不能达到而只能无限地接近的（向无限的进步）。但若目的被正确地看成内在的，即与发展本身同一时，我们就必须得出结论说，目的每时每刻都达到了，同时又没有达到，因为每一达到都是一种新远景的形成，每逢我们获得占有的满足，就会发生不满，驱使我们去寻求新的占有[①]。

---

① 关于这一概念的完全开展，可参考我的关于《变的概念》的研究，见《论黑格尔及其他哲学史论著》第149至175页（巴利版，1913年）。（有道格拉斯·安斯利的论黑格尔的著作的英译本，伦敦麦克米伦书店出版。）

最后,把历史看成从恶到善(进步)或从善到恶(衰落,退步)的概念也同样导源于把善、恶、忧、喜(它们是真实界本身的辩证构造)实体化和视为外在的那种错误。把它们用善恶交替、进步与退步交替的折衷主义概念加以统一是不正确的。真正的答案不是把进步理解为由恶向善的过渡,好像是从一种状态向另一种状态过渡一样,而是把它理解为从善向更善的过渡,从更善看来,恶就是善的本身。

这些都是哲学性的答案,它们不同于争论家的肤浅论旨(他们的论旨受制于情操方面的动机或想象的结合,事实上是神话式的或归结为神话的),在同样程度上,它们是符合深刻的人类信念的,是符合那些构成它们的伦理表现的不倦努力、信任和勇气的。

对进步怀抱辩证概念的后果使我们能在史学的实际与历史方
86 面获得较为直接有效的某种成就。因为我们在这种概念中发现了一种历史箴言的起源,这一箴言人人会说,但是常被误解,常被违反,即,误认历史不应有判断,只应有说明,历史不应当是主观的,而应当是客观的。

其所以是误解是因为,这种判断行为常被视为逻辑意义的判断,被视为就是思考本身的判断,这么被排除的主观性恰恰就是思想的主观性。由于这种误解,我们就听到人们劝导历史家要使自己的理论纯净,要避免理论方面的争辩,要把自己限制在事实方面,去收集事实、排列事实以及煞费周折抓出事实(甚至用统计方法去做)。显而易见,听从这种劝告是不可能的,因为这种“摒弃思想”的做法实际就是摒弃“思想的严肃性”,是狡猾地把价值给予最庸俗和矛盾的思想,那类思想是由传说传递下来的,是在心中无聊地晃荡的，或是由于一时的任性所闪现出来的。这样去理解或曲解这一箴言是完全错误的，它应当从反面去理解，就是，历史永远应当严格地进行判断，永远应当力求主观，而不被思想所参与的冲突或其所冒的危险所搅乱。因为只有思想本身才能越过自己的困难和危险，甚至在这里也不陷入轻率的折衷主义；折衷主义想在我们的判断与别人的判断之间找出一种介乎二者之间的提法，87
并提出各种各样的中立的和无谓的判断形式。

但是，它所谴责的那种“判断行为”、那种“主观性”的真正和正当的意义即它们的原始动机是说，历史不应把善恶的说法用到作为史料的事迹和人物身上去，好像世间真有善的事实和恶的事实一样，好像世间真有善人和恶人一样。当然，无可否认的是，无数的史学家或自命为史学家的人确乎已在力求并仍在力求遵循那样的路线，他们徒劳无益地贸然想要奖善罚恶，想要把历史时代形容为代表进步的或代表衰落的——总之，想要决定哪是善的、哪是恶的，好像这是一个从化合物中使这一元素与那一元素分离开、使氢与氧分离开的问题一样。

任何愿意真正遵守上述箴言并从而自行遵循关于进步的辩证概念的人确乎必然会把每一肯定恶、肯定退步或肯定衰落为真有其事的命题的痕迹或迹象看作一种表示缺点的标志——一句话，他一定会谴责每一消极判断的痕迹或迹象。如果历史的进程不是由恶到善的过渡或善恶的交替而是由善到更善的过渡，如果历史应当说明而不应当谴责，历史就只会作出积极的判断，就会造出善的链条，这链条是如此坚实、如此紧密相扣，以致不可能从中插入一个小小的恶的链扣或插入空隙，而这空隙既然是空的就并不代

88 表善而只代表恶。一件看来只是恶的事实，一个像是完全衰落的时代只能是一件*非历史的*事实，即，一件未经历史地处理、未被思想所贯注、依然是情操和想象的猎物的事实。

除了活动者的意识，除了努力想要造出一种新的生活形式的活动以外，关于善恶、关于罪恶与忏悔、关于衰落与复苏的现象观能从哪里产生出来呢？[①] 在那种活动中，那反对我们的敌人是不对的；我们想要逃避的并正在逃避的境界是不愉快的；我们所向往的新的境界被象征成了一种梦寐以求的幸福或有待恢复的过去，因此，这种过去在回忆中（在这里，它不是回忆而是想象）就是最美好的了。人人皆知，这类事物是怎样在历史的进程中出现在我们跟前的，它们表现在诗歌、乌托邦、寓言故事、谤议、辩解、爱与恨的神话等等中。从中世纪的异教徒和新教改革家看来，原始基督徒的处境似乎是最可爱的和最神圣的，而天主教的基督徒则是最邪恶和下贱的。从雅各宾党人看来，来喀古士的斯巴达和辛辛那图的罗马之可爱似乎就和加洛林王朝及加贝王朝治下的法国之可恨是一样的。人本主义者把古代诗人和圣哲的生活看得光辉灿烂而把中世纪的生活看成漆黑一团。甚至在靠近我们的时代，也有
89 人美化伦巴第的公社而蔑视神圣罗马帝国，而当有关这些历史事件的事实反映在一个渴求意大利独立的意大利人或一个主张普鲁士称霸的神圣日耳曼帝国的德国人的意识中时，看法就恰恰反过来了。这种情形总是会发生的，因为这是实际意识的现象观，在历史家的著作中，这类实际估价多少总是存在的。作为著作，它们不

---

① 关于这一节，可参看我的《论价值的判断》（*Judgments of Value*），见前引书。

是、也绝不会是纯粹的历史、精粹的历史；如果不用其他方式，它们也会在用词上和取譬上反映实际需要和对于未来的努力的反响。但历史意识是逻辑意识而不是实际意识，事实上是以前者为其目标的；一度存在的历史在历史意识中变成了思想，原先表示抗拒的意志与感情方面的对立物在思想中不再占有地位了。

因为，如果无所谓善的事实和恶的事实而永远只有就其本质和具体性来理解的善的事实，那就没有对立面而只有更广阔的一面了，这更广阔的一面包括了敌对的双方，它恰恰就是历史性的考虑。因此，历史性的考虑把墓窖的教会和格雷戈里七世的教会[①]等量齐观，把罗马人民的保民官和封建贵族等量齐观，把伦巴第联盟和巴巴罗萨大帝等量齐观。历史绝不主持公道，历史永远只进行*辩护*；它不可能主持公道而不使自己不公正，即，混淆思想与生活，把情操方面的爱恶当作思想方面的判断。

诗歌满足于情操的表达，值得注意的是，一位颇堪重视的历史家施洛塞尔想要保持用康德式的严肃性和抽象法去判断史实的权 90
利和义务，却把眼光盯住在《神曲》、即一部诗歌作品上，把它当作他的研究的范例。由于一切神话都具有诗歌的因素，我们因而懂得为什么被称为*二元论*的历史观不仅成了基督教的一个显著部分，而且成了人本主义和启明精神的神话（它们确乎就是神话）的一个显著部分；二元论的历史观就是把历史看作由两股潮流所组成的历史观，这两股潮流互相混杂，但绝不把它们的善与恶、真理

① 墓窖原文为 catacomb，罗马的墓窖，早期基督徒的避难地。格雷戈里七世把教会高于国家的原则发展到顶点，他认为他的权力来自上帝，地位上超过世俗统治者。——译者

与谬误、理性与非理性的洪水融为一体。但发觉这个价值二元问题并以发展观的高级统一加以解决的则是19世纪的事，由于这种关系并由于其他同类性质的解决（当然不是由于这一世纪在语文学和考古学方面的丰收，那是前四个世纪所相对地共有的），19世纪已恰当地被称为“历史的世纪”。

因此，历史不仅无法区别善的事实和恶的事实，无法区别进步的时代和退步的时代，而且，当那使这样的对立面成为可能的心理条件没有被一种精神活动所更换和替代以前，历史并不开始；那种精神活动要设法确定以前遭受诋毁的事实或时代起了什么作用，即，它在发展过程中作出了什么贡献，从而产生了什么成就。既然一切事实和时代都有其结出硕果的方式，在历史看来，它们就谁也不应受到诋毁，而且都应受到赞扬与尊重。一件遭受诋毁的事实、
91 一件令人厌恶的事实还不是一个历史命题，它甚至很难说是一个应当提出的历史问题的前提。当一种消极的历史以它的消极进程去代替肯定的思想并且不安于实际的和道德的范围以内，不自限于诗歌性的表达和经验性的表现方式时，它就是非历史；对于这一切，我们当然能谈（是谈，不是想），就像我们随时谈到坏人和衰落的及退步的时代一样。

如果消极性历史的恶果是从善恶这一辩证对立面的分离、凝固和对立及把发展的观念阶段化为实体所产生的，那么，另一可以称之为哀歌性历史的对于历史的背离就是对于那一概念的另一必然性的误解所产生的，那就是，永久的恒常，已有成就的永久保持。但这在定义上也是错误的。在历史进程中所保存和丰富的是历史本身，是灵性。过去不异于在现在而活着，它作为现在的力量而活

着,它融化和转化于现在中。每一特定的形式、个人、行动、制度、作为、思想都注定是要死亡的:甚至被称为永恒的(在某种意义上,它是永恒的)艺术也会死亡,因为,它除了在后人的精神中被再造、从而被变形和被投以新的光辉外,它并不生存。最后,真理本身、特定的和定性的真理除非被包括在一种更广泛的真理体系中因而同时变了样子,也是会死亡的,因为它是不能再思想的了。但是,那些没有具备纯历史考虑的概念的人,那些把整个心灵黏附在一个个人、一件作品、一种信仰、一种制度,并黏附得非常厉害, 92
以致不能使自己脱身去使它在自己跟前客体化并加以思考的人,是易于把属于普遍精神的不朽性赋予精神的某一特定和定性的形式的;既然不管他们怎样努力,那一形式是会死亡的,会死在他们的怀里,因而宇宙在他们看来就变成了一片漆黑,他们所能叙述的唯一历史就是关于美好事物的痛苦和死亡的不幸的历史。这也是诗,是极高尚的诗。当亲人死去时,当心爱的事物失去时,除了哭泣以外,谁还有别的做法呢?谁能不像但丁失去他的心爱的“最美的人儿”一样觉得太阳在熄灭、大地在颤抖、鸟儿不再飞翔而堕在地上了呢?但历史绝不是关于死亡的历史,而是关于生活的历史,谁都知道,对死者的适当纪念是知道他们生时做了什么,知道他们有什么作为在我们身上起作用,是关于他们的生活的历史,不是关于他们的死亡的历史,应该使善良的人遮住死亡的历史,而使粗野和乖离的人揭露其不幸的真相,并以不健康的顽梗态度去看它。由于这个缘故,对民族、国家、制度、习俗、文学及艺术理想和宗教概念的死亡而不对它们的生存加以叙述的一切历史都应被认为是错误的,或,我们再说一遍,如果它们达到了诗的水平时,就应

被认为是单纯的诗。人们由于过去存在的事物现在不再存在了而感到忧愁、难受和悲伤。如果人们不是同时忽视了、不去承认过去的未曾死亡的部分,即未成过去而是当前的过去或过去的永恒生命,说过去存在的事物现在不再存在了这一说法本身就会变成一种无用的重复(因为它若过去是,显而易见,它现在就不再是)。
93 这类历史的错误就在于这种忽视,在于这种忽视所产生的不正确的看法。

有时候,历史家们想用一种忧郁的文体去叙述那些痛苦的场面,想去歌颂那些他们喜欢称之为历史的死亡,当他们听到一阵笑声、一声欢呼、一声满意的叹息,或在他们所寻求的凭证中发觉一种热情的激励时,他们就觉得又诧异,又受了嘲弄。他们问,当四处响起宣布世界已到末日的号角时,人们怎样还能生活、恋爱、繁殖后代、歌唱、绘画和议论呢？但是他们没有看到,这样一种世界末日只存在于他们自己的想象当中;他们的想象是富于哀歌精神的,但理解力是贫乏的。他们没有看到,这样一种讨厌的号角声实际绝不存在。在另一方面,这些号角声又是很有用的,可以提醒这样一些人,他们可能忘记了,历史永远在不倦地工作,它的表面痛苦乃是产前的阵痛,它的被视为气喘吁吁的叹息乃是宣布一个新世界诞生的呻吟。历史和会死的个人不同,用克里特的阿尔克美昂的话说就是,个人不能把他的开端和结尾联接起来;但历史绝不死亡,因为它永远把它的开端和它的结尾联接起来。

六　历史的人性 94

思想从超尘世的随心所欲和盲目的自然需要的奴役中要求解放，从超验论和假内在论（它也是一种超验论）要求自由，它把历史看成人类的作品，看成人类意志和心智的产物，这样，它就进入了那种我们将称之为人本主义历史的历史形式。

这种人本主义最初出现时是简单地与自然或超尘世的力量相对而言的，它肯定了二元论。一方面是人类及其力量、智慧、理智、谋划及向善的意志；另一方面有某种抗拒他、反对他、破坏他的最好计划，破坏他所缔造的东西并迫使他重新去缔造的某种事物。从这种概念看来，历史完全是从这两方面中的第一方面发展而成的，因为第二方面并不提供一种能够不断地与第一方面相会合并被第一方面所替换、以致引起一种内部协作的辩证因素，它只代表绝对外来的东西、任意的东西、偶然的东西、干预者和筵席上的鬼魂。我们只在第一方面发现有与人类戮力相结合的理性，并从而发现有可能对历史作出合理的解释。从第二方面来的东西被宣布了，但没有被说明：它不是历史的史料，最多只是编年史的史料。

人本主义的这种最初形式有着各种不同的名称：即，唯理论的历史、唯理智论的历史、抽象主义的历史、个人主义的历史、心理的 95
历史，尤其被称为实用主义的历史。这种历史形式通常是被我们

的时代意识所责备的，时代意识采用这种种名称，尤其采用唯理论和实用主义去表示一种史学方面的特殊的无能和拙劣状况，它使那些对于制度和事件的最典型的实用主义说明变得举世皆知，成为一个愿意严肃地思考历史的人所应提防、不可陷入其中的歪曲典型。但是，文化与科学的进步表明，这种责备即使热诚地得到人们的同意，即使人们毫不迟疑地在现实领域中从中作出实际的结论，人们并不是同样清晰地意识到这样做的理由的，也不同样清晰地意识到做到了这一步的思想过程。这种过程我们可以扼要地描述如下。

实用在人身上找到了历史事实的原因，但人是作为一个被视为抽象的个人的，这样的人因而不仅是与宇宙相对立的，而且是与其他同样被视为抽象的个人相对立的。这样一来，历史就似乎是由人的机械动作与反作用所构成的，而每个人的本身都是自行封闭的。在这样一种安排下，任何历史过程都是不可理解的，因为相加之和总是大于相加诸数的。这种看法在这样一种限度内是正确的，就是它不知如何才能得出正确的和，于是就有必要想出那种所谓“微小原因”的学说，认为“小原因”能够产生“巨大结果”。这种学说是荒谬的，因为，显而易见，大结果必须有其真原因（如果大小、因果等不合理的概念在这里可以采用的话）。因此，这样一
96 个公式远远不能表达历史事实的法则，它反而无意中表明了学说的缺点，这一学说是无力达成其目标的。理性的说明既归失败，于是大批幻想就起而代之，那些幻想所依据的都是抽象的个人的根本动机。实用主义对宗教的解释就是这样一种典型；宗教之所以在世上产生和得以维持下来被认为是因僧侣们利用群众的愚昧与

轻信、在经济上玩弄狡猾手段之故。但历史上的实用并不总是以这种自私和悲观的面貌出现的。责备它自私和功利主义是不公允的，真正的责备应如我们所已说过的，放在它的抽象的个人主义上面。这种抽象的个人主义可以是非常道德的，有时甚至被设想为非常道德的，因为我们确乎在实用主义者中发现有圣哲的立法家、善良的国王和伟大的人物，他们用科学、发明和组织得很好的制度造福了人类。如果说，贪婪的僧侣布置了宗教方面的欺骗，如果残酷的暴君压迫了懦弱无辜的人民，如果错误后果很大，产生了最奇怪和最愚蠢的习俗，但开明君主和立法家的好心也创造了幸福的时代，促使艺术繁荣昌盛，鼓舞了诗人，帮助了发明，奖励了企业。我们用来谈论伯里克利时期、谈论奥古斯都时期、谈论利奥十世时期，或谈论路易十四时期的口头上的习用语就是来自这类实用主义概念的。此外，既然幻想的说明并不限于实体存在的个人，而且也使用事实和细节，这些事实和细节也被视为抽象的和自我封闭的，从而也变成了维科所描述成为“想象性的一般概念”的东西，
那么，一切被称为“剧变性的”说明方式和视某一单个事实为整个 97
社会得救或毁灭的关键的看法就同样也是来自实用的。这类例子有：罗马帝国的覆灭，它被解释为是蛮族入侵的结果；有十二三世纪的欧洲文明，它被解释为是十字军远征的结果；有古典文学的复兴，它被解释为是土耳其人征服君士坦丁堡和有学识的拜占庭人移民意大利的结果等等；这些例子也已成为举世周知的，因为它们所涉及的是当代历史家所已不懈地予以批判的概念。正同关于单个的个人的概念不能提供充分解释时因而求助于许多的个人、求助于他们的合作和冲突一样，在这里，当所举的唯一原因旋即证明

过于狭隘时,人们就试图寻求并列举许多历史原因来弥补这种方法的不足。这种列举可以无限地举下去,但,有限也好,无限也好,它从来没有解释清楚过所要解释的进程,道理很明显,就是,不连贯的东西无论数目怎么增多,无论怎么弄坚实,我们绝不能从中得出连贯的东西。所谓历史原因或历史因素的学说和其他几种实用的心理习惯仍然残存在现代意识中,虽则它一般地倾向于另辟蹊径,其实是对无力用个别原因或被个别地所了解的原因去支配历史的供认,而不是一种学说;它远不是问题的解决,而只是问题的重新开始。

98 因此,实用就不能继续是人性的了,也就是说,不能作为理性而自行发展了;甚至在它所执著的人生方面、在它所希望保持和使自己与自然或超自然相对立的人生方面,也是如此;由于使个人变为抽象的因而已使个人变为非理性的和非人性的,它就逐渐求助于其他历史因素,终于找到了自然的原因,那些自然的原因在抽象性上和其他个人的原因一点分别也没有。这就意味着,早先自认为人本主义的实用又回到了它所与之判然分离的自然主义。前面说过,个人不仅在其相互间成了抽象的,而且对宇宙的其他方面说来也成了抽象的,宇宙面对他们,就像一个敌人一样;从这一点看来,实用就更回到了自然主义。根据这一概念,真正主宰历史的到底是什么呢?是人类还是自然的或神性的超人力量?说历史只作为个人经验而存在是站不住脚的;在实用主义的概念中永远假定历史里面另有一个中介存在,这个中介是一个超人的存在,在不同的时代和对不同的思想家,它被称为命运、机会、运气、自然、上帝或其他名称。在实用主义历史繁荣昌盛、人们大谈理性和智慧的

时代,君主或君主的哲学家朋友的嘴上有一种君主味或宫廷味的
说法,就是,向命运陛下致敬！这里也有一种企图掩饰困难和寻求
折衷办法的尝试;为了逃脱困难,我们发觉,实用认为引导人类事
务的一半是智谋,一半是运气,认为智慧占一半,命运占一半,如此 99
等等。但是谁来把公平的份额分配给竞争的双方呢？是否分配者
就是历史的真正的和唯一的创造者呢？既然这分配者不可能是人
类,我们就又一次看到了实用是怎样通过其自然主义直接走到超
验论和非理性的。它走到非理性,随着就带来了一切麻烦,带来了
其他一切二元论,那些二元论是它所随身具备的,是它本身的特殊
面貌,诸如不能发展、退步、恶的战胜等等。个人和不论怎样设想
的外力作战,他有时战胜,有时战败;他的胜利本身是不牢靠的,而
他的敌人则永远是胜利的,使他遭受损失,使他的胜利不牢靠。个
人是被一块石头压倒的蚂蚁,如果有些蚂蚁逃脱了压来的石块,得
以繁育后代,后代又重新开始努力,石块又将压在或随时可以压在
新的一代身上,可以把全体新的一代压坏,因而石块就成了勤劳的
蚁群生活的主宰,它对它们的害处很大而一无好处。这是一种能
够设想得到的最悲观的看法。

实用主义史学的这类困难和徒劳无益的试探使它不受欢迎,
使它被人拒绝而代之以一种较好的概念,那种概念保持了最初的
人本主义动机而清除了其中的原子化的个人的抽象性,保证它绝
不至于重新回到不可知论、超验论或悲观主义所产生的失望。这
种概念完成了对实用的批判并完全恢复了人本主义,它在思想的 100
历史过程中作为构造历史的心灵或理智、作为心灵的“智谋”或理
智的“敏锐性”而各式各样地和多少很好地得到了系统的表述。

这种概念的巨大价值量，它把人本主义从抽象的变为具体的，从单子论的或原子论的变为唯心论的，从几乎非人性的东西变为宇宙性的东西，从非人性的人本主义例如自行封闭的、与人对立的人的人本主义变为真正人性的人本主义，即人所共有的、整个宇宙所共有的人性，这种人性在其最隐蔽的地方也全是人性的，那就是精神性。根据这种概念，历史就不再是自然或一个超尘世的上帝的作品，也不是经验性的和非真实的个人的软弱无力的、随时中断的作品，它是那样一种个人的作品，那种个人真正是真实的，是自行个别化的永恒精神。由于这个原因，它没有任何与它对立的敌方，每个敌方同时就是它的主体，即是组成它的内部存在的辩证术的一个方面。此外，它不从思想或意志的一宗特殊活动去寻找进行说明的原则，不从一个单个的个人或一群个人去找，不从假定一宗事件为其他事件的原因去找，不从形成一宗单一事件的原因的一群事件去找，而从进程的本身去找，并把进行说明的原则放在进程本身上面，那进程生于思想而又回到思想，它通过思想的自知性而成为可知的，它绝不需要求助于外在于自己的任何事物去理解它自己。对历史的说明成为非常真切的，因为它和它的开展是一致的；而用抽象的原因去说明则是中断进程的；活生生的东西被扼
101 杀了，那是一种把已割下来的头颅重新安放到肩头上去获得生命的无益的企图。

当代的历史家和许多不以哲学为业的通情达理的人一再说，世界的历史不以个人的意志为转移，不以克娄巴特拉的鼻子有多长等等偶然事件为转移，也不依赖奇闻轶事；认为没有一宗历史事件是误解或误会所造成的，一切历史事件都是由于信仰或必要之

故；认为有些人比任何人、比全世界更有智慧；认为对一件事实的说明永远应当从整个机体中去寻找而不应当从脱离其他部分的某一部分去找；认为历史不可能得到不同于它已发展的发展，它是服从它自己的铁的逻辑的；认为每一件事实都有它的理由，没有一个人是完全不对的；以及我所杂七杂八地收集的无数同类命题；当他们这样说时，他们也许不知道，他们说这种今后会易于理解的话的时候，他们是在重复对于实用主义历史的批判（骨子里是对于神学的和自然主义的历史的批判），他们是在肯定唯心主义历史的真理。如果他们觉察到这一点，他们就不会把这些命题和其他与它们直接矛盾的、关于原因、关于偶然事故、关于衰落、关于气候、关于种族等等概念混在一起了，这些都是那一已被替换的概念的残余。至于其他的人，则被称为平凡或庸俗的意识具有一种特征，就是，在新概念中渗掺有很多陈旧的、僵死的概念；但是这种情形并不降低它被迫承认新概念的重要性，实质上，它在进行判断时是按新概念办事的。

由于如前所述，一切史学问题都已化为一般哲学，因而要对 102
19 世纪所已接受的、用来代替实用主义概念的关于历史的新概念进行充分的阐述，就不能不对一般哲学给以冗长的说明，这种说明在这里除了有其特定的麻烦以外，还将重复在别处所已说明过的事情。如果同意历史不是抽象的个人的作品，而是理性或天命的作品，如同已被认可的，我还是想要纠正这样一种我相信我已发觉的表达这一学说的方式。我指的是维科和黑格尔的表达方式，这种方式认为，“天命”或“理性”利用人们的特定目的和欲望，以便不知不觉地把他们引向较为崇高的精神境界，为了这一目标施展

善意的狡诈。

如果这种表达方式是准确的,如果照字面来接受这一表达方式是必要的(而不仅仅是作为对真理的一种想象性的和暂时性的表达),我很担心,在唯心主义概念的中心将出现一层二元论的和超验论的阴影。因为,从他们对于“观念”或“天命”的这种立场看来,个人纵使不必被视为受幻觉支配的(个人确乎得到了超过其愿望和希望的满足),也必然有必要被视为受错觉支配的,尽管是善意地被错觉支配的。个人和“天命”或个人和“理性”将是两件事,而不是一件事;个人将成为低级的,而“观念”将成为高级的,也就是说,二元论和关于上帝及世界的相反的超验论将存在下去。
103 在另一方面,从历史的观点看来,这和我们所三番两次地说成黑格尔的思想深处尤其是维科的思想深处的神学残余将无不同。但唯心论概念的主张是,个人和“观念”是一件事,不是两件事,也就是说,它们完全是重合的、同一的。因此,绝不可以谈什么“观念”的智慧,谈什么个人的愚蠢或错觉(除了用作比喻以外)。

然而,看来明白无误的是,个人是以无限的错觉为中介而进行活动的,他向自己提出他所不能达到的目的,而达到他所没有看到的目的。叔本华(模仿黑格尔)使爱情的错觉成为人所共知的,通过爱情,意志引导个人去传宗接代;而我们都知道,错觉不仅限于男女之间所相互施展的(相互的诡计),它们进入了我们的每一种活动,我们的每一种活动总有一些后来未得实现的希望和空想伴随在一道。此外,最大的错觉看来是,个人相信自己是在力求生存,力求日益加强他的生活,实则他是在努力走向死亡。他希望看到自己的工作得到完成,以此来肯定他的生活,实则工作的完成就

是工作的消逝；他力求在生活中得到安宁，但安宁相反地是死，只有死才是安宁。然则我们怎么能否认个人的错觉和作为的实际之间的这种二元论、否认个人和“观念”之间的这种二元论呢？我们怎么能驳回那似乎能在不协调中多少起点调和作用的唯一解释呢？这种解释就是，“观念”把个人的错觉用来达成自己的目的，虽则这种学说不可避免地会导向一种“观念”的超验论。

但真相是，上面所揭示的说法和反驳的结果不是那进行恋爱、104
试图完成自己的工作及为安宁而叹息的个人的错觉，而是那相信个人被错觉所支配的人的错觉：令人产生错觉的就是错觉本身。此外，这种错觉在精神的现象学中出现，乃是那种人所共知的抽象过程的结果，那种抽象过程以武断的方式破坏统一，在这里是把结果跟过程或实在的活动分开，而结果却只有在过程中才是真实的；是把伴随物跟被随者分开，而被随者和伴随物却是一件事，因为没有所谓精神及其扈从，而只有发展中的一份精神，只有进程的单个阶段，即川流不息的单个阶段，而川流不息就是各阶段的灵魂；如此等等。当个人开始自我省察时，在省察的开端，那种错觉就在个人身上出现了，而自我省察同时也是一个辩证的过程。但在具体的省察或不如说在具体的意识中，他发现，没有任何目的不是尽可能好地在过程中实现了，在过程中，它绝不是一个绝对的目的，即，绝不是一个抽象的目的，而既是手段也是目的。

再说叔本华的通俗学说。只有把人类视同动物或不如动物的人才能相信爱情是一种只导致族类的生物学繁殖的过程，因为每个人都知道，他在他的结婚生产以前，首先就使自己的心灵多产，他生产子以前和产子以外就产生了心影、思想、计划和活动。当

然，当一种活动在发展时，我们是意识到它的阶段的，就是说，我们意识到它的经过而不是意识到它在一种新的精神境界照耀下的整
105 体，例如我们躲开喧嚣去写自己的历史时所追求的一样。但无论此时或彼时都没有错觉；无论此时或彼时都没有面对一种“天命”的抽象的个人，而那种“天命”为了善意的目的成功地欺骗了他，它的行为像一个医生而不像一个认真的教师，它把人类看得像有待训练和利用的牲畜而不像有待教育、即有待发展的人。

我们聚精会神地考虑过维科和黑格尔的想法之后，能不能去考察一下别的一些替当代的历史家和历史方法论者的争论提供材料的人的想法呢？这些争论代表了关于个人与“观念”、关于实用主义历史与唯心主义历史之间的关系问题的通常形式。也许降低身份到下等地方去所必需的耐性是值得赞扬的，是我们的责任；也许，从这类平凡的争论中可以得出有益的结论；但是我必须请求原谅，我不参加那些争论，我只说一句，就是，如果我们把“群众”一词的含义理解为个人的复合物时，那么，那已讨论了一些时候的“历史究竟是‘群众’的历史还是‘个人’的历史”的问题在提法上就是可笑的。既然以可笑的观点加诸敌方不是一种好办法，那就可以假定，这里所说的“群众”的意思是另有所指的，它是推动个人所组成的群众的。在这种情形下，谁都可以看出，问题和那刚被考察过的问题是一样的。只要“集体主义的”史学把创造观点和
106 制度的能力归诸集体性、“个人主义的”史学把创造观点和制度的能力归诸天才的个人时，“集体主义”史学和“个人主义”史学之间的冲突就绝无调和的余地，因为两种肯定在其所包括的方面都是正确的，在其所排除的方面都是错误的，就是说，不仅它们排除对

立的论旨也是错误的，而且双方都暗中排除整体性的观念。

有一种史学方法表面上很像我所保卫过的那种方法，可能与其相混，对它提醒一下或许更是适时的。这种方法被人叫作社会学的方法、制度的方法、价值的方法等等；在它的纷繁的内容中，在它的拥护者的显然不等的思想水平中，它保持一种一般的和经常具有特征的信念，相信真正的历史是社会、制度、人类价值的历史，而不是个人价值的历史。根据这种看法，个人的历史是作为一种并行的或低级的历史而被排除的，其所以低级被认为是这种历史所能引起的兴趣很小，或它不能被人理解。在后一种情形下（这是从实用主义历史中看到的那种蔑视态度的倒置），它就被交给编年史或传奇故事了。但在这样一种二元论及由于这种二元论而存在的不协调中，有着关于价值、关于制度、关于社会的经验论的及自然主义的概念和唯心主义概念之间的深刻区别。唯心主义概念并不打算在抽象的个人主义历史或实用主义历史的同时或在抽象的个人主义历史或实用主义历史之外另行建立一种抽象的精神史，即抽象的普遍史；它只这样理解，就是，个人和观念被割裂地看
待时就是两个等同的抽象，就同样不适于做历史的主题，真正的历 107
史是作为普遍的个别的历史，是作为个别的普遍的历史。这不是一个为了有利于政治而抛弃伯里克利、为了有利于哲学而抛弃柏拉图、为了有利于悲剧而抛弃索福克勒斯的问题；而是如伯里克利、柏拉图、索福克勒斯那样去思索并表现政治、哲学、悲剧，以及在其某一特定阶段思索并表现为政治、哲学、悲剧。因为，如果他们每个人都是他在精神关系之外的一个梦的影子，那么，精神也就同样是在它的个别化之外的，为了在历史概念中得到普遍性就要

用双方互相给予对方的保证使双方同样得到安全。如果伯里克利、索福克勒斯、柏拉图的存在是无关紧要的，难道不就是因此宣布了观念的存在是无关紧要的吗？谁要从历史中取消个人就让他去取消吧，但要密切地注意，他会发觉他并没有像他所想象的那样，根本没有从历史取消个人，否则他就连历史本身也和个人一同取消了。

七　选材与分期 108

既然一件事实只有当它被人想起时才是一件历史的事实，既然思想之外什么也不存在，问什么是*历史的事实*和什么是*非历史的事实*这个问题就毫无意义了。一件非历史的事实将是一件没有被思想过的事实，因而是不存在的，而谁也没有遇见过一件不存在的事实。一件历史思想与另一件历史思想相联系，并跟随另一件历史思想，然后又与另一件联系并跟随另一件，再与另一件联系并跟随另一件；我们在“存在”的海洋中不论航行多么远，我们绝离不开界限分明的思想海洋。

但是，这种认为有历史的和非历史的两类事实的错觉到底是怎样形成的，却还有待解释。我已说过，当历史不再是历史而仅留下它的生命的哑然无声的痕迹时，它就化成了编年史，我也说过，博学或语文学的作用在于为了文化的目的把这些痕迹保存下来，把零散的新闻、文件、纪念文字有条不紊地排列整齐；如果我们回忆一下我所说过的这些话，解释起来是容易的。新闻、文件、纪念文字多得很，全部收集起来不仅不可能，而且和文化目的本身是背道而驰的；文化虽则可以从这类东西的适当数量的供应、甚至从大量供应中在工作上得到帮助，但若这些东西太多了，它就反而会受到妨碍和遭到窒息，至若这些东西多到无穷无尽时，那就更不必说

了。因此我们发现,摘录新闻的人改写一部分,略去一部分;收藏
109 报纸的人排比和捆扎一部分而把大部分大量地撕掉、烧掉或卖掉;
古物皮藏家把某些古物放在玻璃匣子里面,把另一些暂时保管起
来,而把其他的坚决予以销毁或任其销毁;如果他不这么办,他就
不是一个明智的皮藏家而是一个搜集狂,很合于做一个(如他所
已做的)小说或喜剧中的好古成癖的滑稽典型了。因此,公立档
案库中不仅谨防地收集报纸和保存报纸,并编出目录,而且也极力
扔掉无用的报纸。正因如此,在语文学家的考订中,我们总是听到
他们在用同样的调子赞扬那些“认真地”利用文献的学者,责备那
些做法相反、把非必要的和无用的东西收入其年代记、档案选或文
献集里的人。事实上,所有的学者和语文学家都进行选材并被劝
进行选材。这种选材的逻辑标准是什么呢?什么逻辑标准也没
有:我们举不出可以决定哪些消息或凭证有用和重要或无用和不
重要的逻辑标准,这是因为我们在这里所从事的是一个实用问题,
不是一个科学问题。这种缺乏逻辑标准的情形事实上就是好古成
癖的皮藏家进行诡辩的基础,他们合理地肯定件件东西都能有用,
因而他们就会不合理地保存每一件东西——他们耗尽精力收集古
代服饰和种种破铜烂铁,并以嫉妒的心情防守它们。其实,标准就
是选材本身,像一切经济活动以对现实情况的知识为转移一样,它
110 是以某一确定时刻或时代的实际需要和科学需要为转移的。这种
选择当然是靠智慧进行的,但用不着一种哲学标准,它的正当性仅
在它的本身中并由它本身所证实。因为这个缘故,所以我们就谈
起收藏家或学者的老练、嗅觉或本能来。这种选择工作可以很好
地利用明显的逻辑性区别,例如区别公共的事实和私人的事实,区

别主要的文献和次要的文献，区别美丽的或丑陋的、有意义的或无意义的纪念文字等等；但是，归根到底，选择的决定永远是从实际动机作出的，它归结为保存或忽视的活动。我们在这种保存或忽视中实现我们的活动，从这种保存或忽视中，后来就为事实捏造出一种客观性质，以致把它们说成是“有价值的事实”或“在历史上无价值的事实”，是“历史的”事实或“非历史的”事实。但是，这一切都是一种想象，都是一种词汇，都是一种辞藻，改变不了事情的实质。

当历史与博学相混淆而博学所用的方法不适当地被移用于历史时，当刚才提到过的隐喻性的差别按其字义被理解时，我们就会被问到，在无限的事实中我们怎样能不迷失方向呢？有什么标准能把“历史的”事实从“在历史上无价值的事实”分开来呢？但是，在历史中是不必怕迷失方向的，因为，在每一种情况下，问题都是生活所提出的，我们已经知道，问题在每一种情况下，都是被思想所解决的，从混乱的生活过渡到清晰的意识；一定的问题有个一定的解决：那是一个可以引起其他问题的问题，但绝不是一个在两种 111
或多种事实中进行选择的问题，而是每一次都由唯一的事实，即思想过的事实所造出的。这当中并无选择，与艺术中并无选择是一样的；艺术通过模糊的情操达到明晰的表现，绝不在选择形象前感到困惑，因为它自己创造形象，创造形象的统一。

把两件事情这么混淆起来不仅产生了一个无法解决的问题，而且使能被忽视的事实与不能被忽视的事实之间的区别也改变了性质和变得无用了。这种区别对博学是很有用的，因为能被忽视的事实总是事实，就是说，它们是采取新闻、文献、纪念文字形式的

事实痕迹，因此，能把它们看成一类，跟不能被忽视的另一类事实并列，那是可以理解的。但非历史的事实、即未被思想过的事实却是一无所有的，把它们与历史的事实并列、即把思想作为同一类概念的一个种概念时，它们就会使那些历史的事实和它们一样变成无，就会把它们自己的相异特征连同历史概念一齐取消掉。

从此以后，对那些据以把事实分为历史的与非历史的两类的特征，看来就没有加以考查的必要了。假设既然错了，跟对划分的本身的根本性批判比起来，研究它的细节的方式就是无关的和不重要的了。有时（通常是这样的）被宣布的特征和区别本身含有一定的真实性，至少提出了某些有待解决的问题：例如，历史事实
112 指的是一般事实，非历史事实指的是个别事实。在这里，我们就有一个个别与普遍之间的关系问题。有时，历史的事实指的是研究历史本身的事实，非历史的事实指的是编年史的错误引证，在这里，我们就有一个历史与编年史之间的关系问题。但把这种划分看作是从逻辑上试行决定哪些事实是历史所应研究的，哪些是可以忽视的，并各予以质的规定，这样的划分就同样是错误的。

历史的分期也遭到同样的批判。思索历史当然就是把历史分期，因为思想是机体、是辩证、是剧，作为机体、辩证和剧，它就有它的时期、有它的开始、有它的中间、有它的结尾、有剧所含有的和要求的其他理想段落。但那些段落是理论的，因而是与思想不可分割的，它们和思想是一件事，如同影子和身体、沉默和声音是一件事一样：它们和思想是等同的，是可以和它一同变化的。基督教思想家把历史分为基督救赎前的历史和基督救赎后的历史，这种分期对基督教思想不是外加的，它就是基督教思想本身。我们近代

欧洲人把历史分成古代、中世纪、近代。这种分期遭受了某些人的大量精确的批判，他们认为这种分期不论是怎样得出的，几乎是来得不公正的，既没有伟大的名字的权威性，也没有征求过哲学家和方法论者的意见。但是，它支持下来了，只要我们的意识停留在现在的状态，它仍会支持下去。它之得以不知不觉地形成这一事实，与其说是一个缺点，不如说是一个优点，因为它的形成表示它不是 113
出于某一个人的任性而是随着近代意识本身的发展而出现的。一到我们仍旧感到有学习希腊文和拉丁文及学习希腊哲学和罗马法律的必要而古代没有什么更多的东西可以教给我们时，一到中世纪已成过去（而学习希腊文和拉丁文及学习希腊哲学和罗马法律还没有过去）的时候，一到有一种不同于从中世纪的废墟中涌现出来的那种社会形式的新社会形式代替我们的社会形式时，那时问题的本身和它所派生的历史景象也就会改变，古代、中世纪和近代也许会包括在一个时代以内，段落的分布就会是另外一个样子。对于这些大时期所说的话对于其他一切时期也是适用的，它们由于史料不同和对于史料的看法不同而各不相同。有时候有人说，每一种分期都有“相对的价值”。但是我们必须说，像一切思想一样，“它既是相对的，也是绝对的”，我们的理解是，分期对思想说来是内在的，是由思想的决定所决定的。

然而，在这里，编年史体和学问的实际需要也被人感到了。在韵文里面，一首诗篇的内在韵律化为外在韵律，分成音节与韵脚，分成长元音与短元音、高重音与律重音，分成诗节与一系列的诗节等等，同样，历史思维的内在时间（那时间就是思维本身）是从变成了外在时间和时间顺序的编年史体派生出来的，其中的因素在

114 空间方面是彼此分割的。体系和事实不再是一件事而是两件事，事实按体系安排，按体系分为大循环和小循环（例如按时、按日、按月、按年、按世纪、按千年纪，计算的标准是地球的自转和公转）。这就是年代学，我们通过年代学就知道，斯巴达、雅典和罗马的历史占住了基督前一千年，伦巴第人、西哥特人和法兰克人的历史占住了基督后第一个千年纪，我们尚在其中的历史占住了基督后的第二个千年纪。这种年代学的方式可以采取一种细述事故的办法；比如说，西罗马帝国亡于公元后476年（虽则实际那时并未灭亡或早已灭亡）；800年法兰克的查理曼在罗马经教皇利奥三世加冕称帝；1492年美洲被发现；1648年三十年战争结束等等。知道这些事情对我们说来是极为有用的，（由于我们并不真正这样知道任何事情）能够这样去查核事实以便有需要时容易迅速找到它们，对我们也是最为有用的。当然，谁也无意说年代学、编年、年表及历史表解的坏话，虽则运用的时候我们会冒一种危险（人类所做的事哪一件不冒危险呢？），因为有些有价值的人怀抱一种信念，相信数字产生事件，如同钟上的针指到钟点的符号时使钟发出响声一样；或（如我的一位老教授所常说的），帷幕于476年古代史演出时落下来了，后来在中世纪开始时又立即拉起来了。

但是，具有这类幻想的人不仅限于单纯的和无所用心的人；它
115 们构成了一种错误的基础，使人希冀和追求一种时期上的差别，这种差别应当被称为客观的和自然的。基督教的编年家早已在年代学中采用了这种本体论的意义，使世界历史的各个千年纪符合创世的日子或人生的年龄。最后，意大利的菲拉里和德国的洛伦兹（后者并不知道有他的意大利前辈）想出了一种按世代划分历史

时期的学说，计算的方法是，以三十一年及一个零数或以三十三年及一个零数为一期，组成四一体或三一体的一百二十五年或一世纪的时期。但是，各种学说，不必细论其数字的和编年的体系，都把各国的历史看成是按个人的发展阶段、按个人的心理发展阶段、按精神各范畴的发展阶段或按其他事物的发展阶段进行的；它们都起因于同一错误，就是，把分期看成外在的和自然的。如果按自然主义的意义来理解，它们都是神话性的，除非从经验论方面来用这类名目，即，除非年代学是以一种正当的方式用在编年史体和博学方面的。我们还须重新提醒的是，我们在承认那些有时通过这类错误研究初次出现的重要问题时应当小心谨慎，我们对于那些被这类方法所发现或瞥见的真理应当提高警惕。这就可以免得我们（如同前面我们在有关选材标准时所已说过的）去考查那些学说的各种规定的特点，因为，在这方面，如果它们的假设显然是幻

想的，它们的价值就等于零。等于零，像一切美学解释的价值等于 116
零一样，那些美学解释自称是从抽象得出的，它们通过抽象把艺术品的机体变为合乎实际目的的断片，这样去说明艺术的性质，去得出对于人类想象的产物的判断和历史。

117 八　差别（专门史）与划分

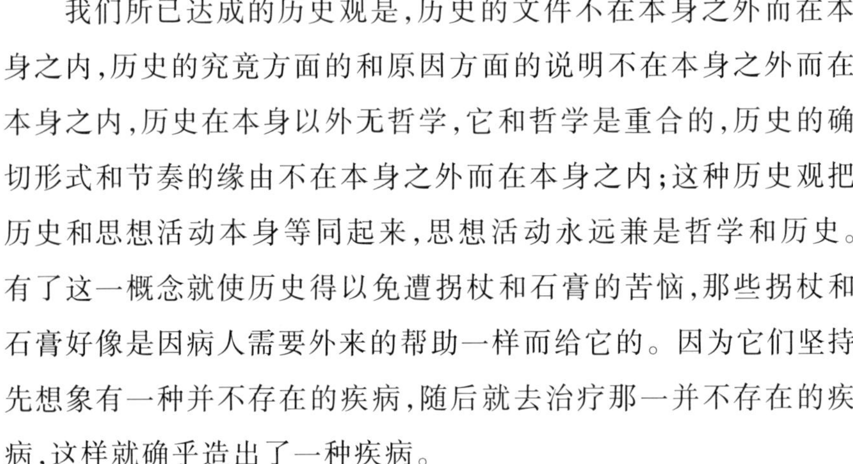

我们所已达成的历史观是，历史的文件不在本身之外而在本身之内，历史的究竟方面的和原因方面的说明不在本身之外而在本身之内，历史在本身以外无哲学，它和哲学是重合的，历史的确切形式和节奏的缘由不在本身之外而在本身之内；这种历史观把历史和思想活动本身等同起来，思想活动永远兼是哲学和历史。有了这一概念就使历史得以免遭拐杖和石膏的苦恼，那些拐杖和石膏好像是因病人需要外来的帮助一样而给它的。因为它们坚持先想象有一种并不存在的疾病，随后就去治疗那一并不存在的疾病，这样就确乎造出了一种疾病。

毫无疑问，这样得出的自律是一宗很大的好处；但乍看起来，它不免受到一种严重的反对。当过去人们所相信的一切谬误的差别都被勾销了的时候，作为精神活动的历史似乎就一无所有而只有关于个别—普遍的直接意识了，在那种意识中，一切差别都被淹没了，都消失了。这是神秘主义，它可羡地被人所采用，使自己感到自己和上帝是打成一片的，但它不为思索世界而被采用，也不为在世界上进行活动而被采用。

说与上帝打成一片并不排除关于分歧、变化、变成的意识，这种补充看来也是无用的。因为，我们可以反驳说，关于分歧的意识

如果是从个人的和直觉的因素产生的,那么,为什么这样一个因素 118
能以它所固有的直觉形式在经常普遍化的思想中存在下来,这是不可理解的;如果说它是思想活动本身的结果,那么,被确信为已被废除的差别便会以强化的形式重新出现,被确认的思想的无差别的单纯性就会被动摇。事实上,一种坚持特殊性和分歧性的神秘主义,即历史神秘主义在用词上就是一种矛盾,因为神秘主义的性质就是非历史的和反历史的。

但是,当人们以神秘的方式去设想思想活动,即不把它设想成一种思想活动而把它设想成某种消极的东西、凭经验论的区别把它设想成否定的简单结果,这种否定当然会使思想避免错觉,但自己还不真正充实时,这类反驳恰恰仍旧是有根据的。总之,神秘主义是自然主义和超验论所引起的激烈反动,却又含有它所否定的东西的痕迹,因为它无法用别的东西来代替,它就是这样存在下来的,不管它是以多么消极的方式存在下来的。但是,对于经验论和超验论的真正有效的否定,即对它们的积极否定不是通过神秘主义而是通过唯心主义获致的,不是在直接的意识中而是在间接的意识中获致的,不是在无差别的统一中而是在本身即差别的统一中、因而即是真正的思想中获致的。

思想活动是对于本身即意识的精神的意识;所以思想活动就是自动意识。而自动意识意味着统一中有差别,有主体与客体、理论与实践、思想与意志、普遍与特殊、想象与知性、效用与道德之间的差别,不论这些统一的和统一中的差别是怎样表述的,不论差别 119
的永恒体系即永恒的哲理所采取的历史形式和名称是什么。思想即判断,进行判断就是在进行统一时进行辨别,这时,进行辨别跟

进行统一同样真实，进行统一跟进行辨别同样真实，就是说，它们真实，不是作为两种分歧的实在而是作为一种实在，这个实在就是辩证的统一（不论它叫作统一还是叫作差别）。

从这种关于精神与思想的概念中所能得出的第一个结果是，当经验论的差别被推翻时，历史并不陷入无差别；当鬼火消灭时，黑暗并不随之消灭，因为在历史本身中可以找到差别的光亮。历史是通过对它的判断而被思索的，这种判断正如我们所已说过的，不是情操的估价而是关于事实的内在知识。在这里，历史与哲学的统一性就更明显了，因为哲学愈洞察和愈推敲它的差别，它就愈能洞察特殊；它愈精密地领会特殊，它就愈能精密地掌握自己的固有概念。哲学与史学携手并进，它们是不可分割地结合着的。

可以从上述概念得出的另一结论跟史学实际的关系看起来也许更明显些，就是，反对那种认为有一种比专门史高级的一般史的错误观念。这种历史被人称为历史中的历史，被认为是真正的和
120 正当的历史，其下则有政治史、经济史、制度史、道德史或情操与伦理理想史、诗歌及艺术史、思想及哲学史等。但是，如果情形真是这样的，那就会出现一种二元论，像一切二元论所常有的结果一样，两个词分不清，都显得空洞。在这种情形下，或则是一般史显得空洞，专门史完成了任务，一般史无事可作；或则是特殊史显得空洞，筵席被一般史狼吞虎咽地吃完了，专门史连残羹剩饭也捞不着。有时候则乞援于一种不甚高明的策略，把对某一专门史的研究划归一般史，下余的专门史则另成一类。对于这么一种安排，最多也只能说，它纯然是一种字面上的安排，并不表示一种逻辑上的差别和对立，而可能发生的最坏的情形则是，由于在这里建立了一

种幻想的体系,便认为它应有一种真正的价值,使它无法理解事实
的真正发展。事实上,没有一种专门史没有被升格为一般史的,有
时候叫作政治史或社会史,而把文学史、艺术史、哲学史、宗教史及
生活的次要方面的历史作为一种附件;有时候叫作观念史或心灵
发展史,而把社会史及其他一切历史放在第二线;有时候叫作经济
史,而把其他一切历史看成"上层建筑"的历史或编年史,这种上
层建筑是被虚构为从经济发展派生的,而经济史则被认为是以某
种神秘的方式通过某些未知的力量发展起来的,它没有思想和意
志,也不产生思想和意志,它存在幻想和意愿之中,它们像许多浮
在它的进程表面的气泡一样。我们必须坚定地反对一般史的学 121
说,主张除了专门史以外并无任何真实的东西,因为思想思索事实
到了辨别事实的某一特殊面貌的程度,它永远只构造观念的历史、
想象的历史、政治活动的历史、教皇职务的历史等等。

但主张相反的论点也是同样公正和有益的,就是,除了一般史以外什么也不存在。这就驳斥了关于历史分门别类的错误观点,这类历史被认为是许多门类的并列。批判一切这类历史的批评家正确地注意到了这种谬误,这类历史把各种类型的事实一项一项提出来,像是许多层次和(按批评家的话说)分隔的房间或小匣子一样,在许多分割的标题下容纳着政治史、工商业史、风俗史、宗教史、文学及艺术史等等。这类划分纯然是字面性质的;作为字面上的划分,它们可能有些用处,但在当前的情况下,它们不仅要履行一种文字性的功用,而且要履行一种历史理解的功用,因此,在这样把它们表现为彼此没有关系、表现为非辩证的而是群聚的,就证实了它们的缺点。在以这种脱节的方式写作这类历史之后,历史

显然还待写作。抽象的差别和抽象的统一同样是对于具体的差别和具体的统一的曲解,具体的统一是关系。

当关系没有被中断而且历史是被具体地思索时就可以看出,思索一种面貌就是同时思索其他各种面貌。因而,举例言之,如果
122 不在一定程度上求助于哲学家本人的人格,不把哲学家和哲学家这个人加以区别同时又不仅对这个哲学家而且对这个人予以质的限定,并把这两类有差别的特征作为生活与哲学的关系统一起来,要完全理解一个哲学家的学说是不可能的。关于作为哲学家的哲学家和作为演说家或艺术家,或从属私人情欲、或起而履行自己的义务的哲学家之间的差别也是这样的,如此等等。这就是说,我们不能思索哲学史,除非我们同时思索社会史、政治史、文学史、宗教史、伦理史等等。这就是那样一种错觉的根源,那种错觉以为这类历史中的某一特殊史就是它们全体,以为某一作为开端和适应作者的爱好和能力的历史就是其他一切历史的基础。同时也说明了,为什么有时候人们说"哲学史"就是"历史哲学"或"社会史"就是真正的"哲学史"等等。一种彻底思索出来的哲学史确乎就是历史的整体(同样是一种文学史或精神的其他任何形式的历史),这不是因为哲学史在它自身中取消了历史,而是因为其他一切历史都出现在哲学史中。因此,我们要求历史家应该获得普遍的心灵,应该具有一种同样普遍的学说;因此,专门的历史家、纯粹的哲学家、纯粹的学者、纯粹的政治家或纯粹的经济学家就感到厌恶,他们恰恰由于他们的片面性,甚至不能理解自命为懂得其纯粹性的专业,他们只知其骨架,即只知其抽象性。

我们这就明白了差别是什么,没有这种差别我们是无法思索

历史的:这就是形式与内容之间的差别;由于这种差别,举例言之,123
我们就参照艺术家业已给予形式的内容(情绪、情操、情欲等等)来理解艺术;或参照引起思想家提出和解决问题的事实来理解哲学;或参照政治家所面临的愿望和观念来理解政治家的行动,这些愿望和观念就是政治家作为一个实际生活的艺术家所天才地给予形式的内容;就是说,我们永远分清一种外在的历史和一种内在的历史或一种当成内在历史的外在历史,这样去理解这些事情。这种内容与形式即外在与内在之间的差别,如果不在其真正的概念中采取一种完全内在的和辩证的意义,它又会引起一种最坏的二元论,又会使我们想起那些力求反对其敌人、即自然的人的实用主义想象。因为从以上所说的容易看出,外在和内在不是两种实在,也不是实在的两种形式,而是外在和内在、即内容和形式都依次互为形式而出现;双方为了使自己在对方身上观念化而进行的这种物质化是作为关系与循环的精神的永恒运动:这种循环就是进步,因为这两种形式都没有权利仅仅作为形式而起作用,双方也不致不幸而仅仅作为内容而起作用。艺术的和哲学的历史的内容是什么呢?什么叫作社会和道德史呢?这种历史的内容是什么呢?就是艺术的和哲学的历史。这样澄清了内容与形式的关系之后,一种错误的历史样式就被驳倒了,那种历史把事实放在一边,把观念放在另一边,好像两种敌对的因素一样,因而永远不能还清债务,
不能指出观念是怎样从事实产生的和事实是怎样从观念产生的,124
因为这种产生的真相必须被看作总是使两个因素之中的一个因素在对方的统一中化为无用的。

如果历史的根据是差别(统一)并且是和哲学重合的,那么,

对这一或那一专门史的自律的研究在史学发展中所获得的高度重要性就是完全可以理解的了，但这仅仅是哲学研究的反映，并且是常常受到阻碍和不准确的。人人皆知，关于想象与艺术的新概念对历史观、从而也对神话和宗教产生了多么强有力的刺激；它们是在18世纪慢慢地和艰难地发展起来而在19世纪初赢得了胜利的。这首先被归功于维科的著作中关于诗歌与神话史的创造，其次是赫尔德和其他的人的著作中的及温克尔曼和其他的人在造型艺术史方面的著作中的。此外，由于对哲学、法律、风俗、语言有了较清晰的概念，它们就在各自的史学领域中，在黑格尔、萨维伊、洪堡及其他历史创造家和革新家的手中得到了新生，这些人都因此受到了尊敬。这也说明了，为什么人们老是发生争论，争论历史应当写成国别史还是应当写成文化史，争论文化史是不是表现了国别史以外的本来面貌或大于国别史，争论历史中所叙述的进步是不是只是理智方面的或同时也是实际方面和道德方面的，如此等等。这种种讨论都应当归结到对于精神的形式、对于这些形式之
125 间的差别和关系的根本性哲学研究去，归结到它们彼此之间的关系的精确方式上去。[1]

但是，历史虽则进行辨别与统一，它却从不进行划分，即分割；已被作出的和正被作出的历史划分只有一个起源，就是我们所已说过的同一实际的和抽象的做法的结果，那种做法分裂活历史的现实，去收集死材料，并把死材料安顿在成了外在的东西的时间体系中。已经产生的历史因为已经产生，所以是过去的，它们就这样

① 参阅附录二。

得到了名称(任何思想实际上都是“没有名称”的,即,它只有自己
作名称),它们彼此被分割,而被分割之后就大体在一般经验论的
概念下被分类,用那些多少有些重叠的类别去分类。我们可以在
方法论者的书本中大量地看到这类目录,那些方法论者全都不可
避免地采用下列一般标准中的这一个或那一个,就是,以对象的性
质为标准(宗教史、风俗史、观念史、制度史等等),或以时间空间
的排列为标准(欧洲史、亚洲史、美洲史、古代史、中古史、近代史、
古希腊史、古罗马史、近代希腊史、中世纪罗马史等等);这和抽象
的做法是一致的,那种做法分割概念时,一方面要假定精神的抽象
形式(对象),另一方面又要假定抽象的直觉(空间与时间)。我不
想说那些名称和划分是无用的,甚至也不想说那些表式是无用的,
我只想说,哲学史、艺术史或任何其他一种在观念上有差别的历史
一旦被理解为一册确定的书或论文时,它就变成了经验论性质的,
理由在前面已经说过了,就是,真正的差别是观念性质的,一篇具 126
体的论文或一册具体的书不仅包含差别,而且包含统一与整体,把
统一或整体看作只是组成真实的东西的一个方面是武断的。我还
想说,既然有经验论意义的哲学史和艺术史,那就谁也不禁止我们
就同一意义去谈有别于专门史的一般史,甚至并不禁止我们去谈
进步的历史和衰落的历史,去谈善与恶,去谈真理与谬误。

划分与差别之间的混淆,即,把历史分割成专门史的经验论考虑及永远既统一而又在统一时进行分辨的哲学性考虑之间的混淆是产生那些我们业已知其是由这种做法所产生的类似谬误的原因。许多讨论按经验论写成的这一种或那一种、这一群或那一群专门史的“问题”或“界限”的大块文章,首先就是因此产生的。其

实，问题并不存在，界限也无法指定，因为它们是约定俗成的，如同经过许多周折以后所终于被认识的一样；如果不从外围而从核心、即从知识学的分析入手，这本来是可以少经许多周折就能认识到的。另外一种更为严重的错误是，造出一种无限的想象的实体，把它们当作形而上学的诸实体及精神的诸形式，并因此妄图这样去发展抽象史，好像它们是精神的许多形式，各有其独立的生命似的，其实精神只是一个。因此在历史书籍中就出现了无数无用的问题和幻想的答案，这里就用不着一一记下来了。现在，人人都能
127 自行得出这些明显的结论，都能对它们作出适当的考虑了。还有显而易知的是，那些想象的实体像“事实的选择”一样，像年代学的体系化或标明事实的日期一样，在历史思维的任何一种具体说明中是一种辅助性的因素，因为思索和抽象的差别是一种观念性质的差别，它只在精神的统一性中才起作用。

九　“自然史”与历史 128

如果我们想要懂得真是历史的历史跟因被称为自然科学的东西而得名的历史之间的差别，我们就必须终止刚才所说的那种分类，也必须终止那种与此有关的自然主义的错觉；通过那种分类与错觉，抽象作用所造出的想象性实体就变成了史实，分类体系就变成了历史。由于自然科学而得名的历史也叫作历史，即“自然史”，但它只是一种名义上的历史。

几年以前，有人对于混淆心灵作品的这两种形式的情形提出了生动的抗议①，其中一种尽可能为我们提供真正的历史，例如：伯罗奔尼撒战争史、汉尼拔作战史、古埃及文明史等；其他一种则是一种伪装的历史，例如被称为动物机体史、地球构造史或地质学、太阳系构造史或宇宙进化论等的历史。在许多论著中，第一类历史和第二类历史被错误地联系起来了，就是，把文明史和自然史联系起来了，好像文明史历史地跟在自然史之后一样，这一点说得有理。二者之间的无底鸿沟已经被指出来了。但指出的人都说得很模糊；具有纯历史气质的历史家则说得清楚些，他们是本能地憎 129

---

① 是经济学家戈特尔教授向在海德堡举行的第七次德国历史家会议提出的。他的讲稿可以在不明晰和不准确地题名为《历史的领域》的印刷件中读到（莱比锡，邓克尔·洪布洛特书店，1904 年版）。

恶自然史的，他们谨慎地避开它。人们有理由记得，历史家的历史始终是以个别地确定的东西为其对象的，方法是内在的再造，而博物学家的历史则依靠类型和抽象作用，方法是类比。最后，这种所谓的历史或准历史极准确地被定义为对空间上有差别的东西的表面上的年代学安排，人们建议给它取个新的正当的名称，就是形而上史学。

这类结构其实只是一种从简单到复杂的分类体系而已。它们的用词是从抽象分析和概括得来的；从想象看来，它们的系统像是一种从简单到复杂的连续发展的历史。它们作为分类体系而存在的权利是无可争辩的，它们的用处也是无可争辩的，因为它们利用想象去帮助学习和记忆。

只有当它们失去了自知之明、丧失了它们的真正性质而要起不正当的作用并把它们的想象中的史实看得过于认真时，这种情形才成为值得争辩的。我们在自然主义的形而上学，尤其是在它的最新形式的进化论中发现了这种情形。对于这种情形，科学家的责任比较小（他们照例是小心谨慎的，或多或少清晰地意识到了这类体系和系统的限度），而半瓶醋的科学家和半瓶醋的哲学家的责任则比较大，他们著了很多书，想去叙述世界的起源，由于作者缺乏判断，于是那些书就毫无障碍地从细胞谈起、实际是从星
130 云谈起，一直谈到法国大革命，甚至谈到19世纪的社会主义运动。“普遍史”写出来了，因而关于宇宙的传奇也写出来了（如同我们在涉及普遍史时所已说过的），它们不是纯思想的而是杂有想象成分的思想的，前者就是批判，而后者则从神话找出路。我们用不着详细证明当今的进化论者是一些神话制造家，用不着详细证明

他们想要用现代体裁去写《创世记》第一章所受的劳累（他们的描述更为精细，但他们混同这种描述与历史的方式不亚于巴比伦的或以色列的僧侣所用的方式），因为一旦这类著作被放到了它们所应放的地位时，这一点立刻就显出来了。它们的逻辑根源将立刻表明它们的真正性质。

但是，这类科学怪物已经由于一切受过科学训练的人对之经常采取一种克制和怀疑的态度而受到了责备，同时，事实上，由于它们不得不从群众或“大众”的手里去寻求运气并已在那里寻得了运气，由于它们业已堕落成通俗宣传，因而也已受到了责备，这类科学怪物可以撇开不谈了；我们在这里必须较精确地确定的是，这些具有史学外貌的分类体系究竟是怎样形成的，它们是怎样起作用的。为了这个目的，应该说明，分类体系和貌似的历史不仅出现在所谓自然科学或次于人类世界的领域中，而且也出现在道德科学或关于人类世界的科学的领域中。我们可以举出一些简单清晰的例子，例如，在抽象地分析语言和假定名词、动词、形容词、代词等词类的类型时，在把字分析成音节与声音时，在把文体分析成本义字和比喻字及各种各类的比喻时，我们建造了一些从简单到 131
复杂的类别。这就使人对语言史产生了一种错觉，把语言史说成是对词类的逐步掌握，或是从单声到音节的过渡（单音节文字）、从音节到多音节的过渡（多音节文字）、从字到命题、韵律和节奏的过渡等等。这都是些除了在科学家的书斋以外哪儿也从来没有发生过的想象性历史。同样，抽象地被区别并按复杂性增加的程度被排成系列的文体（例如抒情诗、叙事诗、戏剧）也已引起了并继续在引起一种想把诗歌作成合乎体系的排列的想法，例如，诗歌

在第一期应作为抒情诗出现，在第二期应作为叙事诗出现，在第三期应作为戏剧出现等。

在抽象的政治形式、经济形式和哲学形式等等分类方面也有同样的情形，它们的影子都以想象性历史的形状跟着它们。历史家对于使他们的叙述和自然主义的及神话的序幕发生联系——即，使活人与死尸结婚——感到厌恶，这种厌恶的心情也可以从他们不愿接纳抽象历史的断片到具体历史中去看出来，因为单是两种历史的外表就立刻显出它们是不相同的。德·桑克蒂斯常被人责备，说他的《意大利文学史》不该不从意大利文字的起源及其与拉丁文的关系谈起，甚至说他不该不从它与印欧语系及住在意大利各地的种族的语系的关系谈起。有人居然企图改正那一经典著
132 作的设计，毫无历史感地给它加上不必要的导言和增补。但是德·桑克蒂斯尽力选定了叙述意大利文学史的最好起点，终于决定从简略地描写斯瓦比朝的文化状况及西西里诗派入手，他毫不踌躇地拒绝了一切关于语言及种族的抽象，从他的真正的历史感看来，那些东西和西洛的斗口诗①、和托钵僧雅各的韵律、和基多·卡瓦卡恩蒂的三解韵格是不相容的，这些都是很具体的东西。

我们还必须记住，各种分类方案和与其类似的假历史分类不仅是为那些在人们记忆中的、真正能够再现的、能够再被思索的历史造出的，而且也是为那些死的历史——即新闻、文献和纪念文字造出的。这就可以更加完全地看出那些从自然科学产生的想象性

① 13 世纪时意大利的一种诗体，写一男一女斗口，男方向女方求爱，女方拒绝，经过反复斗口，方始接受。——译者

历史和那些起源于道德科学的想象性历史之间的同一化。因此，双方的基础常常都不是历史见识，相反地是缺乏历史见识，它们的目的不仅是要帮助活历史并使它活着，而且还有一个间接的目的，就是要有助于迅速处理业已消逝的世界的残余渣滓，即历史的无生气的残余。

抽象性历史的概念在涉及被称为“精神的”（以别于经验地被称为“自然的”）领域时是类比性质的和自然化的；实在论关于“自然”的概念在唯心主义的“构造”概念中解体了，人类精神把“构 133
造”当作实在，把它看作自然；凡是懂得并且记得这一解体在哲学方面所引起的巨大后果的人对于这样扩大抽象性历史的概念的作用是不会有所怀疑的。康德为了解决这个问题进行了不屈不挠的和细致的工作；他为这个问题的解决指出了方向，直到今天，问题一直是循着这个方向去求得解决的。在涉及我们当前的问题方面，我们所受的影响是产生了这样一种错误，就是，人们具有一种合理的愿望，想把抽象的历史和具体的历史、进行自然化的历史和进行思想的历史、真正的历史和虚构的历史加以区别，因而把历史限制在人类的领域以内，说人类的领域是可知的而宣称其他的领域则是形而上史学的对象、是人类知识的极限，以致终于得出了一种不可知论。这一结论势必重新导致一种二元论，虽则是在一种较高领域中的二元论。但是，如果形而上史学也在人类的领域中出现，像我们所已见到的，那么，我们所表述的差别显然就需要更正；以这种差别为基础的不可知论就会发生动摇以至崩溃。思想面前没有什么双料的客体，即人与自然，不能认为人可以这样去研究而自然则可以那样去研究，不能认为人是可以认识的而自然则是不能认识只能抽象地加以构思的；反之，思想永远思索历史、思索统一的真实界的历史，而思想以外则什么也没有，因为自然的东西一旦被确认为一种客体时就变成了神话，它以它的实际表明，它只是人类精神的本身，人类精神把被生活过的和被思想过的历史或被生活过的和被思想过的历史材料加以体系化。“自然界没有历史”这句话的意思应当理解为，作为一个能思想的理性生物，自然界是没有历史的，因为它不是一个有思想的理性生物，我们可以
134 换句话说，它不是任何真实的东西。相反的说法“自然界也有形成力和历史生活”的意思应当从另一种意义去理解，就是，真实界、唯一的真实界（包括人与自然在内，它们只是经验地和抽象地被分割的）全是发展和生活。

一方面是地层和动植物的遗骸，一方面是所谓的人类历史的遗迹；对前者，我们可以构造一份透视，甚至作出一种成系统的安排，但是我们绝对无法以关于它们的来历的活的辩证法去重新加以思索了；后者不仅包括史前期的东西，甚至也包括我们昨天的历史中的历史文件，这些东西我们已经忘记了，不再理解了，我们当然能把它们加以分类并排列成系统，我们能建起空中楼阁、遐思驰骋，但它们已不再是真正能被思索的了；在这二者之间究竟能找出什么实质上的区别呢？这被武断地加以区别的两类是可以并成一类的。甚至在所谓“人类史”中也存在着“自然史”，所谓“自然史”也曾一度是“人类史”，即精神史，虽则我们离它已经很远，如果粗略地从外表看去，它对我们几乎是陌生的，它已变得非常干瘪和机械了。你想理解一个利久里安人或一个西西里的新石器时代人的真正历史吗？首先你就应该看能不能设法使你自己在心理上

变成一个利久里安人或西西里的新石器时代人；如果没有可能，或者你无心这样去做，你就应当满足于把这类新石器时代人的头颅、用具、碑刻加以系统的描绘、分类和排比。你想理解一片草叶的历 135
史吗？首先你应当设法使你自己变成一片草叶，如果变不成功，你就应当满足于分析叶片的各部分，甚至满足于把它们安顿在一种想象的历史中。这就导致了我用来开始这些史学谈论的观念，就是，历史是当代史而编年史是过去史。我们利用这一观念，同时借助这一观念解决了那真是“历史”的历史及“自然史”之间的对立，同时证实了那一真理；“自然史”虽然是历史，但它所服从的法则和唯一的历史的法则是大不相同的。它解决这一对立的办法是把“自然史”放在假历史的低一级的地位。

附　录

一　真凭实据

如果真历史是一种能从内部证实的历史，因而是一种合乎理想的当代的和当前的历史；如果靠见证的历史缺乏真实性，但又不是假的，而是既非假的也非真的（不是一种现在是，而是一种过去是）；那么，人们便会发出一个合理的疑问：从批判地挑出的和“被认为真的”证据得出的那些车载斗量的命题虽然没有被证实，或许永远不能被证实，但在最严肃的历史研究中也被人所采用，它们到底是怎样起源的并有什么作用呢。

当我们编写名为对立的一致那一学说的历史或编写名为《坟墓》[①]那一诗篇的历史时，红衣主教库萨[②]的拉丁文和福斯科洛的韵文显然是属于我们的，思想和实际的词句都是属于我们的，我们自己向自己念出了它们，同时，那些历史事实的确凿性也是合乎逻辑的真理。但是，《论无知之学》之写成于1439年年底与1440年年初之间和福斯科洛的诗篇之写成于诗人在法国长期服兵役回到

① 乌戈·福斯科洛(Ugo Foscolo,1778—1827)作,1807年出版。——译者
② 原文为Cardinal di Cusa。——译者

意大利以后则是有证明为据的，对于那些证明，我们只能说它们应当被认为是有效的，因为它们已在一定程度上得到了核实，但我们不能认为它们是真的。对它们不论施加多少聪明才智也不能阻止另一种文件或一种旧文件的更好的释义来摧毁它们。然而人们在研究库萨和福斯科洛的作品时谁也不能不利用保存至今的有关其 137
作者的传记性材料。

有一位受人敬仰的当今的方法论者曾想把对这类证据的信念建立在一种对过去的心灵感应上，即建立在一种几乎是灵魂附体的复苏方式上。但是，这种信念的来历是极其神秘的，需要加以大胆的和古怪的解释才行，而那种解释甚至贺拉斯笔下的犹太人也是不会置信的。反之，这个问题的内容是可以从我们的私人日常生活的形成过程中观察到的。例如，我们把我们的某些活动记在日记本上或结算账目。过了一些时候，那些事实从记忆中消失了，我们使自己确认那些事实曾经发生过并应被视为真正的唯一办法就是我们的记载所提供的证据：文献可以作证；我们要相信那书面记载。我们以同样的态度对待别人根据其日记或账本所说的话。我们假定，事情写下来了，事情就是真的。毫无疑问，这种假定和其他一切假定一样，事实上可能是错误的，因为那种记载可能是在心不在焉或存有幻念的时候记下来的，也可能记得太晚，那时对事实的记忆已经不准确了，不确凿了，也可能是随心所欲地记下来的或存心欺骗别人的。但正因如此，人们对于书面证据并不总是盲目地置信；我们审查它的真相，我们用其他书面证据和它对照，我们考查作者或证人的诚实性和准确性。正因如此，刑法才要对涂改证件或伪造证件的人加以刑罚和处分。虽则这种种精细的和严

138 厉的预防措施在某些情况下并不能防止舞弊、欺诈和错误（同样，为了处罚犯人所设的法院常常让犯人不受处分而得释放，有时处分了无辜的人），但整个说来，文件和证据是符合真实情况的；人们认为，它们是有益的和值得加以支持与鼓励的，因为它们所必然会产生的害处较之它们所能防止的害处小得多。

人类可以说在大规模地做着人们在日常私人生活中所做的事情，人类使自己解除了无量数的事实的负担，把它们安顿在身外，在那里，它们可以作为一种不能证实的文件性证明而以一种弱化的形式恢复过来，但整个说来，我们可以把它们看作真的并当作真的来用。因此，历史信念不是心灵感应或灵魂附体术的结果，而是一种明智的经济性储备的结果，它由精神继续使之真实化。我们就是这样理解那种旨在防止窜改和歪曲的历史著作的，我们就是这样理解那种历史著作之所以同意某种确凿的证明的，它把那种证明看作“在现有的科学状况下应当被认为是真的”，而把其余的证明分别看作不确实的、大概确实的，以及看作是很确实的，即期望在日后再加研讨中有时会予以同意。最后，这种历史著作也说明了对“苛求”的厌恶，苛求不满足于经常使批判变细致而对最真的和最有根据的证明的价值发出争辩。原因是，它这样一来就破坏了正规的游戏规则，它充其量只能提醒那些易于忘记它的人说，以证据为依据的历史归根到底完全是一种外在的历史而绝不是根
139 本的、真正的历史，根本的、真正的历史是当代的和当前的。

“核实过的”证据的这种来历或性质已然包括了关于它的作用的另一问题的答案。显而易见，它不能论定真历史，也不能取代真历史，而只能以次要的细节去补充真历史，那些次要的细节是值

不得力求活在心里和完全存在心里的，因为那样就势必有害于对我们最关重要的东西。最后，《论无知之学》究竟写得早一些还是写得晚一些，那是可以由对库萨诺斯的这一种思想或那一种思想所作的不同解释而很好地加以确定的，但这种确定并不影响对立的一致那一学说对形成逻辑科学所起的作用。至于《坟墓》是不是福斯科洛在到法国以前写成的或计划好的，这毫无疑问会使我们对于诗人的心灵与天才逐步发展的表达有所改变，但对他的伟大诗赋我们很难改变一点我们的解释方式。有些人因为某些细节方面缺乏可以证实的确凿性，或因还有不确凿或令人怀疑的地方，就对历史的真实性表示失望，他们很像一个人忘记了自己的这一年或那一年的编年史就以为他不知道当前情况下的自己一样，当前的情况一方面是他的过去的复现，另一方面又含有他现在所真正想要知想的一切的过去。但是，在另一方面，被认为真的核实过的证据可以刺激我们更加仔细地去搜索我们自己，这是对我们通过分析和沉思所得到的东西的一种充实，也是对我们的思想的一种确认或证明，他们是不可忽视的，尤其当真实的证据与核实过的证据彼此相符时是如此。因为害怕某些核实过的证据可能是错误 140
的，或因核实过的证据都具有一种外在的和多少有点一般笼统的性质，因而拒绝核实过的证据所提供的帮助和便利，那就等于拒绝人类的权能，这样就会犯下笛卡儿和马勒伯朗士所犯的罪过。这种大拒绝不关心对历史的理解，也无助于对历史的理解。有关与有助的是，绝不应当让根据——包括人类的权能在内——去代替人类的思想，在任何情况下，人类思想占第一位。

141 ## 二　专门史的相似与相异

在进行前述理论阐释的过程中，我们否定了普遍史（在时间方面和空间方面）的观点[1]，我们也否定了一般史的观点[2]，（关于精神的漫无差异的一般性或统一性的观点）我们坚决主张一种相反的含有两项条款的看法，就是，历史永远是特殊的和永远是专门的，这两项规定恰好构成了具体的和有效的普遍性及具体的和有效的统一性。因此，被宣布为不可能的东西毫不表示一种损失，因为，一方面，它是虚构的普遍性或幻想的普遍性，另一方面，它是抽象的普遍性，或，如果愿意这样说，混乱的普遍性。因而所谓普遍史已表明自己就是特殊史，它们采取普遍史的名称，为的是在学术上取得声誉，或者作为个别史的集子、评论、编年汇集，或者作为传奇故事。同样，一般的、无所不包的历史不是徒有其名，就是各种不同历史的并列，再不然，它们就是一些形而上学的和隐喻性的玩意儿。

作为这一双料但又合流的否定的结果，我们也宜拒绝一种通常的和根深蒂固的信念（我们自己也曾在一定程度上一度具有这
142 种信念）[3]，这种信念认为，我们应当重新建立起幻想的普遍性；或者说，在各种专门史中，有些是按照精神的不同形式构成的（只因精神的每一种形式就是那一形式下的整个精神，它们才是一般的

① 见原书55至59页。

② 见原书119至122页。

③ 见《美学》，第Ⅰ编，第17章。

和个别的)，需要加以普遍的研究，而其他专门史则只能当作专论去研究。通常所举的典型例子是哲学史和诗歌史或艺术史之间的差别。哲学史的主题被认为是人人感到兴趣的一个伟大的哲学问题，而诗歌史或艺术史的主题则是特定阶段的情操方面的或想象方面的问题，充其量不过是特定的艺术家的。因而前者被认为是连续的，而后者则是不连续的，前者能有完全普遍的眼界，而后者则只能有一系列特定的眼界。但对哲学的一种较为“唯实的”概念却剥夺了哲学史对艺术诗歌或其他任何专门史的这种特权；因为，不管表面现象如何，说，人们只把注意力集中在一个哲学问题上，而那个哲学问题的愈来愈充分地不断解决则形成了一根进步的单线，即人类精神的普遍史，能给其他一切历史提供支持与联合，这样说是不符合真相的。符合真相的是反面：人们所已研究过的和将要加以研究的各种哲学问题是无穷无尽的，其中每一个问题永远都是特定地和个别地被规定的。对于问题的单一性的错觉起因于逻辑上的误解而被历史的偶然性所加强，因而一个由于宗教动机而显得至高无上的问题就被看成独一的或根本的，一些为了实用目的而作出的组合和概括就被当作真正的一致和统一[①]。 143
“普遍的”哲学史也像其他专门史一样，当我们用一副良好的放大镜加以检查时，它们若非哲学家的历史家所研究的问题的特殊史，就是以哲学性历史的手册或辞书形式出现的武断的人为的结构或许多不同历史关系的表式和汇集。当然，写出哲学性历史的概要，使其包括各种特定问题的分类，并提出各时代各民族从事这一类

① 参阅附录三。

或那一类问题的主要思想家,这是谁也不会加以禁止的。但这永远是一种研究哲学史的编年史体的和自然主义的方法;只有当一位新思想家把过去所业已提出的问题及哲学史的内在经历跟引起他注意的一定问题联系起来的时候,哲学史才真正是活着的。他把其他问题和经历另以不同联系暂时搁置一旁,虽则并不是因此就把它们压下来,而是要在另一个问题需要它们出现时再把它们召唤回来。因此,甚至那些看去最完备和“客观的”(即“实质的”)摘述,由于作者的理论兴趣之故,其中也有某种选择,他是绝不能完全不做一个史学家的哲学家的。事实上,这种做法和艺术及诗歌史的做法恰恰是一样的,真正历史性的、活的和完备的研究是个别诗歌人物的思想和批判,其余的则是一张批判表,是因时地相近、内容相同、调律相似,或按艺术成就的程度而作出的表式。我们也不应当说,每一个哲学问题都和其他哲学问题有联系,说它
144 永远是哲学整体中的一个问题,因而跟诗歌和艺术有所不同,因为诗歌和艺术方面也没有分歧,整个历史和整个宇宙都在于每一件艺术品中。

我们已经把历史哲学同样降格为特殊史,因此,我们就大可不必指出某些人士要求有一种“普遍的”或“一般的”科学史是没有根据的了。因为,即使我们能把科学史和哲学史加以等同或比较,要写出这样一本历史也是不可能的。但这是双料的不可能,因为,一则“科学”这一名称包括分歧的形式,例如观察科学和数学科学之类;二则在每一类科学中,由于各科所根据的资料和假设存在无法缩小的分歧,各学科又是彼此分割的。如果,像我们所已指出过的,每一个特殊的哲学问题都是和其他一切哲学问题有联系的,是

与它们和谐协调的，那么，相反地，每一个科学问题却是倾向于闭关自守的；用一个“单一的原则”去“解释”全部事实，即，让一种不能产生结果的形而上学去代替能产生结果的科学，让空话去扮演魔棍，用“解释一切”去什么也“解释”不了，这是科学中的一种最有破坏性的倾向。科学史所承认的统一不是把这一学说和那一学说和把这一种科学和那一种科学在一种想象性的一般科学史中联系起来的统一，而是那种把每一种科学和每一种学说和其出现时的智力和社会复合物联系起来的统一。但是，甚至在这里，我们也 145
必须提醒一下，当我们这样说明它们的真正性质时，我们对于科学史的表式与辞书的存在权利并无意提出异议，更无意对现行的研究方向表示不信任，由于科学史的召唤，通过这类研究，有益的研究工作获得了刺激，在向那些久被忽视的方向前进。我们也无意就反对那些采取表式和辞书形式的科学史（因同一个学者不可能同样胜任性质大不相同的各种问题，例如不同科学中的各种问题）；因为，不能设想世上有一个能理解一切哲学问题的哲学家（能把某些问题解决得最好的人，其心灵确乎常是较为接近其他问题的），也不能设想世上有一个诗歌和艺术的批判家兼历史家，不管他多么多才多艺，同样喜好和欣赏一切形式的诗歌和艺术。每一个人的天地都较狭隘，每一个人都因其特殊性才是普遍的。

最后，我们不打算对政治史和伦理学重复同样的说明了，因为，在政治史和伦理学中，要求用一根发展的单线去代表整个历史的机会比较少。在那方面，人们通常比较易于承认每一种历史都是特殊的，即，都是由历史所涉及的时间和地点中的某一或某些政治问题或伦理问题所决定的，因之每一种历史也偶尔从头重新思

索这些问题。

所以，各类专门史之间的相似应当被认为是完全的，而它们之间的相异则应当被除外，因为它们都服从特殊性的原则，即特殊的
146 普遍性(不管表面如何相反)。但是，作为历史，如果它们是按我们所说的史学性质进行的，它们既然是专门史，它们就都遵从各自的专门性的概念。只有在这意义上，它们对其他专门史才是各自相异的，即，保持着各自的特性。我们已经说明过，主张把诗歌史和艺术史看得和哲学史一样是错误的，不仅因为这种主张误解了历史的真正概念，而且也因为它弄错了艺术的性质，把它看成哲学，在一种概念的辩证法中把艺术取消了，否则就因为它在艺术史中忽视了艺术之所以成为艺术的东西，将其看作一种次要的东西，充其量也不过在社会活动和概念活动之外给以一席之地而已。这种错误和某些人的错误恰恰相似，他们时时建议对哲学进行所谓"心理学的"改革，即，他们宁愿把哲学看作是以哲学家和社会环境的心理为转移的，从而有时把它放在情操史的水平上，有时放在幻想和乌托邦史的水平上，或非哲学化的历史的水平上。这些人不懂得哲学是什么，犹如另外那些人不懂得诗歌和艺术是什么一样。谁想迅速懂得哲学史和诗歌史之间的区别，他就应当注意，哲学史由于其目的的性质，它所要考查的是作为纯心灵产物的理论，因而它所要开展的是一种思想代表剧中人物的历史，而诗歌史的目的的性质则是要考查作为想象的产物的艺术作品，想象表现感
147 情活动，因而它所要开展的是一种想象性和感觉性观点的历史。因此，哲学史虽则并不忽视行动、事件和想象，但把它们看作纯思想的土壤，它采取一种没有真实的或想象的人物的概念史形式，诗

歌史也不忽视行动、事件和思想，但把它们看作想象性创造的土壤，它采取一种理想的或想象的人格史形式，这些人格本身完全不受实用兴趣的压抑和概念的束缚。哲学史和诗歌史所草拟而像任何人类辩证法一样为它们所不可或缺的方案也是符合这些不同倾向的，即，哲学史的方案是思想方式的体系或一般类型，而诗歌史的方案是含有理想人格的体系。

如果哲学史曾经屡次企图吞并诗歌和艺术史，它也可以说曾经屡次企图吞并实用史，即政治学和伦理学史，或当今人们所爱称的“社会史”。人们也认为，这种历史应当从编年史体的束缚中得到解放，因为它受了编年史体的拖累，采取了一种科学的和刻板的形式。为了做到这一步，就必须把它变成一种“观念”史，观念是真正的和主要的实际活动，因为产生实际活动的是观念；这是前述有关诗歌和艺术的错误的重犯。实际活动的特点被忽视了，留下的只有“观念”，它们是实际活动的前提和后果。但是，有时那些要将实际活动化成的“观念”并不是真正的观念或心智构造，而是 148
真正的实际活动、情操、意向、风习和制度。政治和伦理史的本原就这样无意识地获得了证实。它的对象正是制度这一单个的词所能指名的东西，用的是这个词的最广的意义，即，把这个词理解为从最隐秘的情操到最明显的生活方式（它们也永远是表现于行动的意志的个人的和社会的全部实际安排）。这一切同样是历史产物，是唯一能按精神的实际形式被知晓的有效历史产物。如果判断的传统像我们现代人所借以和对以进行思想的资本一样，是一种长远的历史的结果，我们时时意识到这种历史，并按照新需要的要求，时而阐明它的这一特殊方面，时而阐明它的那一特殊方面，

那么，我们现在实际所能做的事情，我们作为所谓文明人的一切情操如勇敢、荣誉、尊严、爱情、谦逊等等，我们的一切严格意义的制度（这些制度本身起因于精神的态度，功利的或道德的）如家庭、国家、商业、实业、军事等等就也有其长远的历史；当这一种或那一种情操或制度由于新需要而遭到危机时，我们就试图确定它的真正“性质”，即其历史根源。任何谨慎地和用心地研究过近代社会史学发展的人都能清楚地看出，它的目的恰恰是要把不成章法地记载事件的编年史体的混乱状态排列成为社会价值史的秩序井然的系统，它的研究领域是人类心灵的实际面貌的历史；不管它所产生的是一般文明史（它们总是起因于特殊的动机并被特殊的动机
149 所限制的），还是提供阶级史、民族史、社会潮流史、情操史、制度史等等。

传记也是一种哲学意义的“制度”的历史，是实际史的一部分（只有当传记不限于仅仅以编年史体裁汇集一个个人的经历，或不限于诗歌性的描写，而不适当地被视为一种历史著作时，传记才是这样的）；因为个人和一个民族或一个社会阶级一样，是一种性格的构成，或者说，是一些特种态度及其后果的活动的复合物；正因如此，组成历史性传记的不是被视为外表的或个人的或自然的或任何称呼的个人。

人们也许会期望我们指出科学史和宗教史的地位和作用，使这次对于专门史的匆匆评述在一定程度上显得完备一些；而一般史是依次在专门史中体现出来的，它从不存在于专门史之外。但是，如果科学之所以不同于哲学，是因为它半是理论的、半是实用的，而宗教则企图用神话去说明真实界，企图按一种理想去指导人

类的作为，那么，显而易见，科学史在一定程度上进入了哲学思想史的领域，并在一定程度上组成了人类需要与制度史的一部分；事实上，既然促使科学起作用并赋予科学以特性的阶段是实际的或适当的阶段，科学史就真正是属于我们所说过的极广义的制度史；而宗教史则在一定程度上组成了制度史的一部分，并在一定程度上组成了哲学史的一部分；事实上，既然这里的主导阶段是神话概念或哲学努力，宗教史实质上就是哲学史。对这一论证再在本文 150
中另作更为详尽的长篇大论是不恰当的，本文并不是专门讨论某些专门史（等于对哲学、美学、逻辑学等不同领域的研究）的理论和方法论的，本文的目的仅仅在于指明它们的必需发展的方向。[①]

三　哲学和方法论 151

我们已经明确了哲学和史学是统一的，并已说明二者的划分只有一种字面的和说教的价值，因为这种划分的基础是我们有可

① 在这里，用附注的方式提醒人们注意那我们业已提到过的政治学和伦理学中的实际史之间的差别还是另有好处的，因为只有这样才能消除史学中关于政治史或国家史和人类史或文明史之间的争论，特别是从18世纪以来的争论。在德国，这是历史和文化史之间的纠缠不清的争论因素之一，它有时被说成是法国史学（伏尔泰及其信徒）或文明史和德国史学（莫泽尔及其信徒）或国家史之间的冲突。一方面要把文化史或社会史纳入国家史，作为附庸，而另一方面则反其道而行之；折衷派并不十分了解这种争论，照例把政治史和文明史并列，毫无生气，从而破坏了历史的统一性。真相是，政治史和文明史在实际领域中的关系跟诗歌或艺术史和哲学或思想史在理论领域中的关系是一样的。它们适应精神的两个永恒的阶段，即，纯意志或经济阶段和伦理意志阶段。因而我们也就看到，有些人永远被一种形式的历史所吸引而不被另一种形式的历史所吸引，这要看打动他们的主要是政治兴趣还是道德兴趣而定。

能时而把统一中的这一辩证因素放在字面解说的前台，时而把那一因素放在前台；现在我们应当把那些以哲学“理论”或“体系”等传统题目为题的论著的真正目的弄得很清楚了，一句话，要弄清楚哲学能归结成什么。

哲学，由于它已被放在新的关系中，只能是史学的方法论阶段，即，关于构成历史判断的范畴的阐述或关于指导历史解释的概念的阐述。由于史学的内容是精神的具体生活，而这种生活是想象和思想的生活，是行动和道德的生活（是别的什么的生活，如果想得起别的什么的话），它在它的这种种形式中始终为一，所以这种阐述要区别美学和逻辑学，要区别经济学和伦理学，把它们在精神的哲学中通通加以统一并加以分解。如果一个哲学问题显得完全无益于历史判断，那就证明那个问题是无用的，是提得很坏的，
152 事实上是不存在的。如果一个问题，即一个哲学命题的解决不仅不能使历史变得更可理解，反而使历史变得晦涩不明，或使它和其他问题混淆不清，或者越过它，轻率地指责它或否定它，那就证明那个命题及与其有关的哲学是武断的，虽则作为情操或想象的表现，它对其他方面也许还是有重要性的。

把哲学定义为“方法论”初看不是没有可疑的，甚至一个愿意一般地同意它所代表的倾向的人对之也不能不有疑问；因为哲学和方法论两个术语常常是对比而言的，一种导向方法论的哲学可能染上经验论的色彩。但是，我们在这里所说的方法论当然完全不是经验论的；事实上，它的大部分是一种正确的和正当的、虽则是有缺点的企图，企图对历史研究所提出的理论问题加以哲学的解答，或者说，企图成为哲学的方法论和把哲学当作方法论，这一

大部分正是为了纠正和代替职业历史家和其他这类专家的经验论的方法论的。

然而,如果上述争议一提出就得以解决的话,另一争议却不是这样的;在那另一争论中,我们的主张跟那种散布很广的和古老的关于哲学的概念是大相径庭的,那种概念认为哲学是解决宇宙的秘密、知道主宰一切的最高权力、揭露实体的世界的,那世界被认为是在现象世界之外的,而现象世界则是我们日常生活所在的地方,也是历史所在的地方。这里不是叙述这一观点的历史的地方;但我们至少必须说,这一观点的起源是宗教的或神话的,甚至在那些把我们的大地设想成唯一的真实界这方面最有成就并替那作为 153
判断或历史知识的方法论的新哲学开了一个端的哲学家的心目中,它也存在。康德有这种观点,他承认它是他的批判的极限;黑格尔有这种观点,他把他对逻辑学和精神哲学的精细研究装在一种关于“观念”的神话的框子里。

不过,两种概念间的分歧愈来愈大,在 19 世纪以形形色色的公式表现出来,例如心理学对形而上学,一种经验和内在哲学,即先验哲学对超验哲学,实证对唯心等;虽则争论照例进行得很坏,越过了标的,结果无意中正好接受了形而上学、超验论和先验论,正是争论所要攻击的抽象的唯心主义,但引起争论的心情是合理的。方法论的哲学义不容辞,以更好的武器攻击了同一敌人,并当然地坚持了一种心理学的观点,但这是一种思辨性的心理学观点,是内在于历史的,但又是辩证地内在的,因而不同于实证论,实证论认为必然的是偶然的,而方法论的哲学则认为偶然的是必然的,从而确认了思想的支配权。这样一种哲学正是把哲学作为历史

（因而是把历史作为哲学），是哲学阶段在纯范畴和方法论阶段中的规定。

这一概念对于相反的概念的伟大力量，即，作为方法论的哲学对于作为形而上学的哲学的优越性，可以从前者有能力通过批判
154 后者的问题并指出其起源而解决它们看出来。反之，形而上学若不求助于虚构的和武断的东西，就不仅无力解决方法论的问题，甚至也无力解决自己的问题。所以，在认识论[①]的各种学说中，关于外在世界的实在性、关于心灵实体[②]、关于不可知、关于二元论、关于反题等等问题就都消失了，它们用更好的概念代替了我们过去具有的关于科学的逻辑概念，把上述各问题解释成为辩证法的永恒再生的诸面貌或知识的现象学。

但作为形而上学的哲学观是非常古老和顽强的，它仍残存在某些人的心目中原是不足为奇的，那些人大体摆脱了它的束缚，但没有努力根除它的全部末节，也没有堵塞它得以或多或少地在不期然中重新返回的一切门户。如果我们现在很少看到它公开地和直接地出现，我们却可以从它那像心灵的癖性或不自觉的先入为主之见一样固存的这一种或那一种面貌或神态中把它辨认出来或觉察出来，它们能把作为方法论的哲学赶回错误的老路，能替已被抛弃的形而上学卷土重来铺平道路，虽则只是短期的卷土重来。

我觉得在这里说清楚某些先入为主之见、倾向和习惯，指出它

① 原文为 gnoseological。——译者

② 原文为 soul-substance。——译者

们所包含和遗留的错误,将是适时的。

目前仍然常见的过去的全部残余中的第一种是认为哲学有一个基本问题要解决的观点。关于一个基本问题的概念在本质上就是和视哲学为历史的概念不相容的,是和把哲学当作历史的方法 155
论不相容的,作为历史方法论的哲学认定哲学问题是无限的,它也只能这样认定;这些哲学问题当然全是彼此有联系的,但其中任何一个问题都不能算是根本的,犹之一个机体的某一部分不是其他部分的基础而各自轮为基础并被作为基础一样。事实上,如果方法论为它的问题从历史采用材料,从我们自己的最谦逊但又具体的历史形式,即从我们每一个人作为一个个人的历史采用材料,这就告诉我们,我们由于所过生活的驱策是从一个特殊的哲学问题走向另一个特殊的哲学问题的,告诉我们,由于我们的生活的时期不同,因而这一类或那一类问题占领了阵地或使我们格外发生兴趣。如果看看那我们业已提到过的一般哲学史所提供的更为广阔但较不确定的情景,情形也是一样的,就是,由于时代不同和民族不同,占上风的哲学问题时而是有关道德的,时而是有关政治的,有关宗教的,时而是有关自然科学和数学的。每一个特殊的哲学问题都是整个哲学的一个问题,不论是公开显示出来的还是推论出来的,但我们绝遇不到一个一般哲学问题,因为其中含有矛盾。如果看来似乎有一个一般哲学问题(看来当然是有的),实际上这是一种表面现象,这是因为,事实上现代哲学是从中世纪传到我们手里的,是在文艺复兴时期的宗教斗争中精心完成的,在它的说教性形式中,同样,在大部分爱好它的人们的心理倾向中,它保存了一种强烈的神学痕迹。因而出现了思想和存在问题所非法占有的 156

根本的和近于独一的重要性，归根到底，这只是一个关于现世及来世、关于尘世及天堂的老问题所采取的一种批判性的和认识论的形式。但那些用内在哲学破坏了或开始破坏超验哲学的天堂及来世的人们，同时也开始腐蚀了那种关于一个根本问题的概念，虽则他们并没有完全觉察到这一点（因为我们在前面已经说过，他们仍然受着关于物自体及关于“观念”的“神话”的束缚）。对信仰宗教的人，那个问题当然是根本的，他们认为，除非他们自己的心灵和思想在另一世界中得救，即，获知一个实体的和真实的世界，对世界的全部智性的和实际的支配是算不了什么的。但对哲学家，它不是命定如此的，从此以后，它只以世界为限或以自然为限，世界或自然没有外皮，没有核心，而是浑然一体的。如果我们重新拾起关于有一个根本问题支配其他一切问题的信念，那将会发生什么结果呢？其他的问题不是不得不被认为全是倚赖根本问题的因而不得不和根本问题一同予以解决，就会不再被看成哲学问题而被看成经验问题。那就是说，科学与生活中每天重新出现的问题就会失去价值，不是变成根本解决的同义反复，就会任凭经验去处理。这样一来，哲学与方法论之间的差别，即形而上学与精神哲学之间的差别就会重新出现，从后者看来，前者是超验的，而从前者看来，后者是非哲学的。

157 关于哲学作用的陈旧的形而上学概念所产生的另一种见解是，为了统一，否认差别；这是符合神学概念的，神学概念认为一切差别都由于对上帝的专诚而统一了；这也是符合宗教的看法的，宗教只看见上帝，忘记了世界及其需要。这就产生了一种倾向，这种倾向可以说对特殊问题是半不关心、半不适应、或半软弱无力的，而有害的双重能力[1]说则几乎又暗中复活了；双重能力说认为，一种是智力的直觉或其他高级的认识能力，这是哲学家所特有的，使人能看到真正的真实界，一种是易对偶然性感到兴趣的批判或思想能力，因而在程度上是大为低劣的，是无需思辨的力量就能自由发生作用的，而这是前一种能力所不容许的。这种倾向在黑格尔学派的哲学论著中产生了最恶劣的后果，在那些论著中，学生们（不同于老师）一般地表明，他们很少或完全没有考虑各种精神形式的问题，随便同意关于那些问题的庸俗见解，或以对于本质问题确有自信的人们的漠不关心的态度去对待那些问题，从而毫不怜惜地把它们加以宰割和阉割，以便把它们匆忙地强行纳入他们所已事先建立的体系，用这种错觉的安排去排除困难。因此，他们的哲学是空洞无物和令人厌倦的，历史家或注意理解特殊的和具体的东西的人不能从中学到任何有助于其研究方向或使自己作出较
清晰的判断的东西。由于观念的神话在实证论中作为进化的神话 158
重新出现了，所以在实证论中，特殊的问题（事实上它们是唯一的哲学问题）也只得到了按公式的和空洞的研究，毫无进展。作为历史和历史方法论的哲学使精细或识别的德行恢复了荣誉，这种德行是形而上学的神学一元论所看不起的：识别是无味的，却是严酷的，是困难和费力的，却是大有结果的，它有时采取一种经院哲学和学究的无情的神气，但在这种神气下，像一切训练一样，它也是有用的，它认为为了统一而忽视差别在本质上是和把哲学当作历史的概念相反的。

① 原文为 double faculty。——译者

第三种倾向（请允许我为了方便起见列举同一心理态度的各个不同方面）也在寻求终极的哲学，这种倾向没有从历史事实得到教训，不知道没有一种哲学曾是终极的或曾给思想以限制，它也不完全相信哲学跟随永远在变化中的世界一同永远在变化绝不是一种缺点，而是思想和真实界的本性。或者不如说，这种教义及随之而来的命题并不是完全不被接受的，它们相信不断生长的精神在产生不断更新的思想和体系。但是，它们既然保留关于一个根本问题的前提，这个根本问题（如同我们所已说过的）实质上只含有那古老的宗教问题，而每一个十分确定的问题又各有一种解答，那么，对于“根本问题”的解答自然就会自命为对于哲学本身的问
159 题的终极的解决。没有一个新问题就不会有一种新解答（因为问题与解答在逻辑上是统一的）；但那高出其他一切问题的问题则相反地是一个唯一的问题。这样一来，那关于根本问题的概念中所假定的终极的哲学就是不符合历史经验的，因为，在一种显然更合逻辑的方式上，它和作为历史的哲学尤其是不相容的，后者承认有无限的问题，不承认有一种终极的哲学的主张和期望。对哲学所解决的问题说来，每一种哲学都是终极的，但对立即随之而来的、在第一个问题的脚下的问题说来，它却不是终极的，对因这一问题的解决而产生的其他问题说来，它也不是终极的。终止连续就是从哲学回到宗教和信仰上帝。

我们现在就要说到的第四种先入为主之见在陈旧的形而上学的神学性质方面和前一种有联系，和前几种也都有联系，它所关心的是作为哲学家这个人物，例如佛陀或大彻大悟者，这种人以为自己比别人高超（比他自己未成为哲学家时也高超），因为他认为他

因哲学之故是不受人类情欲、错觉和激动之累的。信徒的情形就是这样，他专心信仰上帝，摆脱世间俗务，像一个爱人一样，以得到被爱者为幸福而对整个的世界满不在乎。但世界对信徒和爱人仍立即加以报复，并不放弃自己的权利。哲学的历史家则不可能有这种错觉，他和他们不同，他觉得自己无可抗御地卷入了历史的进
程，既是主体，同时也是客体，从而不顾幸运或至福，如同不顾其他 160
幻想一样（因为有人说得很好，“幸福是生活感觉的反面”），他照生活的样子接受生活，认为它是这样一种快乐，它克服忧愁而又永远产生新的忧愁及新的不稳定的快乐。他认为历史是唯一的真理，它是不倦的思想的作品，思想制约实际工作，而实际工作又制约思想的新工作。因此，前人赋予沉思生活的第一性现在不是让位于积极的生活，而是让位于完整的生活，它既是思想，同时又是活动。每一个人都是一个哲学家（在他的圈子里，不管那圈子看来多么广阔或狭小），每一个哲学家都是一个人，他和人类生活的条件是不可分解地联系着的，那不是任何人可以超越的。希腊罗马式微时期的神秘哲学家或启示哲学家大可以把自己从世界分割开：大思想家如黑格尔开创了现代哲学的时期，他们虽则否认抽象的沉思生活的首要性，却易于重新错误地相信这种优越性，易于设想一种绝对精神的领域，易于设想一种通过艺术、宗教和哲学而获得自由的过程，作为达到那一领域的手段；但那一度陶醉在绝对中的哲学家的至高的形象，当我们试图使其在我们今天的世界恢复过来的时候，它就染上了滑稽的色彩。现在讽刺确乎已少用武之地，它的矛头只得指向“哲学教授们”（按照现代大学所造出的哲学家的类型，这种类型部分地是中世纪“神学大师”的后继者），反

161 对他们继续机械地重提抽象的一般命题，并且似乎对于那些从四面八方逼迫他们的情欲和问题无动于衷，那些情欲和问题要求得到较具体和较现实的研究，可是一无所得。但是，哲学家的作用和社会形象已经起了深刻的变化，我们并没有说，做“哲学教授”的方式不也会跟着起变化，亦即，没有说，在大学和学校教授哲学的办法没有面临危机，这种危机是会把形式主义地讲哲学的中世纪方式消灭得干干净净的。在哲学修养方面迈进一大步的结果应当是：一切研究人类事务的学者，法学家、经济学家、道德学者、文学家，换言之，一切研究历史事项的人都应当成为自觉的和有训练的哲学家，因而一般的哲学家，即纯哲学家在知识的专业化中应当是无立足之地的。一旦“一般的”哲学家绝迹了，目的论者或形而上学家及佛陀或大彻大悟者的社会痕迹也就会绝迹。

另有一种成见也在一定程度上损害了培养哲学学者的方式。这些人所惯常依靠的几乎只是哲学家的著作，实际是“一般”哲学家的著作，即形而上学体系制定者的著作，如同神学家根据圣书造成自己一样。当人们以一个根本的或单一的问题作前提时，这种培养方法完全是当然的结果，因为为了这个根本问题就有必要去懂得前人所已尝试过的各种不同的和累进的解决；而在一种历史
162 的和内在的哲学中，这种培养方法则完全是不应有的和不够的，因为这种哲学的材料采自生活的全部最纷繁的印象，采自对生活的全部直觉与反省。由于这种培养方式之故，对于某些特殊问题的研究就成为贫乏的，因为这种研究必然是与日常经验不断接触的（艺术和艺术对美学的评论、政治、经济、供权利哲学之用的法律裁决、供科学认识论之用的实证科学和数学科学等等）。由于这

种培养方式之故,对传统地被视为构成"一般哲学"的哲学本身的某些部分的研究也是贫乏的,因为这些部分也起源于生活,如果我们想要满意地解释它们的命题,我们就必须把它们回溯到生活;我们必须把它们重新投入生活,去使它们得到发展,并去找出它们的新的面貌。*整个历史*是作为历史的哲学的基础,把它的基础仅仅限定为*哲学史*,限定为"一般的"或"形而上学的"哲学的历史是不可能的,除非不自觉地信从关于哲学的陈旧观念,不把它当作方法论,而把它当作形而上学,这就是我们所列举的第五种成见。

这种列举可以用关于*哲学解释*的第六种先入为主之见加以引申并告一结束。由于这一成见,人们期望哲学有一种建筑形式,好像它是奉献给上帝的圣殿一样,或者期望它有热烈的诗歌形式,好像它是对上帝的赞美诗一样。但这些形式是旧内容的一部分,而形式现在已经变了。哲学自己表明,它是关于历史解释范畴的一
种阐述,而不是一座圣殿的宏大建筑,也不是一首套用因袭诗句的 163
神圣赞美诗。哲学是讨论,是争议,是严格的教导性解说,它当然具有作者的情操的色调,像一切其他文学形式一样,有时也能发出自己的呼声(或者反之,根据情况,变得轻松些和幽默些),但不求遵守合乎神学或宗教内容的规则。可以说,把哲学当作方法论已使哲学解说从诗歌降成了散文。

据我看来,我所简略地描述过的各种先入为主之见、习惯和倾向全都应该仔细地清查出来,加以消灭,因为,它们妨碍哲学采取那样一种形式和按那样一种方式去进行,那种形式和方式对于它所已经达成的与历史相统一的意识是相称的和相应的。如果我们只看到诗歌、小说和戏剧等等我们的社会呼声在 19 世纪时所积累

的大量心理观察和道德疑团,认为这些观察和疑团大部分没有得到批判性的研究,我们多少就能想到还有大量的工作有待哲学去完成。在另一方面,如果我们看看欧洲大战在各方面所引起的大量亟待解决的问题——关于国家的,关于历史的,关于权利的,关于不同民族的作用的,关于文明、文化和野蛮的,关于科学、艺术、宗教的,关于人生的目的与理想的,如此等等——我们就体会到,哲学家有责任从神学和形而上学的圈子里跳出来,而他们甚至在拒绝听从神学和形而上学时也束缚在那个圈子里。因为,他们尽
164 管抗议,他们尽管接受和信仰新概念,实则他们在智力上和精神上还是依附旧观念的。

迄今为止,甚至哲学史本身也只在不大的程度上按照哲学的新概念获得了新生。这种新概念要求我们把注意力放在思想和思想家身上,他们不是长久被人忽视,就是被放在第二流的地位,不被视为真正的哲学家,理由是,他们不直接研究哲学的"根本问题"或伟大的可能而去研究"特殊问题"。但这些特殊问题注定是要使对"一般问题"的看法终于发生改变的,一般问题已降成了一个"特殊问题"。马基雅维里提出了关于现代国家的概念,巴尔塔瑟·格拉辛考查了实际事务中的尖锐性问题,帕斯卡尔批判了耶稣会教义的精神,维科复活了全部精神科学,哈曼具有洞察传统的价值的敏感;把这类人物看成比较次要的哲学家,完全是由于成见之故;我说的不是和很少独到之见的某些形而上学家相比,纵使和一个研究其他的但非高一级的问题的一位笛卡尔或一位斯宾诺莎相比,也是如此。事实上,一种体系井然和无血无肉的哲学史是与研究"根本问题"的哲学相适应的。而一种远为丰富、更多变化、

更有弹性的哲学则应该是和作为方法论的哲学的相适应；作为方法论的哲学认为，不仅有关内在、超验、世界及另一世界的问题是哲学，一切有利于增加指导性概念的宝库、增进我们对于现实历史的理解及帮助我们构成那我们生活其中的思想实体的也都是哲学。

165

第二编　史学史

一　若干初步问题

我们有许多关于史学史的著作,其中有专门讨论个别作家的,也有或多或少一般地讨论成群的作家的(以讨论某一民族、某一时期为限,或讨论整个"普遍"史的史学史)。我们不仅有书目性的著作或博学性的著作,我们也有批判,其中有些是非常出色的,尤其在德国的科学著作中是如此,它们最为警觉,在知识的领域中没有一个角落不被探索到了。因此,我不能把从基础上来研究这个题目作为我的计划的一部分:我只想对我所读到过的那些有关这一讨论的书籍和论文写出一种附录或批判性的诠释。我并不是说,这些书籍和论文就是一切,甚至也不是说,只有它们是重要的,而是说,它们的数量当然是相当可观的。通过这种诠释,一方面,我将试图准确地并根据我所说明过的原则确立这样一种历史的方法,关于这种方法,我看到,甚至在最佳的著作中也还存在着混乱与困惑,因而引起了判断上的错误,至少是引起了计划上的错误;
166 另一方面,我将试图撮要地勾画出各主要时期的轮廓,一则为了给已确立的方法举出例证,再则为了给以前讨论理论时所提出过的概念加以历史性的阐释,否则那些概念是会时而在这里时而在那里显得有些抽象的。

在从方法方面的划界入手时，首先我将注意到，在这样一种史学史中，我们不能用那种适合文学史的眼光去看历史著作，即，不能把它们看成个人情操的表现，即，不能把它们看成艺术的形式。毫无疑问，它们也是个人情操的表现或艺术的形式，它们有充分的权利作为文学史的一部分；哲学家们的论著和体系及柏拉图、亚里士多德、布鲁诺、莱布尼兹、黑格尔的著作就是这样的；但在这种情况下，两者都不被看作历史著作和哲学著作，而被看作文学著作和诗歌作品；对同一作家说来，构成不同历史体裁的价值的经验量尺是不同的，因为，在文学史中，一位柏拉图的地位总比一位亚里士多德的地位更为重要，一位布鲁诺的地位总比一位莱布尼兹的地位更为重要，因为一位柏拉图和一位布鲁诺具有更多的热情，他们的艺术问题也更丰富多彩。在许多文学史中，这种不同的研究方法没有被遵守，历史家被人从历史方面去谈，而不从文学方式方面去谈，哲学家被人从哲学方面去谈，而不从文学方式方面去谈，这件事实的起因是，在这类著作中，人们用支离破碎的汇集代替了本来是批判性的和科学性的作品。但这两种面貌之间的差别之所以重要还有一个原因，就是，人们由于不经心地把这一种历史的价值量尺移用到另一种历史，因而容易作出错误的判断和褒贬，而那都是没有正当理由的。在古代及后来一段时间里，人们对于波里比 167
阿是不很尊重的，原因就是，和李维的辞藻华丽或塔西佗的感情奔放比起来，“他写得不算好”，就是一个例子，同样，在意大利，人们过分夸赞某些历史家，其实，和那些不考究格式、文体粗糙、却是认真的学者比起来，他们不过是些散文写得正确优美的作家而已。

乌尔里奇[①]的论古代史学的早期著作虽则写得恹恹无生气而且啰唆，但有很大的价值，他在讨论过了古代史学的“科学价值”之后，也用大量篇幅谈到了它的“艺术价值”；但他按照当时的美学观点用来解释作为艺术的史学的某些法则是有武断成分的；除此以外，显而易见，他所研究的第二个主题和第一个主题并不是结合在一块的，而只是并列在一道的，和讨论历史方法的各段一模一样，那些段落也是没有联系的，而只是并列在一道的；它们在按自己的方式研讨过历史思想的形成、材料或“启发”的汇集以至最终的“理解”之后，就着手讨论“阐述”的形式，这样做时就不知不觉地继承了文艺复兴时期研究艺术史的修辞性论著的方法。这类论著的主要代表是沃西阿斯的著作（1623 年）。我们在注意到历史家的著作的不能令人满意的史学方法时有时不免提到它们的文体，不免
168 把荣誉给予那些具有显著文学价值的作品；但随时谈及、讨论、表征和消灭却是次要的，不是史学的正当职能的一部分，史学的目的是发展史学思想。

这种历史和语文文献学史或学问史之间的差别是比较不明显的，但不是比较不确实的；要永远好好懂得我们所已说过的意义，差别不是分割。在涉及其他我们将要予以排除的东西时，应该理解这一警告，我们没有必要每走一步就重提一次警告；因为历史与语文学有联系是无可否认的，这种联系不比历史与艺术或历史与实际生活的联系少。但这并不妨碍语文学本身成为材料的收集、

① 《古代史学的特征》（*Charakteristik der antiken Historiographie*），柏林 1833 年出版。

重排、提炼而不成为历史。由于这种性质,它是文化史的一部分而不是思想史的一部分。不把它列入图书馆、档案馆、博物馆、大学、神学院、文献学院、学术和编辑事业的历史是不可能的,不把它列入其他完全实际性质的制度和记录也是不可能的。所以,弗埃特在他的关于近代史学的近著中[①]排除了“纯语文学的研究和批判史”,他是做得对的。这并没有妨碍他去利用那样一份蕴藏,那份蕴藏是适应比翁多[②]学派或毛里尼[③]学派或德国学派在19世纪时
所已达成的寻找资料的方法上的完善程度的。我们从瓦赫勒[④]的 169
古老的和扎实的著作中所能看出的混乱和缺乏发展的情形,或许就是因为他没有分清这种差别之故,这种差别在其他方面也是有用的。瓦赫勒的著作虽则命名为并被设想成“文艺复兴以来欧洲的研究史和历史艺术史”,但终于像份情报汇编或图书目录的样子。

史学史与实际趋势或社会政治精神趋势史之间的差别所将遭遇的障碍比较复杂。这些趋势确乎混杂在历史家的著作中,至少也在他们的著作中留下了痕迹;但这正是由于我们很难看出那种使界限分明所不可缺少的分界线之故。这类趋势,这类社会政治

① 《新史学史》(*Geschichte der neueren Historiographie*),慕尼黑及柏林、奥尔登堡,1911年出版。

② F.比翁多,原文Flavio Biondo,(公元1392—1463年)意大利人道主义史学家。——译者

③ 原文为Maurini。——译者

④ 瓦赫勒原文为wachler,其著作为:《欧洲文艺复兴以来的历史研究和艺术的历史》(*Geschichte der historischen Forschung und Kunst seit der Wiederherstellung der literarischen Cultur in Europa*)。但此书名英文德文不一致。——译者

精神是内容方面的，而不是历史的理论形式方面的；它们作为史学的成分不如作为活动及其发生的历史的成分大。当马基雅维里试图理解事件的进程时，他是一位历史家；当他假定并希望有一位建立强大的民族国家的君主并以此作为他的理想、把这一点反映在他的历史中时，他是一位政治家，至少是一位政论家。这份历史，当其描绘那一理想及随之而来的鼓励和教导时，它就随时变成了寓言（寓言教导人）。因而马基雅维里的书半属文艺复兴时期的思想史，半属文艺复兴时期的实际史。这种情形不仅出现于政治的和社会的史学中，它也出现于文学的和艺术的史学中，因为世界上也许没有一位批评家，不论他的观点多么不怀成见和开阔，在其敏锐的判断和再造中能不显出对当时的文学革新方向的倾向。当
170 他这样做时，即使在同一本书、同一页书、同一句点上，他就不再是一位批评家而是一位实际的艺术改革家了。这种解释与愿望的和平共处只有在一种历史，即哲学史中才是不可能的，因为，在那里，当历史解释和哲学家的倾向有所不同时，这种不同就表明了解释本身是不充分的，换句话说，如果哲学史家的理论和他所认为他在解释其历史的各种理论有冲突，他的理论就必然是错误的，因为他的理论恰恰不能证明那些理论的历史是正当的。但这一例外不能消灭其他领域中的差别；事实上，它反而确认了那种差别，它不是一种经验意义的例外，像它的外表一样：思想辨别情操与意志，并与情操和意志有区别，但是与本身无区别，因为它恰恰就是差别的原则。这种史学史和实际趋势史之间的差别在方法论上的必然结果是，把属于实际趋势史的考虑引入史学史应当被认为是错误的。在这里，我觉得弗埃特在我所引证过的那本书中在一定程度上犯

了错误,因为他在书上把他的材料分为人本主义的、政治的、派系史的、帝系的、地方志的、新教的、公教的、耶稣会的、启明的、浪漫主义的、博学的、抒情和主观的、民族的、国家至上的和史学的等等。在上述各种划分中,只有一部分属于史学的概念或能恰当地化为史学的概念,而大部分则是涉及社会和政治生活的。因此,我们看到,这本书缺乏严谨的组织,却是非常生动和有独创性:它的划分一个接着一个,没有充分的逻辑性、连续性和必然性,那些划分不是一种假定它们并通过它们来自行发展的单一思想的结果。171
反之,如果杂在其中的真正的史学部分被取消,下余的部分当然就会组织起来,但是作为社会和政治史组织起来的而不再是作为史学组织起来的,因为那时历史家的著作就只是作为表明写作时的趋势的文件而加以查考的。举例言之,马基雅维里(还是采用同一个例子吧)那时就会以意大利爱国者及绝对权力的拥护者的身份出现,而维科(比马基雅维里伟大得多的一位历史家)则根本不能出现或很难出现,因为他和当时的政治生活的关系是远离的和平平常常的。

我所说的话可以扼要地这样说,就是,史学史既不是文学史,也不是文化史、社会史、政治史、道德作为史等实际性质的历史,但它当然就是所有这些东西,因为历史具有不可分裂的统一性,虽则它的重点不在实际事实方面,而在史学思想方面,这才是它的固有的主题。

我们已经知道,这些差别有时被忽视了,结果很坏;当我们指出了或回忆过这些差别之后,我们现在必须对于另一些差别提醒一下,那些差别是没有合理依据的,它们不是照亮了史学史而是把它弄晦涩了，给它带来了麻烦。

弗埃特（我再一次引证他，虽则错误不是他所特有的）宣称，他只在当史学理论和史学方法似乎对现实的史学产生了影响时，
172 他才在书中讨论了它们。像戏剧理论史很难说就是戏剧史一样，史实史（他所采用的方法的根据就在这里）很难说就是史学史。他认为这一点可以用事实证明，就是，理论和实际往往是分道扬镳的，例如洛普·德·维加的戏剧理论和现实戏剧作品就截然不同，据说这位西班牙戏剧家虽则崇拜诗歌艺术，当他坐下来写作的时候，“他却把正确的规则束之高阁”。毫无疑问，这是一种貌似正确的说法，以前我自己也受了它的诱惑；但，当我再想一遍之后，我认为这是荒谬的，现在，我像一个批评自己曾经犯过的错误的人一样，满怀信心与满有根据地认为这是一种错误。这种说法的基础是把艺术作品和历史作品作了错误的类比。艺术是想象的产物，它大可以和艺术理论区别开，那是反省的产物；有艺术天才的人产生艺术作品，有思辨才力的人产生艺术理论，在艺术家身上，思辨才力常常劣于他们的天才，因此，他们做的是一件事，说的是另一件事，或说的是一件事，做的是另一件事，我们不能因为这是一件两种不协调的思想间的不一致，绝不是一件思想与想象活动之间的不一致，而责备他们在逻辑上不一致。但历史和历史理论都是思想的产物，它们彼此约束，犹如思想既是一个，它就受到自己的约束一样。因此，没有一个历史家不是或多或少地以一种反省的方式具有其历史理论的，因为，不必说得太细致，每一个历史家都
173 暗含地或公开地在进行反对其他历史家的争议（反对对于一件事实的其他“说法”和“判断”），如果他自己对于历史是什么和应当

是什么没有一种引证到历史理论的概念,他怎么能够进行争议或批评别人呢?反之,一个艺术家只要是一个艺术家时,他就不进行争议或批评,而只进行造型。有时候很可能被说明的史学理论是错误的而被叙述的历史反而是写得很好的。当然,这是不一致的,但其不一致的程度和史学中某方面有了进步而另一方面落后的情形是一模一样的。反之,可能历史理论非常好而历史本身则不好;但这和史学在某方面感到并要求一种较好的方法而在其他各方面遵循旧方法的情形是一样的。史学史是历史思想的历史;在这里,把历史理论和历史区别开是不可能的。

弗埃特宣称他已排除的另一件事是*历史哲学*。他并没有说明
排除的理由而只让人知道是已排除了,因为他显然认为历史哲学
没有纯粹的科学性质,是缺乏真实性的。但是,不仅所谓“历史哲
学”是关于历史的错误概念,相反的自然主义的或决定论的概念
及前述各种假历史的形式,即语文性历史、诗歌性历史、修辞性历
史也是关于历史的错误概念。我没有发现他把这些东西从他的历
史中排除得比他所真正排除了的关于历史的神学的和超验的概念
(即历史哲学)多一些;事实上,他是经常引证到历史哲学的。公 174
正与逻辑要求全部排除或全不排除,要求真正全部排除而不仅在
字面上予以排除。但是,可以说,全部排除是不明智的,因为历史
的历史怎么能够写得这么空洞无物呢?这样一种历史除了是科学
的史学反对不甚科学的公式的挣扎以外,还能是什么呢?当然,前
者是主角,但一出戏只有主角而无与主角对立的角色怎么能演出
呢?即使历史语文学不直接被考虑而只被回溯到语文学,即使诗
歌性历史只被回溯到文学,即使修辞性或实际性历史只被回溯到

社会和政治史,我们也永远必须考虑那些不同心灵结构常常变为对真实界的确认的改变,那是为了换取真正的和正当的历史的价值而采取的,是赋有这种价值的。在这种意义上,它们就依次变成了决定论的或超验论的历史观,两者都是对其他一切概念的合乎逻辑的或不合逻辑的表达,结果就变成了彼此辩证地相等的,经常出现在历史家的眼前,因为历史思想进步的永恒条件和永恒迹象寓于它们的运动,它从超验论或假内在论过渡到纯内在论,以便回到它们那里,进入一种更为深刻的内在论概念。因此,据我看,从史学史中排除各种历史哲学是不能自圆其说的,正同从历史哲学中排除各种史学理论不能自圆其说一样,史学理论是史学所获得的关于对它自己的认识:我认为,这是由于它们的性质相同,事实
175 上,由于它们和历史是等同的,它们不是历史的偶然成分或物质因素,而正是历史的本质。关于这一点,可以从佛林特的《法国历史哲学》一书找到证明。他是从一种与弗埃特的假设或许相反的假设入手的,就是:他研究历史哲学而不是研究历史,但发现保持二者间的堤防是不可能的。因此,当人为的障碍被清除时,他的论著就像一条单一的河流一样,使我们看到了历史上的法国思想的整个历史,在这份历史中,卢梭和罗兰、孔多塞和伏尔泰,奥古斯特·孔德和米什莱或托克维尔同样有份。

在这一点上,也许有人会提出异议(虽则弗埃特没有提出这种异议,但在他的心灵深处说不定有这种异议),认为我们所期望于史学史的主要不是一种历史思想史而是一种具体历史的历史:是关于马基雅维里的《佛罗伦萨史》的历史、是关于伏尔泰的《路易十四时代》的历史,或是关于尼布尔的《罗马史》的历史:历史思

想史将是一种一般史，而我们所要的则是一种专门史。但是我们应当仔细注意这种要求的意义和实现这种要求的可能性。如果我着手去写马基雅维里的《佛罗伦萨史》的历史，涉及它所讨论的特殊材料，我就将重写佛罗伦萨的历史，批判和补充马基雅维里所写的，这样，举例言之，我就将成为一位维拉里、一位达维松或一位萨尔韦米尼。如果我着手去写伏尔泰的著作中的材料的历史，我就将批评伏尔泰，写一本新的《路易十四时代》，如同菲利普森所已写过的。如果我着手去考查和重新思索尼布尔的著作中的特殊 176
材料，我就将成为一个新的罗马史学家，一位蒙森或（以最近的作家为例吧），一位埃克托尔·派斯或一位加埃塔诺·德·桑克蒂斯。但是，难道这就是我们所要求的吗？当然不是。但若这不是我们所要求的，如果那些历史中的特殊材料是不必加以考虑的，那么，除了孕育它们的“方式”，除了用以造成他们的叙述的“心灵形式”因而是他们的理论和他们的历史“思想”以外，此外还有什么呢？

如果这一真理被人们所承认（我看不出怎样能对它有异议），我们就无法不承认一种终极的结果了，这种结果虽则常在某些人的心目中引起一种似是而非之感，但在我们的心目中却不是这样的，因为，我们发现，它是完全符合我们所已保卫过的历史与哲学同一那一概念的。一种非思想的思想难道是可以设想的吗？把历史家的思想和哲学家的思想加以区别难道是可以被允许的吗？世界上难道会有两类不同的思想吗？坚持历史家的思想只想事实，不想理论，不说别的，单是对上述真理的承认也不容许这样坚持：上述真理是，历史家至少永远既想历史理论，又想历史事实。但这

种承认使历史家在想他的历史理论时，必须去想他所叙述的全部事情的理论。事实上，他不理解它们，他就无法叙述它们。弗埃特赞美了温克尔曼的贡献，他是第一个构思一种艺术史、构思一种纯精神活动的历史而非构思一种艺术家的历史的人，弗埃特也赞美了詹诺内的功绩，他是第一个试图写作一部法律演变史的人。但这两位作家之所以获得进步，乃是因为他们对于艺术和权利具有
177 一种新的和较为敏锐的概念之故，如果他们在某些问题上写错了，那是因为他们没有始终同样精确地去想那些概念。例如，当温克尔曼为美假设一种抽象的、固定的有形理想时，他把艺术家的精神活动形体化了，他又不顾艺术家本人的气质、历史环境和个性，写出了一份艺术风格的抽象历史。詹诺内没有能抛弃教会与国家的二元论。我们无须醉心于其他过于特殊的例子，一眼就可以看清楚，古代的史学是符合古人关于国教、伦理及整个真实界的概念的；中世纪的史学符合基督教的神学和伦理学，19 世纪前半世纪的史学符合唯心主义的和浪漫主义的哲学，19 世纪后半世纪的史学符合自然主义的和实证主义的哲学。因此，就历史家而论是无法区别其历史思想和哲学思想的，二者在叙述中是浑然一体的。但是，就哲学家而论，也无法保持这种差别，因为我们都知道，或者至少在说，每一个时期都有它所特有的哲学，那是那一时期的意识，因而是它的历史，至少是它的历史萌芽；或者照我们所已说过的话，哲学和历史是重合的。如果它们是重合的，那么，哲学史和史学史也就是重合的；这一方面不仅不能与另一方面相区别，甚至也不是从属另一方面的，因为它跟另一方面是一体。

哲学的史学业已开始张开双臂，在欢迎和迎接历史家们的著

作。它一天比一天更懂得，一份不把希罗多德、修昔底德和波里比
阿包括在内的希腊思想史是不完备的，一份不把李维和塔西佗包 178
括在内的罗马思想史也是不完备的，一份不把马基雅维里和圭奇阿尔狄尼包括在内的文艺复兴思想史也是一样。它一定要把双臂张得更开阔，它甚至应把中世纪的那些杳小的史学家也纳入自己的怀抱，他们注释了《主教列传》或《主教任迁史》或《圣贤传》，或者能对基督教的信仰作见证，自然，在这方面，他们是按自己的能力和方式行事的，但不比伟大的奥古斯丁按其自己的能力行事差。它不仅应该接纳圣徒传的作者们，甚至也应接纳那些愚钝的语文学家和社会学家，他们在过去几十年中使我们感到高兴，并像斯宾塞或海克尔在他们的体系中所做的一样，能为实证主义的教义作见证。把概念这样加以扩大和把材料这样加以充实之后，哲学的史学就能表明，哲学是一种扩散到全部生活的力量，它不是某些哲学家的特殊发明和憧憬，它将获得从来没有过的手段，去实现它和整个历史运动的紧密结合。

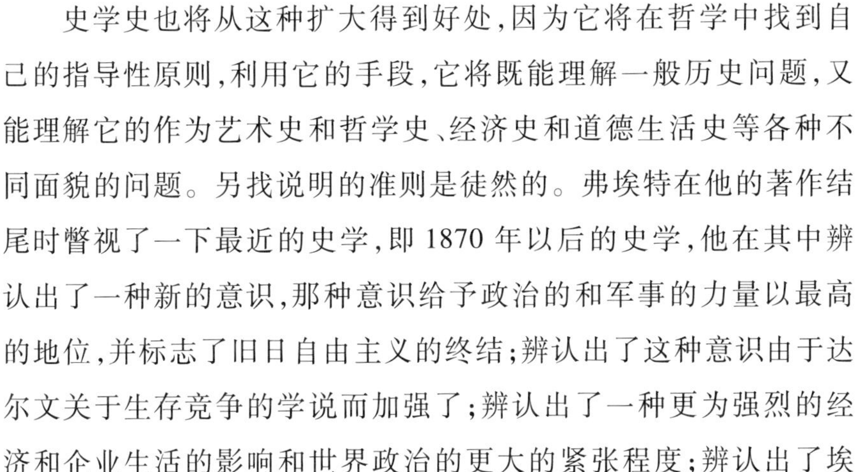

史学史也将从这种扩大得到好处，因为它将在哲学中找到自己的指导性原则，利用它的手段，它将既能理解一般历史问题，又能理解它的作为艺术史和哲学史、经济史和道德生活史等各种不同面貌的问题。另找说明的准则是徒然的。弗埃特在他的著作结尾时瞥视了一下最近的史学，即 1870 年以后的史学，他在其中辨认出了一种新的意识，那种意识给予政治的和军事的力量以最高
的地位，并标志了旧日自由主义的终结；辨认出了这种意识由于达 179
尔文关于生存竞争的学说而加强了；辨认出了一种更为强烈的经济和企业生活的影响和世界政治的更大的紧张程度；辨认出了埃

及和东方学的发现的反响，那些发现帮助人们否定了把欧洲当作世界中心的错觉，帮助人们否定了种族理论的吸引；如此等等。这种种看法都是对的，但没有触及最近的史学的心与脑，而只绕着它的躯体在打转。我已说过，它的心与脑是*自然主义*，是认为历史文化受了并应受自然科学的鼓舞的理想。这是确实如此的，以致弗埃特本人就在这个偶像前烧了几炷香，哀求能有一部像一架好机器那么美好的、能与赫尔姆霍兹的《音调理论》那样的物理学书媲美的历史形式。实际上，自然科学的理想并不是完美无缺的而是历史思想所已经历并将经历的危机之一。历史思想是关于发展的辩证法，绝不是一种利用原因的决定论解释，这种解释什么也解释不了，因为它什么也不发展。但是，不管我们对这一层怎样想法，可以断定的是，唯有*自然主义*——即*自然主义的批判*——能为解开过去十年中史学的症结提供线索；前面列举过的同样事件和历史运动，由于经常是镶在自然主义思想的框子里的，所以它们是按它们的特殊方式行事的。

在其他方面，完全为了实际的原因，例如材料太多，研究各种
180 不同的材料要有不同的训练和造诣等，对哲学史和史学史用不同的著作加以书面的研究，那是谁也不会禁止的，甚至是有益的。但被实际在*表面上拆散了*的东西，思想却*真正统一*了；这种真正的统一化就是我所想要叮咛的，我从没有起过迂腐的念头，要去定出著书的规则；书中应当包括什么，排除什么，著者全宜按其不同的意向自己全权去处理。

二　希腊罗马的史学 181

我在这里也屈从通常的习惯，把耶稣前第五或第六世纪希腊人的史学当作史学史的开端，但我们已谈过了分期的性质[①]，我们只应按其实在价值来采用这种习惯，不能认为我们是想这样去宣布史学的开始，即其在世上的首次出现；与此相反，我们所想要说的只是，在那时候，我们研究史学进程的兴趣变得更活跃了。历史像哲学一样，没有历史性质的开端，而只有一种观念性质的或形而上学性质的开端，如果它是一种思想活动的话，因为思想活动是在时间之外的。从历史上看，显然，在希罗多德之前，在符号标记[②]之前，事实上，在赫西奥德和荷马之前，历史早就有了。因为不可能设想有不这样地或那样地思想和叙述其行事的人。人们由于分不清历史性的开端和观念性的开端，因而导致了一种幻想，以为泰勒斯或芝诺或其他的人迈出了“哲学的第一步”，认为通过这一思考，基石就奠定了，相信另想一下最后一步，哲学大厦的顶端就达到或可以达到了；如果没有这种情形，我的说明看起来将是多余的。但实际上，泰勒斯和希罗多德应被叫作我们在发展那些学科

---

① 见112至116页。

② 原文为logographs。——译者

182 时的兴趣之“子”，而不是哲学和历史之“父”，被那些子所尊为他们之“父”的应当是我们。从我们的观点看来，我们对于在他们之前所发生的事情或在较之他们更为远离的人们中所发生的事情通常是不大感兴趣的，这不仅是因为有关它们的残存文献很少，更为重要的是因为它们是一些与我们自己的现实问题很少关联的思想形式之故。

我们断定了历史与语文学之间有差别，从这种差别看来，也提出我们不要去寻找迄今为止人们所寻找的希腊罗马史学的开端，他们的做法是佩里佐尼乌斯(Perizonius)所说的编制官吏名册并加以年代记和祭司长年代记、建立在神殿中的档案室和博物馆，甚至钉在墙上的纪年的钉子中所简略地提到的战争、论著、殖民地使节、宗教节日、地震、洪水等等。这些东西是外在于史学的，它们不是史学的前奏而是编年史和语文学的前奏，编年史和语文学不是19世纪或17世纪才初次产生的，无论如何也不是在亚历山大时期才产生的，它们是一切时代所共有的，因为一切时代的人们都记载他们所记得的事情并力图保存这些记录，使其原封不动，力图恢复它们的原状，并力图增加它们的数目。历史的前奏不能是不同于历史的东西而是历史本身，犹如哲学的前奏是哲学，存在是存在的前奏一样。然而希罗多德及符号标记的思想本身确乎是跟宗教、神话、神统纪、宇宙开辟说、谱系学及传奇和史诗故事联系在一
183 道的，以上这些确乎不是诗歌，或不仅是诗歌而且也是思想，即是形而上学和历史。后来的整个史学都是通过一种辩证的程序从它们发展起来的，此外又加上一些先行物，即混杂在一起的关于事实的概念、命题和幻想及较易找出真理和驱散幻想的刺激。在被传

统定为希腊史学开始的时候，这种驱散幻想的工作进行得更为迅速。

在那个时候，思想放弃了神话性的历史及其较为粗糙的形式，即神异的或奇迹的历史，变成了尘世的或人类的历史，也就是说，变成了我们今天所仍怀抱的一般概念，以致一位名气煊赫的当代历史家得以主张用修昔底德的著作当作当今的历史家的榜样和范例。当然，那种退场和进场并不表示希腊人已与过去完全绝缘；尘世的历史在过去不可能是完全没有的，因此，我们自然不能相信希腊人从第六和第七世纪起就已完全不信神话和奇谈怪论了。这类东西不仅仍然存在于人民中以及存在于次要的或庸俗的史学家中，而且在最伟大的史学家中这类东西也留下了痕迹。然而，我们应当居高临下来看整个情形，当我们这样来看时，显而易见，环境已经完全变了，不是先前的样子了。我们在希罗多德的著作中所读到的和在符号标记中所表示的许多寓言也很少是（如同刚才所已说过的）直率地提出的，通常是作为别人所相信的东西收集起来的，即使没有公开表示自己不相信，也不因此就同意那些信念；否则他之所以收集它们，乃是因为他不知道有什么可以替换它们的东西，是把它们当作思虑和研究的材料：塔西佗记述日耳曼人的寓言时说，既不想证实，也不想批驳：昆图斯·库图斯宣称（我所 184
转述者多于我所相信者）。希罗多德当然不是伏尔泰，也不是修昔底德（“无神论者”的修昔底德）；但他当然已不是荷马或赫西奥德了。

下面是古代历史家所面临的几个主要问题的例子，这些问题是希腊和罗马生活中的条件和事件所规定的；它们是从一种心理

的观点来处理的；心理的观点不再在那些事实中找到阿芙萝狄特和赫拉为敌的插曲了（如同先前在特洛伊战争中一样），它所找到的是各种不同的复杂的人类斗争，这些斗争是因人类的利害而引起的，它们表现为人类的活动。希腊人和波斯人的战争是怎样发生和发展的呢？伯罗奔尼撒战争的起因是什么呢？居鲁士对阿塔塞克西斯的远征的起因是什么呢？罗马在拉提乌姆的权力是怎样形成的，后来又是怎样扩展到意大利和全世界的呢？罗马是怎样得以剥夺迦太基人在地中海的霸权的呢？在雅典、罗马和斯巴达出现了什么样的政治制度，那些城市中的社会斗争所采取的是什么形式呢？雅典的平民、罗马的平民、世袭贵族和父老所要求的是什么呢？那些彼此发生冲突的不同民族，即雅典人、拉西第梦人、波斯人、马其顿人、罗马人、高卢人、日耳曼人的德行、气质、观点是什么呢？指导各民族的命运的伟大人物如狄米斯托克利、伯里克利、亚历山大、汉尼拔、西庇阿是什么性格呢？

这些问题已由修昔底德、色诺芬、波里比阿、李维、塔西佗等人
185 的一系列经典著作加以解决了，我们当然不能责备他们没有穷竭他们的论旨，即没有探索到宇宙的根源，因为本来就不能探索到宇宙的根源，我们也不能责备他们不该只用他们提出那些问题的措辞去解决那些问题，恰恰就像我们用我们自己的措辞去解决我们今天的问题一样。我们也不应忘记，既然近代的史学大体还是希腊人留下来的样子，其中大部分事件我们还是像古人一样去想的，虽则当中增加了一些东西并在整体上受到了另一种光辉的照耀，但古代历史家的著作仍保存在我们自己的著作中：这真是一种“永恒的财富”，如同修昔底德希望他的历史成为这样一种财富一样。

正像历史思想从神话阶段过渡到人类阶段变得生气勃勃一样，研究工作和语文学也是如此。希罗多德已经在旅行，在提问题，在倾听答复，在辨别亲自看见的事情和根据传闻、想法和猜测知道的事情；修昔底德已在把关于同一事实的不同传说加以批判，甚至在他的叙述中插入了文献。后来就出现了大批学者和批评家，他们汇编“往事”和“丛书”，注疏原本，研究年代学及地理学，从而对历史研究提供了巨大的帮助。语文学研究终于达到了这么一种高潮，以致人们认识到有清楚地区别“好古家的历史”（其中很大一部分完全地或部分地保存下来了）和“历史家的历史”的必 186
要，波里比阿好几次说过，他说，根据书本去写历史是容易的，因为只须住在藏书丰富的城里就行了，但真正的历史要求熟悉政治和军事并对地点和人民具有直接的知识；琉善一再说过，历史家必须具有政治感，这种天赋不是学得到的（可见莫泽尔和尼布尔所誉为新奇的格言与做法其实并不新鲜）。事实是，一种较为深奥的理论意识适应一种较为有力的史学（历史理论和历史是不可分割的），与之携手并进。人们也知道，不应把历史简单地当作实用或政治权术或娱人耳目的工具，知道历史的作用首先在于获得真理：既不应大胆撒谎，也不应不敢讲真话。因而党同伐异是受责备的，甚至为了祖国之故而党同伐异也是受责备的（虽则关心和同情被认为是可以容许的）；在历史上什么事也敢做的多伪的希腊是受责备的。人们知道，历史不是编年史（年代记），编年史限于外在的事物，记录（照古代罗马历史家阿塞利奥的话说）做了什么及哪一年做的，而历史则试图理解思虑何在，理由何在。人们也知道，历史不能担任诗歌所担任的同样任务。我们发现修昔底德轻蔑地

提到那些以在演说比赛中得奖为目的而写出的历史，轻蔑地提到那些为了取悦庸夫俗子而沉湎于寓言的历史。波里比阿也痛斥这么一些人，他们力图突出动人的详情细节，描写乱发蓬松和泪流满
187 面的妇女以及骇人听闻的场面，好像他们是在写悲剧，好像他们的责任是在创作离奇古怪的和令人赏心悦目的情节而非传递真理和教训似的。如果事实上古代充满了修辞性的史学（比想象性和诗歌性的更坏），而这种史学甚至又把假金子输入了某些杰作的话，比较优秀的历史家的一般倾向则是使自己摆脱爱好雕琢的修辞家和廉价的辩才的束缚。但古代的历史家是绝不因此缺乏高尚的诗才和高度的（甚至“散文体的”波里比阿也是如此，他有时描绘出最有效验的图景），但永远保留那些合乎高尚的历史叙述的东西。西塞罗和昆体良①，第欧根尼和琉善都认为历史应当采取近乎诗人的语言，认为历史近乎诗，在某种程度上是不拘格律的诗，认为写作是为了说明而非为了证明，认为它具有诗意等等。那时，最优秀的历史家和理论家所追求的不是数学研究和物理学研究的索然寡味（如同我们今天常常听到人们所要求的一样），他们所追求的是严肃，是不用无稽而悦人的故事，即使不是不用无稽的故事，也是不用轻薄的故事，事实上是不与修辞家及那些传奇和漫画的历史作家去争雄。最重要的是，他们要求历史忠实于真正的生活，因为历史是生活的工具，是有益于政治家和爱国者的知识形式，绝不顺从无所事事的寻欢作乐的人所任意提出的要求。

① 昆体良，原文为 Quintilianus, Mareus Fabius，公元一世纪罗马修辞学家。——译者

这种史学理论在许多专门论著和关于言语艺术的一般论著中
俯拾即是，它在任何别的地方都不如在波里比阿的《历史》一书的 188
常见的争论性插曲中表达得那么完全与有意识，在那里，争论本身就赋予了它以准确性、具体性和风味。波里比阿是古代史学中的亚里士多德：是一位既是历史方面的又是理论方面的亚里士多德，他补足了这位斯塔吉拉人[①]所不具备的，因为这位斯塔吉拉人在他的大量著作中对正当地被称为历史的历史很少兴趣。此外，既然大部分古代的叙述仍然活在我们自己的叙述中，因而没有一个被记录下来的命题不包括在我们的论著中或不值得包括在我们的论著中。举例言之，他们的箴言说，历史应当由从事实际工作的人去叙述，不应由单纯的博学者或语文学家去叙述，历史是从实际产生的并有助于实际；如果这一箴言时常被人忽视了，那是忽视它的人们的过错。这类作家所犯的另一种过错是，他们完全忘记了诗意，奉承一种略如一幅解剖图或一篇机械学论文的历史理想。

但暴露在我们眼前的古代史学的缺点却属于另外一种。古人并不把它看作缺点，有时仅仅泛泛地和一时地把它看作一种缺点，但不重视这种缺点，因为否则当缺点发生时他们是会加以纠正的。近代精神要问，那些现在成为我们的理想宝藏的情操和概念以及体现这些情操和概念的制度究竟是怎样逐步形成的。它要了解，原始的和东方的文化是怎样革命性地转变为希腊罗马文化的，近代伦理是怎样通过古代伦理达成的，近代国家是怎样通过古代国家达成的，近代的庞大企业和国际贸易是怎样通过古代的经济生

① 斯塔吉拉是古希腊地名，亚里士多德的故乡。——译者

产方式而达成的，阿利安人的神话是怎样转变为我们的哲学的，迈
189 锡尼[①]艺术是怎样转变为20世纪的法国、瑞典或意大利艺术的。因此，我们有专门的文化史、哲学史、诗歌史、科学史、技术史、经济史、道德史、宗教史等等，人们比较重视这类专门史，重于个人的历史和国家本身的历史，如果他们是作为抽象的个人的话。这类历史从头到尾都被关于自由、文明、人道和进步的观念所照耀和鼓舞。在古代的史学中，这一切都找不到，虽则不能说完全没有，因为人们的心灵除了被人类理想或"价值"所占据以外还能被什么东西占据呢？我们也不应错误地以为"时期"是一种结实的和静态的东西，它们是变化多端的，是动的；我们也不应使那类划分成为自然的和外在的，像我们所已指出过的一样，它们不过是我们思索历史时我们的思想的运动；这种错误和那种关于历史的绝对性开端及把精神形式视为暂时性的另一种错误是有联系的。任何一个具有搜集家的耐性的人都将随时随地遇到那些史学概念的暗示和萌芽，一般说来，我们业已否认古人的著作中存在这类东西。任何一个喜欢把古代加以近代化的人都可能曲解古人的思想，如同它们已被曲解的一样，以致把古人的思想几乎弄得完全和近人的思想相似。例如，在亚里士多德的《形而上学》第一卷中，我们羡慕他对希腊哲学的发展、对那些为了说明宇宙而挨次被提出来的自然主义的解释所作的概述等等，直到心灵受了"真理本身的驱
190 使"发生了一种新的动向，它就转向了另一类不同的原则，即，直

① 希腊东南部之一古都，公元前1500—前1100年青铜器文明中心地。——译者

到阿那克萨哥拉[1]的时候,说“他在狂热的人们中像是一个严肃的人”,这样一直继续到苏格拉底的时候,说他建立了伦理学,发现了普遍的事物和界说。在修昔底德的《伯罗奔尼撒战争史》卷首,我们可能找出一份关于文明史的概述,波里比阿可能被发现在谈论各种艺术所已取得的进步,而西塞罗和昆体良及其他几个人则在描绘有关权利与文学的进步。在有关希腊人和蛮族斗争的叙述中,在有关希腊人的真正文明的和积极的生活与蛮族的骄傲的和懒惰的习惯之间的斗争的叙述中,也有彼此矛盾的人类价值的痕迹。其他关于人类价值的类似概念也可以在关于各民族的许多比较中被找到,尤其是可以在塔西佗的比较方式中被找到,他把日耳曼人描绘成为反对古罗马的道德力量的一种新兴的道德力量;或许也可以在同一历史家对于看到犹太人时所感到的厌恶中被找到,那些犹太人所遵守的宗教仪式是和其他的人相反的。最后,罗马——那全世界的霸主,有时候在我们的心目中可以变成人类理想的明显的象征,如同罗马法在自然法的形式中逐渐理想化了一样。但这是一个象征问题而不是一个概念问题,是一个我们自己的结论问题而不是一个古人所固有的思想问题。例如,当我们查看亚里士多德本人所勾画的哲学史时,我们发现,它首先是作为他的体系的准备知识而迅速批判地加以叙述的;文学和艺术史及文明史似乎常被一种成见所弱化,那种成见认为这类历史不是真正必须的心灵形式,而是一些奢侈品和精制品。充其量我们只能谈
到例外、偶然和试探;但绝不能改变那种综合的印象和一般的结 191

① 原文 Anaxagoras,希腊哲学家(公元前500—前428年)。——译者

论，就是，古人从来没有过明白的文明史、哲学史、宗教史、文学史、艺术史或权利史：事实上，我们所有的许多种历史，他们一种也没有。他们也没有我们所用意义的“传记”，即作为一个个人在他自己的时代和人类的生活中的理想作用的历史的传记；他们也没有发展感，他们谈到原始时代时，他们很少觉得那些时代是原始的，而是把它们诗意地加以美化，就像但丁通过卡西阿格达的嘴，说佛罗伦萨在古时候“稳重、质朴和和睦地屹立着”一样。我们的维科的“严肃工作”之一就是要在这类诗意的牧歌下把历史的粗糙真相恢复过来。在这件工作中，对他有帮助的不是古代的史学，而是文件，尤其是语言。

我们所异常准确地描绘了的古人的历史的外观反映出他们的哲学的性质，那种哲学绝没有接触到关于精神的概念，因而也没有接触到关于人道、自由和进步的概念，人道自由和进步就是精神的各种面貌或同义语。这种哲学当然从生理学和宇宙论过渡到了伦理学、逻辑学和修辞学；但它把这些精神学科体系化了，形体化了，因为它是经验主义地去研究它们的。所以，他们在伦理方面没有越过希腊和罗马的习惯，也没超过推理和讨论的抽象形式，他们在诗歌方面没有超出文学的类别。因此，一切都采取教训的形式。人们普遍看出了并描绘了“反历史的哲学”，但它之所以是反历史的，乃是因为它是反精神的，因为它是自然主义的。古人也没有看
192 出我们所说的缺憾，因为那种从神话过渡到科学、从而过渡到把真实界的事实加以收集和分类的努力使他们完全陶醉在欢乐中了。这就是说，他们埋头于他们所要解决的唯一问题，并且解决得很圆满，以致他们使自然主义得到了它至今依然在利用的工具，即形式

逻辑、文法、关于德行的学说、关于文学类别的学说、公民权利的范畴，如此等等。这些都是希腊罗马的产物。

但是，古代的历史家和哲学家没有在正确的词义上清楚地明白上述缺点，或者不如说，没有在我们现代的词义上明白上述缺点，并不表示他们不在一定程度上关心这种缺点。每一个历史时期都有其获得了理论的规定因而获得了解决的问题，其他的问题则在理论上还没有完全成熟，但已被见到、被直觉到，虽则还没有充分被思索过。如果前者是当时对构成人类精神的链条的积极贡献，后者就代表一种未得满足的要求，这种要求把那一时代和未来用另外一种方式联系起来。人们过于注意每一时代的消极面貌，有时使人忘记了它还有另外一面，使人因而想象到有这样一种人类，这种人类不是通过不满意从满意过渡到满意，而是从不满意过渡到不满意，从错误过渡到错误。但是，明亮与协调以前达到过什么程度，隐晦与不协调就可能达到什么程度。因而它们就以它们的方式代表了进步，这是可以从我所正在叙述的历史看出来的；在我们所正在叙述的历史中，我们发现，隐晦与不协调的地方是很多的，原因是，神话和奇谈怪事的时代已经被抛在后面了。如果希腊 193
和罗马不是既不止于希腊，也不止于罗马，如果它们不是无限地大于任何希腊和任何罗马——即人类精神的一时性分立——的人类精神，它们就会满足于其历史家对人类的描绘，此外不会另外追求别的什么了。但他们另外在追求，即那些历史家和哲学家在追求；他们跟前既然有数量如此众多的、由他们的思想所重新构成的关于人类生活的插曲和戏剧，他们就问自己，那些事件的原因是什么，而合理地得出结论说，这样的原因可能是这一件事实或另一件

事实,即一件特殊的事实;因此,他们就着手去辨别事实和原因,并在原因中去辨别原因与诱因,如同修昔底德所做的一样,或者去辨别开端、原因与诱因,像波里比阿所做的一样。这样一来,他们就卷入了争辩,争论什么是这一事件或那一事件的真正原因,从古以来,人们都在试图解决罗马所以"伟大"之谜,这种企图在近代则借口历史思想要有一种严格的实证,因而成了落后的历史家的消遣。另一关于全部历史的动力问题常常被人一般化了;在这方面也出现了一些学说,后来被引申得很长,例如说政体形式是其他一切的目的,而另外的学说则涉及气候和民族气质。被提出并被接受的主要学说是:人事循环的自然法则说、善恶永远互相交替说、
194 通过永远返回原状的政治形式过渡说、从幼而壮而老而衰而死的生长说。这类学说满足了并仍然在满足东方人的心灵,但没有能满足古典人的心灵,古典人的心灵对于人类的努力、对于从障碍和冲突所得来的刺激具有生动的感觉。因此就有进一步的疑问发生:命运或不变的必然性是不是压迫人类的,或,人是否不过是任性的命运的玩物,或,人是不是被一种睿智而精明的天命所统治的?他们也问,神对人类事务有兴趣还是没有兴趣。这些问题所获得的答案有时是虔敬性的,主张服从神的意志和智慧,有时则受到这样一种看法的鼓舞,认为神本身并不关心人类事务,而只关心报复和惩罚。这种种概念全是缺乏坚实性的,大部分是混乱的,因为它们一般地缺乏确凿性,自认一无所知:塔西佗说,判断是不确定的,他在这句警句中差不多总结了古人关于这个问题的议论,或者不如说,发现了议论的结果是无思想,即无法理解。

对于我们所不理解的,我们就不能支配;反之,它采取一种邪恶

的形式来支配我们，至少是威胁我们；因此，古人对于历史的心理态度应当说是悲观的。他们看到了许多丰功伟绩的消歇，但他们从没有发觉那些永不消歇和消歇之后更为伟大的丰功伟绩。由于这个缘故，一种辛酸的洪流泛滥在他们的历史中。幸福、美好的人生在他们看来永远是曾经有过而已不再存在的，如果当时还存在，它也很快会失去。对于罗马人和声称崇拜罗马的人说来，那是原始的、195
质朴的、胜利的罗马；一切大小罗马历史家、李维、塞拉斯特和塔西佗、派特丘勒斯及弗洛卢斯，当他们悲叹后来的腐化时，全都瞩目那个形象。罗马曾经一度把世界踩在脚下；但他们知道，胜利的女王有朝一日必然会从她所一度做过的女王变成奴隶。这种思想以各种截然不同的形式表现出来，从西庇阿在迦太基废墟上的忧郁沉思到人们可怕地预期必然有人继承罗马的统治——像波斯继承巴比伦，马其顿继承波斯一样——全是那类形式（“四大帝国”说起源于希腊罗马世界，从那里渗入了巴勒斯坦和《但以理书》）。我们听到，人们有时抑制地有时公开地发出迫不及待的问题：谁将成为继承者和掘墓人呢？会不会是威胁他们的帕提亚人呢？会不会是如此富于新鲜神奇的力量的日耳曼人呢？这一切都是不顾那说出“罗马、永恒的城市”的古代的骄矜意识的。当然，那种普遍的悲观主义并不完全是始终一贯的，因为没有一种悲观主义是这样彻底悲观的，一种关于人类进步之见的飘忽的暗示时而出现在这一部分或那一部分生活中。例如，我们发现，塔西佗、一个最辛酸的人，曾说并不是祖宗那儿一切都比我们好，我们这一代也产生了很多值得仿效的可称誉的完美的东西。在《论雄辩家》一书中的一位发言人说，文学形式是与时俱变的，但因人多颂古非今，我

196 们就听到人们永远在称颂古代的事物，永远在贬抑近世的事物。在同一对话录中，另一位对话者要求人们注意生活的喧嚣和艺术的伟大之间的辩证联系，因而，当罗马误入歧途，分崩离析之际，恰恰就在那时产生了流畅的辩才。把善与恶这样联系起来的情形，在古代哲学中不是完全没有的，在古代史学中也时而可以被找到。例如，塞拉斯特认为，只要有迦太基在反对罗马，给它找麻烦，罗马就是健全的。读过西塞罗和塞内加的书的人会知道，由于斯多噶主义的影响，在共和时代的末期和帝国时代的初期，人道的观念有了相当大的进展。神圣的天意也被人们所奉承，以前则不是这样的；此外，我们发现，戴奥多鲁斯·西丘鲁斯想把各国的事看作一个城市的事。但是，这种种应允还是无力的、空泛的、不起作用的（例如，许愿者戴奥多鲁斯对他的宏伟的导论就一件都没有兑现），但它们都预告了古典世界的解体。在这期间，关于历史的意义问题还没有获得解决，因为上述各种关于命运或诸神的矛盾概念及相信事物普遍在恶化、相信其在衰退或倒退的信念绝不是解决的办法，这类概念和信念业已在许多古代的神话中表现出来了。

由于他们不了解精神价值是历史中的内在的进步力量，甚至最优秀的古代历史家也未能保持史学著作的统一性和自律性，而在其他方面则他们业已发现和肯定了这种统一性和自律性。有些
197 历史其实是诗歌，或是谎言和偏颇，或是材料的汇集和无法理解的博学的堆砌，或是消闲的工具，替头脑简单的人提供奇闻怪事；他们虽则看破了这类历史所施展的欺骗，但在另一方面，他们却不能使自己从那种认为历史以开导、主要以教育为目的的先入为主之见中解脱出来。这种真正的他律性在当时是作为自律性出现的。

他们全都同意这一点：修昔底德叙述过去的事件是为了从中预测未来的事件，那些事件都是等同的或相似的，是人类命运的不断反复；波里比阿寻找事实的原因，为的是他可以把它们用到类似的情况上去，他并认为那些料想不到的事件是次要的，它们的不规则性使它们置身在规则之外；塔西佗的主要兴趣是道德方面的而非社会或政治方面的，根据这一主要兴趣，他认为他的主要目的是收集那些因其所含的恶或善而惹人注意的事实，为了使德行不致默尔而息，并为了使后人对邪恶的言行与丑名有所畏惧。在他们身后的全部次要的历史家，即，全体伪善者，由于模仿，由于无意的响应，或由于虚伪的热情，他们用一种肤浅的方式重述那些伟大作家所深思熟虑的结果，例如那些塞拉斯特们、第欧根尼们、狄奥多洛斯们、普鲁塔克们以及类似他们的人们。此外还有那些为历史精髓、为政治家、为将领和哲学家甚至为妇人的值得记忆的言行（妇德）做摘要的人。古代史学被人称为“实用主义”的；在这个词的古代的和近代的双层意义上，它都是这样的：当它使自己局限于事情的世俗方面尤其政治方面时（波里比阿的“实用主义”），当它用反省和忠告装点它们时（同一历史家兼理论家的“必然如此”），它就是这样的。

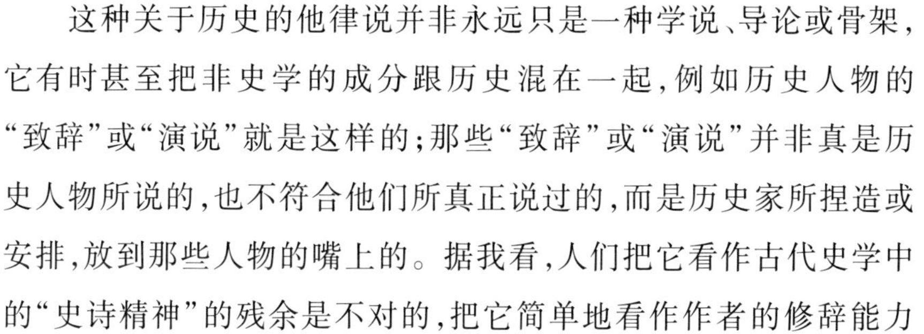

这种关于历史的他律说并非永远只是一种学说、导论或骨架，198
它有时甚至把非史学的成分跟历史混在一起，例如历史人物的“致辞”或“演说”就是这样的；那些“致辞”或“演说”并非真是历史人物所说的，也不符合他们所真正说过的，而是历史家所捏造或安排，放到那些人物的嘴上的。据我看，人们把它看作古代史学中的“史诗精神”的残余是不对的，把它简单地看作作者的修辞能力

的证明也是不对的，因为，如果第一种说明可以适用于某些受人欢迎的作家，第二种说明可以适用于某些修辞学家的话，那么，就较为伟大的历史家而论，这类歪曲的根源不过是要履行他们所同意的教训和忠告的责任而已。但是，当他们赋予历史以这种目的时，历史真实的内在性质和历史在真相与想象之间所划的界线就不能不发生一定程度的动摇，因为想象的东西对那个目的有时非常有用，甚至比真实的东西更为有用。柏拉图除了关于超验观念的知识以外，鄙视一切知识，姑且不去说他，亚里士多德本人不是问过历史和诗歌哪一种更真实吗？他不是确乎说过历史比诗歌“哲学味少”吗？如果真是这样，历史为什么不应当利用诗歌和想象的帮助呢？无论如何，用警醒的眼力去寻找真理，并把想象的演说词及其他附加物减少到最低限度，这样去反对这种暗中歪曲是可以的。但不相信教育的目的则是不可能的，因为，在任何情况下，历
199 史都应该有某种目的，真目的既没有被发现，教育的目的就几乎履行了一种真理的比喻的作用，因为比喻在一定程度上最接近真理。在波里比阿的著作中，批判的警惕性、科学的严肃性及对充实而纯正的历史的强烈愿望达到了很大的高度，以致人们会倾向于把这位麦加洛城的历史家看作是那些伟大的异教徒一样，那些伟大的异教徒被想象许可其进入天堂，或者至少许其进入炼狱，作为他们以非常手段获知了真的上帝的代价，作为对他们的强烈的道德良知的报答。但是，如果我们较冷静地去看问题，我们也不得不把波里比阿放到地狱的边缘去，那是接纳在“基督教之前的”并“不好好崇拜上帝”的人们的地方。他们是大有价值的人，达到了边界，甚至接触了边界，但是他们从未越过边界。

三　中世纪的史学 200

我们不应当把任何历史的开端看成一种绝对的开端，也不应当用一种简单化的方式去设想各个时期，好像它们严格限于它们的一般性质所表示的规定似的；由于同一理由，我们千万不要把人本主义的历史观和它所表征或象征的史学的古代时期等同起来；事实上，我们不应把永恒的理想范畴当作历史范畴。毫无疑问，希腊罗马的史学是人本主义的，但那是一种希腊罗马的人本主义，也就是说，它不仅具有我们所已指出过的种种局限性，而且具有一种这类人本主义在古代的历史家和思想家中多少有点各不相同的特有外貌。不仅它是这样的人本主义，在以前各世纪中，或许已有过其他同样的结构，就像在它以后各世纪中当然有过同样的结构一样。把哲学史和史学史看作一系列只经过一次的理想阶段，并把哲学家化为范畴、把范畴化为哲学家，把德谟克利特和原子化为同义语，把柏拉图和超验的观念化为同义语，把笛卡儿和二元论化为同义语，把斯宾诺莎和泛神论化为同义语，把莱布尼兹和单子论化为同义语，把历史削减成一种朝代史，像一位德国批判家所讽刺地
描绘过的一样，或按一种“一列戽斗”说去研究它，像一个英国人 201
所幽默地描绘过的一样，这样做或许是吸引人的，但也是人为的（和关于进步的真正概念是相反的）。因此，认为历史还没有在世

上出现,或认为由于响应当今的历史家和批评家的祈祷,历史业已第一次和一闪一闪地出现的看法也是一样。但是,对历史的每一次思索在思索的当时永远是足够的,而对后来则永远是不够的。

有些人想到古代史学向基督教史学或中世纪史学过渡时感到诧异,这就证实了预先提醒这一点是适时的;因为,在这一过渡中,我们发现自己重新面对着一个奇迹的和神话的世界,它的一般特征和那业已消失的、古代历史家的世界的一般特征看来似乎一模一样,然则这一过渡究竟有什么意义呢?它当然不是进步,而是陷入了绝境,关于人类永远在前进的全部最可爱的错觉也一同陷入了绝境。中世纪看来是一种绝境或下坡路,有时候在这一时期的本身看来是如此,而在文艺复兴时期则看得最明显,这种形象直到今天还是大家所相信的。我们单就史学的领域而论,当我们追溯它在最初所引起的令人诧异的印象时,我们终于就把中世纪初期的事件描绘得有点像我们的作家艾多弗·巴托利在其《意大利文学史》的绪论卷中所看到的一样,那本绪论随处都被恐怖的呼声和掩着面孔以免看到过多的丑恶现象的姿态所中断。当巴托利谈到都尔的格雷戈里时,他写道,“我们处在一个思想低落到使人怜
202 悯的世界,处在一个不再有历史概念的世界”,而历史也已变成了“神学的一个卑贱的女侍,即,一种精神的反常”。在都尔的格雷戈里以后(巴托利接着写道),堕落就更进一步了:“看看弗雷迪加里乌斯吧,在他身上,轻信、无知、混乱超出了一切限度……前此的文明在他身上一无所余了。”在弗雷迪加里乌斯以后,在僧侣的编年史方面,我们就更向一无所有再堕落一步了,虽则看来这是不可能的。在这里,“我们似乎看到那个瘦削的僧侣每五年或十一年

把他那颤抖的头颅伸出密室的狭小窗户一次,想弄确实人们还没有死绝,然后再把自己封闭在囚牢中,他活着的唯一指望就是死”。我们必须反对这种畏缩(它使当今的批评家看来就像那个面貌被如此生动地描绘着的“瘦削的僧侣”一样);我们必须肯定,神话、奇迹、超验论在中世纪时当然又回来了,即,这些理想范畴差不多又已同样有力地在起作用,差不多又已像古代那么庞大,但是,它们并不是和希腊化前的世界的那些理想范畴一模一样历史地回复过来的。我们必须从它们的新表现的内心深处去找出都尔的格雷戈里和弗雷迪加里乌斯甚至僧侣编年史家所已必然做出的有效进步。

神性重又降临凡世,神人同形同性地卷入人类的事务,成为力量较小的人物中的最有力的人物或超有力的人物;现在,诸神就是圣徒,彼得和保罗为了卫护这一民族或那一民族而进行干预;圣马可、圣格雷戈里、圣安德鲁或圣詹纽厄里走在战阵的前面,他们彼此互相忌妒,有时互相反对,互相玩弄阴谋诡计;再一次把执行或 203
不执行某一种祀拜活动看成战斗的胜负:中世纪的诗篇和编年史中充满了这一类故事。这些概念和古代是相似的,事实上,它们就是古代风习的继续。这种情形(如同常常被人指出了的)的起因,不仅是因古代信仰的这一项细节或那一项细节沾染了一般宗教,不仅是因诸神变成了圣徒和魔鬼,尤其是因一种更为实质的理由之故。古代思想把命运、神性、不可思议的事物留在其人本主义的边缘,结果,甚至在最严肃的历史家中,奇谈怪事也没有被根除——至少,门户是敞开的,它可以回来。大家都知道,古代后期的哲学、科学、历史和风俗浸透了多少“迷信”,在这方面,古代后

期在智性方面并不比新兴的基督教强，事实上是比它差。在新兴的基督教中，寓言逐渐形成了，人们所相信的奇迹被精神化了，不再是“迷信”了，也就是说，变成了一种与一般人本主义无关或和它不协调的东西了，它们使自己和那新兴的超自然主义的及超验的概念鱼水相得，它们就是那一概念的伴随物。这样一来，神话和奇迹在基督教中强化了，同时也变得不同于古代的神话和奇迹了。

它们是不同的，而且是更崇高的，因为它们含有一种更崇高的思想：含有一种关于精神价值的思想，这种价值不是这一民族或那一民族所特有的，而是整个人类所共有的。古人确乎已在推测中接触到了这种思想，但他们从没有具备这种思想，他们的哲学家没有
204 找到它，或只在不能覆盖整个心灵的抽象思辨中得到了它，不像深刻地被思索过的思想和基督教的情形一样。保卢斯·奥罗西乌斯在他的《反异教徒史》中表达了这一点，他是用一种非任何希腊罗马历史家所能说出的强调来表达的，他说，到处有我的国家，到处有我的法律和宗教……广大的东方，富庶的北方，开廓的南方，以及大岛上最广大最安全的所在都在我的权限和名下，因为我是作为罗马人和基督徒来接近基督徒和罗马人的。在市民的德行之外加上了人类的德行，即精神上的人的德行，通过他的宗教信仰和他的合乎人类的善的作为，他使自己达到了符合真理的水准。和出色的异教徒对立的，有出色的基督教徒，他们不仅是出色的，而且是圣徒；在《族长传》或《隐者传》中，在基督教的忏悔师的传记、在殉教者的传记、在真信的布道者的传记中发现了新的普鲁塔克；新的史诗描绘信徒反对非信徒、基督徒反对异教徒和伊斯兰的斗争。在这里，人们对于冲突的意识超过了希腊人对于希腊人和蛮族或

自由人和奴隶之间的冲突的意识，后者通常是被看作代表天性不同而非精神价值不同的。现在出现了教会史，那不再是雅典或罗马的历史，而是用历史表示其冲突和胜利，亦即关于真理的冲突和胜利的宗教和教会的历史了。这在古代世界是没有先例的，古代世界的文化史、艺术史或哲学史没有越过经验的阶段，而教会史则像我们所已知道的，以一种精神价值作为它的主题，用它来照亮事实和判断事实。我们将要看到，从某种见解看来，在某种意义上， 205
责备教会史不该压倒和压迫世俗史或许是有理由的，但一般地这样批判那种历史观念则是没有根据的，事实上，当我们用这样的措辞来责备它时，我们乃是无意中在热烈地赞美它。精神史（我们也可以用阿维托的诗题这样来称呼它）不能安于仅仅做一个部分或容许身旁有敌手，老实说，它也不会同意这样：它必须主宰一切并确认自己就是整体。从基督教看来，历史既然变成了真理史，它同时也就放弃了意外和机遇，而古人则常使历史沉溺于这些东西，它认识了它自己所固有的法则，这不再是一种自然的法则，不再是盲目的命运，甚至不再是星宿的影响（奥古斯丁反对异教徒的这种学说），而是理性、智慧、天意了。这种概念不是古代哲学所不知道的，但现在则从唯智主义和抽象主义的迷雾中解脱出来了，变成了热烈的和有结果的东西。天意指导和安排事件的进程，指导它们走向一个目的，容许恶事，作为惩罚和教育的工具，决定各个帝国成为伟大的或受到大难，以便为上帝的王国做好准备。这就是说，第一次真正打破了循环的观念，打破了人类事务永远重返起点的观念，打破了达纳伊兹所徒劳的观念（圣奥古斯丁也攻击循环论）；在这里，历史破天荒第一次被理解为进步：对于这种进步，

古人除了偶尔瞥见之外,他们没有能发现,因而陷入了令人不安的悲观主义,而基督教的悲观主义则是被希望所烛照的。因此,人们
206 承认帝国之间的继承的重要性和每一帝国所履行的职能的重要性,尤其是关于罗马帝国的,它从政治方面统一了世界,使基督得以从精神方面来统一世界;人们也承认反对基督教的犹太教的地位的重要性,如此等等。这些问题有过各种不同的答案,但有一个共同的假设,说那些事件是出于神意的,伟大与式微、欢乐与忧患全都出于神意,因而都是神的作为所必需的手段,它们全部业已并仍在竞相达成历史的最后目的,它们相互联系,但不是作为一种盲目的原因所生的结果,而是作为一个过程的不同阶段。因而,历史也被理解为普遍史,它已不是波里比阿所说的普遍史,波里比阿叙述的是那些相互发生关系的国家的事;而是一种意义较为深刻的、普遍的东西的历史,一种格外普遍的东西的历史;那是一种能与上帝抗衡并接近上帝的普遍的东西。甚至最被忽视的编年史也因赋有这种精神而被一层荣光包围起来了,这种精神是希腊和罗马的古典历史所没有的,它使编年史在一般景象上十分接近我们的心胸和心灵,不管从我们的特殊观点看来它们距离我们多么遥远。

这就是基督教带给历史思想的新问题和新答案,我们可以像说古人的政治思想和人本主义思想一样说,它们替人类精神构成了一份永远有效的可靠财富。西查里阿的伊攸比乌斯应当与希罗
207 多德并称为近代史学之“父”,无论它怎样不愿承认那位粗俗的作家和其他被称为“教会神学家”的人做自己的先人,可是它本身的大部分却是从他们得来的,尤其是从圣奥古斯丁得来的。除了那与我们的时代相协调的教会史的形式,即关于信仰的胜利和传播

的历史，关于反对黑暗势力的斗争的历史，关于每一相继的时代所重新提出的新福音或佳音的依次论述的历史以外，我们还有什么文化史、文明史、进步史、人类史、真理史呢？现代历史叙述这一民族或那一民族在文明的工作中所已尽到的职责或占有的优势，它们难道不是相当于（上帝假手法兰克人所作之业迹）和中世纪史学中的其他类似公式吗？我们的普遍史不仅是波里比阿所说的普遍史，而且是基督教意义下的理想的、纯洁化的、高尚的、普遍的东西的普遍史；因而我们在接触到历史的庄严性时就经验到了宗教的情操。

有人会说，当我们这样表述基督教的概念时，我们在一定程度上把它理想化了；这是真的，但我们是按我们把古代人本主义理想化的同样方式和同样尺度把它理想化的，古代的人本主义不仅是人本主义，而且是超验论和神秘。基督教史学像古代史学一样，解决了它所面临的问题，但没有解决其他后来才形成的问题，因为他们还没有面临它们。关于这一点的证明可以从伴随它的基本概念的空想和神话中找到。上面已经说过，奇谈和奇迹包围了基督教史学，它们恰恰可以证明，新的和更崇高的上帝的理想还不完全，关于他的思想变成了一种神话，他的行动变成了虚构的故事。但
当它不是一个奇迹问题时，或当这些奇迹即使不被否认而被缩小， 208
被冲淡和被抑制时，其中仍然有关于神性和真理的奇迹，被视为超验的、被视为与人类事务相分割和对立的。这也是一种证明，证明基督教精神超过古代精神的地方不在其思想的冷静和稳妥，而在其情操的炽旺和想象的热烈。超验论把尘世的事物看成外在的和反抗神圣事物的：因而产生了一种关于上帝与尘世、关于天国与地

上的国土、关于神的国度（魔鬼的国度）的二元论，这种二元论复活了最古老的东方概念如拜火教，并通过历史的天意的途径得到了缓和，即使不是内在地得到了改正，而历史的天意的途径则内在地受到了那种未被克服的二元论的连累。上帝的国度摧毁了尘世的国度并取而代之，它虽则按照其天意的和进步原则的逻辑随处试图为尘世的国度作辩解，但它没有为它作辩解。圣奥古斯丁不得不去解释罗马的幸运，他用一种诡辩逃脱了窘境，他说上帝让罗马人获得了伟大的成就，是以此作为他们的德行的报酬的，虽则他们的德行是尘世的，不能获得天国的荣光，但也值得作为尘世的瞬息即逝的荣光而受到报答。这样一来，罗马人就永远是神所遗弃的人，但不像其他神所遗弃的人那样不可饶恕；哪儿没有真正的宗教，哪儿就不会有真正的德行。观念之间的竞争并不是方成中的真正事物的矛盾形式，而只是恶魔的挑动，它们搅乱了真理，而真
209 理则是完整的，是教会所具有的。西查里阿的伊攸比乌斯把异端当作魔鬼的产物，因为是魔鬼怂恿了西蒙·玛哥斯，进而怂恿了米南德和塞特奈诺斯和拜西尔所代表的神灵知识的两种潮流。弗里西艾的鄂图把罗马帝国继承巴比伦帝国想象成儿子继承父亲一样，把波斯人和希腊人的国王几乎想象成了它的导师和教师。他发现，罗马的政治统一是基督教统一的序幕，使人们的心灵对于理解比较重大的事物更为迅速和敏锐，使它们受到训练，去崇拜一个独一无二的人，即皇帝，去畏惧一个单个的主宰的国土，从而使它们懂得只应有一种信仰。但同一个鄂图以为全世界从最初的人到基督……除少数以色列人以外，都为谬误所惑，沉溺于荒诞的迷信，被魔鬼玩弄，被尘世的引诱所蛊惑，在尘世的首领恶魔的麾下

搏斗，直到时机成熟之际，上帝才派他的儿子来到人间。关于超度是由于上帝高兴所赐的恩惠，即不应得的神恩的学说，对这种概念说来，完全不是一种偶然性的赘疣，而是它的基础或合乎逻辑的补充。基督教的博爱命定要成为非人性的，不论圣奥古斯丁以其气质的力量、以其对上天的注视激起了多么大的虔诚，但因他缺乏对人类的同情，因他的粗鲁和残酷而同样地开罪了我们；他所说的"神恩"在我们看来就成了一种讨厌的偏袒和权力的滥用。不过，我们最好还是要记得，通过这类情操方面和想象方面的彷徨和旁逸，基督教的史学却为凌驾二元论的问题做好了准备。因为，如果 210
非基督徒对基督教的追求、对人性使人人应得的神恩的追求，即异端的真理或异教徒德行的优点是一种在近代业已逐渐成熟的历史任务的话，那么，基督教所采取的两种历史和两种国度之间的划分和对立就是一种根本性的必要，犹如它们在天意的神圣一体中被设想成的统一对它是一种良好的准备一样。

这种二元论的另一尽人皆知的面貌是教条主义，即无力理解精神通过各种活动和形式而自行发生的具体的特殊化。这种情形说明了人们之所以责难教会史，说它不该蹂躏和独断地压迫其他全部历史。事实上确实发生了这样的情形，因为教会史本身不是在精神的具体的普遍方面发展起来的，而是植根于它的一种特殊规定的。全部人类价值都被归结为一种单一的价值，即坚信基督教教义和服务教会。这样抽象地设想的价值失去了它的自然优点，堕落到了一种实质的和停滞的事实的水准，鲜明活泼、流动不居的基督教意识经过几世纪的发展之后，事实上在教条中凝固化了。这种形体化的和静止不动的教条必然作为一种普遍的尺度流

行于世，各个时代的人们都按其是否接触了神恩、是否虔诚而受到判断，圣洁的神父和信徒的传记就是一位普鲁塔克，这位普鲁塔克是排斥任何其他世俗的普鲁塔克的。这是超验论的教条主义，因而变成了苦行主义，在它的名义下，人类的整个现实历史就被蔑
211 视、恐怖、悲叹所笼罩。这种情形在奥古斯丁、奥罗西乌斯和弗里西艾的鄂图身上格外惹人注意，但在中世纪早期的一切历史家和编年史家中，至少也应看成一种萌芽中的倾向。德摩比利之役对弗里西艾的鄂图引起了什么想法呢？编织这样一件纠缠不清的有害的东西是令人生厌的；但我愿大致谈谈它，以说明人们的悲惨。亚历山大的业迹又引起了什么想法呢？由他开始的马其顿国的君主政体，在他死后，和他一起结束，……而建立在巩固的磐石上的基督教国家则……。与苦行主义联系在一起的有中世纪历史家的常常被人注目和常常被人嘲弄的轻信（不要把它和相信起因于宗教的奇迹相混）：这种轻信一般地被归因于想象的优势或社会的条件，它们使书籍短绌，使批判的能力不易被发现，也就是说，这种轻信被归因于本身尚待解释的事物。

漠不关心确乎是轻信的主要原因之一，因为没有一个人对其所密切接触和研究的事物是会轻易置信的，反之（如同在日常生活中所已证明的），对于自己多少有些漠不关心的谈论却是人人所愿倾信的。苦行主义减少了人们对于世事和历史的兴趣，它助长了人们对于书籍和凭证的忽视和它们的传播，它促使人们轻信一切听到和读到的东西，使想象成为不羁之马，老想知道稀奇古怪的东西，因而不利于识别。苦行主义不仅在正当地被称为历史的历史中这么办，它在自然科学或自然史中也是这么办的，掌握宗教

的终极真理的人对于自然史也是漠不关心的。中世纪史学的惹人注意的个别化能力不强的情形必须归因于苦行主义,它常满足于 212
一般性质的好或一般性质的坏(像同时代的造型艺术一样,其中很少“描绘”),它甚至更未意识到历史上时间和地点的不同,而用当代的服饰歪曲了人物和事件。它甚至进而编写想象性的历史和伪造的凭证去描绘假设中的范例。从拉文纳的阿涅洛到伪伊西多尔的伪教令都是这样的,阿涅洛宣称他也编写他所一无所知的拉文纳的主教们的生平,他说,相信那不是伪造的,因为,他们过去的地位既然那么高,他们就必然是善良的、仁慈的、热忱的,如此等等。苦行主义也是产生编年史形式的直接原因,因为,当特殊事实的意义被忽视时,那就只须把被看到或被谈到的记下来就够了,其中没有任何意识形态方面的联系而只有年代方面的联系。因此,我们就常常在中世纪的历史家中发现一种把宏伟的历史和干巴巴的编年史结合在一起的情形(乍一看很奇怪,但并不是没有逻辑上的一贯性的),前者从世界的创造和种族的分布写起,后者则遵循另一种原则,愈接近作者的时代,它就变得愈特殊,愈有偶然性。

当人们一方面认为有两个国度,即天上的国度和尘世的国度,另方面以超验性作为说明的原则时,二元论的构成是不能在知识方面而只能在神话方面去寻找的,神话使两个敌手中的一方获得胜利而结束了斗争:这就是关于人类堕落的神话,关于耶稣降生救世的神话,关于指望基督临驭的神话,关于末日审判的神话及关于 213
两个国度终于分离的神话,其中一个跟天之选民升入天堂,另一个则与罪人同被打回地狱。这种神话在犹太教指望有一个弥赛亚中有先例,从某种观点看来,在神秘的奥尔甫斯教派中也有先例,并

通过神灵知识、千年至福说及其他异教的推测和邪说继续发展，直到圣奥古斯丁时采取一种确定的或几乎确定的形式为止。有人说过，在这种概念中，形而上学变得等同于历史了，作为一种全新的思想，和希腊人的思想是完全相反的，并说，它是对于基督教的一种全新的和正当的哲学上的贡献。但是我们在这里必须补充说，作为神话，它并没有统一形而上学和历史，而是混淆了形而上学和历史，把有限的变成了无限的，它避免了把事物看成永远循环的谬论，但陷入了在时间上有始和有终的进步的另一谬论。因此，历史就被排列成精神的时期或阶段，人类在这些时期中诞生、成长和达到完成：按照不同的划分和计算方法，它们被分为六个时期、七个时期或八个时期，有时候相当于人生的年龄，有时候相当于创世的日数，有时候相当于这两种体系的联合；否则，如果采纳圣杰罗姆对《但以理书》的释经学时，相续的事件就被分配在四大帝国中，其中最后一个是罗马帝国，它不仅在时间顺序上是最后的，在观念顺序上也是最后的，因为，在罗马帝国以后（我们知道，中世纪长期怀着一种错觉，认为罗马帝国以神圣罗马帝国的形式存在下来
214 了）就将一无所有了，基督或教会的统治、随后是基督之敌的统治和普遍的审判将随之而来，中间没有任何间断。历史还没有在年代学方面达到的末日也是这种体系所固有的，这一末日在观念上是可以构想的，犹如《启示录》已在观念上构想到了它一样，它渗透了各种神学著作，甚至渗透了各种历史，它们在其最后的章节中（从弗里西艾的鄂图的著作可见一斑）描述基督之敌的来临和世界的末日：因而那位似是而非的弗兰切斯科·帕特里齐接着产生了一种未来史的观念，他于16世纪时在他的《论历史》（1560年）

对话录中说出了他的理论。这样的一般历史图景在细节方面可能时而各有不同，但它从未被动摇，从未被驳倒；直到奥古斯丁的时候，它在正教中是有改变的，后来在反对派和异教徒中也是有改变的：这些改变当中最值得注意的一种是基奥阿奇诺·迪·弗洛拉的信徒的永恒福音说基奥阿奇诺把历史分为相当于三位一体的三位的三个时期：第一个时期是旧约或圣父时期，第二个时期是新约或圣子时期，第三个和最后一个时期是圣灵时期。这些时期只是人为的组合和安排，生活总想通过它们来在压迫它和要窒息它的预定体制间找到一条出路。

但是，这类安排并不能使随时出现的实际与方案之间的不协调有所改善。因而中世纪所十分珍视的譬喻性解释就成为必要的了。这种解释的本质是，在方案与历史实际之间安上一个想象性的形象，它是二者的混合，像一座桥一样，但是一座只能在想象中通行的
桥。这样一来，神圣的历史和世俗的历史中的人物和事件就被譬喻 215
化了，精细的计算被算出来了，并不断得到了新的想象性贡献的支援，以便发现二者之间的对应和平行；不仅人生的年龄和创世的日数跟历史时期被放在一条平行线上，德行和其他概念也是如此。这种看法直到今天还可以在有关虔信的书籍和比较不甚敏锐及比较不甚现代化的宗教演说家的演词中被找到。“自然的统治”也被包括在譬喻性解释中；历史和形而上学既已被视为彼此不同的，因而自然科学也同样被视为与它们二者彼此不同，它们全都以譬喻的形式出现在中世纪的百科全书，即《万神论》和《世鉴》[①]中。

① 原文为 Pantheons 和 Mirrors of the World。——译者

尽管有这种种不可避免的曲折，把历史看成人类的精神表演的新观念虽则倾向于神话，但它的作用却如此有力，以致削弱了古代关于历史的他律观，这种观念认为历史旨在执行在现实的实用中有用的抽象教训。现在，历史本身就是教训，就是关于人类在世上创造出来起，经过奋斗，达到它的最后状态为止的人类生活方面的知识；这最后状态被指出就在近处的或远处的地平线上。这样一来，历史就变成了上帝的作品，变成了上帝直接说出的和显身所给的教训，是在历史的任何一部分中都可以看到和听到的。当然，说读了历史有利于劝人，尤其是有利于教人从事善行、避免恶行的说法不是没有的，而且事实上是很多的。有时候，这是一个传统的
216 和因袭的说法问题，有时候则是有特殊用意的：但中世纪的史学不是被视为他律的，因为它不能被视为他律的。

如果苦行主义使心灵遭受了挫伤，如果奇迹使心灵蒙上了阴影，在另一方面，我们也不必相信它们谁有力量能完全长期压抑真实。事实上，正因为苦行主义是勉强的，神话是想象的，它们就像譬喻性的解释一样或多或少地是抽象的，而后者是无力阻遏事实的真正规定的。在口头上蔑视和贬责尘世的国土很好办，但它却迫使人们注意它，它即使没有打动智性，它也打动了人们的灵魂和情欲。基督教在其富于青春活力的期间也不得不容忍经济、政治和军事兴趣所支配的世俗历史与宗教历史并肩存在。此外，正如中世纪期间除了有神圣的赞美诗和诗篇等宗教诗歌以外还有一种关于领土扩张、关于民族战争和关于封建冲突的史诗一样，中世纪也继续存在一种多少与宗教史混在一道并被宗教史所冲淡的世俗史。我们发现，甚至狂热的基督徒和最虔诚的僧侣也想把有关他

们的种族的记忆收集起来并传递下去:因而都尔的格雷戈里谈到法兰克人;保卢斯·德艾科诺斯谈到伦巴第人,比德谈到盎格鲁人,韦德坎德谈到撒克逊人。他们关心政治党见的温和的心并没有停止跳动。他们不仅悲叹一般人类的苦难和堕落,他们也发泄他们的特殊情感,例如,我们看到僧人厄钦派图斯从内心深处发出长叹,他重新拾起保罗的历史的线索,去叙述他的光荣的伦巴第人 217
的业迹(他们此时单独回到了意大利南部,四处进攻和设伏),不是王国而是废墟,不是幸福而是悲惨,不是凯旋而是灭亡。克里莫纳的利乌特普拉恩德虽使神明以统治者和惩罚者的身份处处进行干涉,甚至圣徒亲自参加作战,他也注意到了基多死后贝伦加里乌斯打算夺取王国,而基多的追随者则要求兰伯特为王,意大利人常常愿意有双重的管理人,以便他们互相牵制:这也是给封建社会所下的定义。他们在许多事情上是最轻信的,绝不是深谋远虑的而是任凭想象的,但是,在对有关教会和寺院的财产和特权、有关家族的财产和特权、有关他们所属的封建团体和公民等级的财产和特权方面,他们是不轻信的,事实上,他们是精明的、机灵的和多疑的。由于这些利益我们才有档案库、登录簿、年代表等等,我们才有对于凭证真伪的批判。新的基督教德行概念压抑了人们对于古代罗马的伟大名声和异教文明的许多作品及其辩才、诗歌和市民智慧的赞佩,但并未消灭这种赞佩(虽则最严酷的人认为这是有罪的)。它也并不禁止人们去赞佩阿拉伯或犹太阿拉伯的智慧;尽管有宗教冲突,它的书籍仍然受到很好的接待。因此,我们可以说,像希腊罗马的人本主义并不完全排除超自然一样,基督教的超自然也并不阻止人们对世俗的情欲和尘世的事务去作合乎人性的

考虑。

218 当我们从中世纪的早期进入中世纪的晚期，当世俗的史学由于教会与国家之间的冲突，由于公社运动，由于欧洲与远东日益发生商业往返等等而获得进步时，这种情形就愈来愈明显了。这些事情的本身是思想发展、成熟和近代化的结果，思想是与生活一同生长并促使生活生长的。生活和思想都不再依附教会神学家的概念了，不再依附奥古斯丁和奥罗西乌斯的概念了；对他们，历史给折磨人类的无限的恶、给上帝的永无休止的罚和替"迫害者的死"提供了证明。弗里西艾的鄂图比别人更坚信奥古斯丁的学说，在他本人身上，我们发现，学说的严峻性变温和了；当他后来进而叙述教会和帝国之间的斗争时，如果我们不能说他站在帝国方面，我们也不能说他是坚决卫护教会的，因为构成他的大部分作品的末世学见解并没有使他的实际感和政治判断变盲目。然而，反对非信徒的信徒党仍然始终是"大党"，是"阶级（即天之选民和上帝所遗弃的人）之间的伟大斗争"，是"国度（天上的国度和尘世的国度）之间的伟大斗争"。但在这一巨大间架中，我们看到了其他更严密地特殊化的形象，看到了其他党派和兴趣，它们逐渐占据了第一、第二和第三水准，因而上帝与魔鬼之间的斗争日益被赶入了后台，变得有点模糊了，变成了这样一件事物，就是，它永远被认为是
219 存在的，但已不被感到为是在心灵中起作用和为心灵所急需的；它仍然被谈到，但已不被人深刻地感到了，至少不像言辞希望我们去相信的那样有力地被感到了；那些言辞本身听来常常像叠句一样，其虔诚如惯例。奇迹所占的地位逐渐愈来愈小，它们愈少出现：上帝更加愿意通过次要的原因来起作用了，并尊重自然的法则了，他

很少用一种革命的方式来直接进行干预了。编年史的形式也变得不那么偶然和枯燥无味了，到处有比较优秀的编年史家在寻求一种不同的“秩序”——实则是在寻求一种较好的理解——我们发现（尤其是13世纪以后），人为的秩序或内在的秩序和自然的秩序或外在的年代学秩序之间是对立的。也有人在区别单按年份写和在历史家的笔下串起来、即按被描述的事物进行组合之间的区别。史学的一般面貌的变化是不小的。我们就单说意大利的史学吧，现在已不再有谈论奇迹和谈论圣徒及主教们肉身升天的小册子了，有的只是公社的编年史，它们全都充满了对封建上司或对大主教的热爱，充满了对皇室方面或反皇室方面的热爱，充满了对米兰或贝加莫的热爱，或对洛迪的热爱。那使厄钦派图斯感到十分苦恼的悲剧感又以新的和更有力的强调重新出现在关于米兰的巴巴洛萨的业迹的叙述中，那份叙述名叫一部充满忧愁痛苦、患难艰辛、怨愤苦恼的小书。对自己的城市的爱占去了许多以前专门用于天上的事物的篇幅，对米兰、对贝加莫、对威尼斯、对阿玛尔菲和对那不勒斯的赞美充满了编年史家的著作。这一来就出现了大量这样的编年史，它们虽从巴别塔谈起，可是谈到了那最投合他们的 220
感情和最刺激他们去努力的城市或事件的历史；其中混杂着与现在或未来生活中的人和事。到罗马去庆祝教皇大赦年的香客乔瓦尼·维拉尼没有受到苦行精神的鼓舞，也没有被那庄严的典礼弄得飘飘若仙，相反，“由于他在那次幸福的进香中，置身在罗马的圣洁的城市，看到了它的伟大的和古代的财富，读到了罗马人的历史和伟大的业迹”，他受到鼓舞去为他的故乡佛罗伦萨、“罗马的女儿和创造”（基督教前的古代罗马的女儿和创造）编写历史。他

的佛罗伦萨像罗马一样得到了伟大的成就和追求伟大的事物，也像罗马一样处在没落中。“圣洁”和“幸福”没有使他发生圣洁和有福的思想，而使他发生了承认尘世伟大的思想。西西里的诺曼和萨瓦比王国的更为严肃地关心人世和写得更为正式更合历史的史学是符合公社的史学的。在它的《宪法》的绪论中，君主的设立被宣称为迫于事情的自身需要，不下于神的预见的驱使；它有它的罗穆阿尔多·瓜尔纳、它的特勒肖住持、它的玛拉特拉、它的休戈·法尔卡多和彼得特罗·达·埃博利、它的里卡多·达·萨恩·格玛诺和伪雅姆西拉和萨巴·马拉斯皮纳。他们全有他们的英雄，诺曼人有罗杰和威廉，萨瓦比人有腓特烈和曼恩弗雷德，他们颂扬他们的是，他们知道怎样用坚强的手腕去奠定和维持的健全的政治基础。法尔卡多说到罗杰时说，当时西西里王国，勇将名人，一时辈出，海上和陆上都有很大势力，威震邻近的民族，享受到
221 充分的和平与宁静。所谓伪雅姆西拉说腓特烈二世，是一个心襟开阔的人，然而他生来的智慧却超过他的豁达，因之，他绝不是由一时冲动去做某件事，而是深思熟虑地对待一切；……他热爱哲学，不仅本人钻研，而且下令在国内提倡。事实上，当时在它昌盛的期间，西西里王国内文士学士，寥寥无几，甚或并无一人；但国王在本国亲自建立了一些自由技艺和当时崇尚的各种知识的学校……以便各个阶层、各种境遇的人在任何困难情况下都不放弃哲学的学习。化身为异教首领腓特烈的国家、世俗文化、“哲学”就这样鲜明地浮现出来了。一方面，关于国家的世俗学说愈来愈和这类政治的和文化的潮流联系起来了（从但丁，实际是从托马斯·阿奎那起，到帕多瓦的马尔西利奥止），第一次出现了文学史

的纲要(关于诗人和负有盛名的学者的生平及国语文学的勃兴)和风俗史(例如弗拉拉的里科巴尔多书中的某些段落);另一方面,经院哲学通过亚里士多德的著作渗入了这类问题和概念,亚里士多德的著作按其本来面目被目为古代知识的第一次的扼要总结。无须申说的是,但丁的诗篇乃是这种精神状态的主要纪念品,在那里,中世纪的观念被保持下来了,但政治方面的、诗歌方面的和哲学方面的感情、对于名誉和光荣的爱好也证明了它们的力量,虽则它们是从属于那些观念并尽量受其约束的。

但是,甚至在帝国主义者和教会的敌人中,那些观念也仍存 222
在,只有极少数的人才一半怀疑一半嘲弄地否定它们。认为上帝根据自己的意志命令、指挥和安排一切,赏善罚恶,并神奇地进行干预的上帝先知的超验论永远在遥远的背景中占有它的地位,在但丁和乔瓦尼·维拉尼身上是这样,在一切历史家和编年史家身上也是这样。15 世纪末,神学的概念以一种奇异的外表出现在法国历史家科米纳的著作中,和那种不惜一切代价以期取得胜利的最灵活而无成见的政策并肩同时存在着。入世的精神是非常丰富、变化多端、错综复杂的,但它缺乏一种理想的比较标准,因而它是生活方面的而不是思想方面的,它自行表明,它是富于细节而无系统的。从亚里士多德哲学进入了经院哲学的古代文化因素没有有力地起作用,因为那一部分与基督教思想融合无间的亚里士多德哲学是特意挑选出来的,而基督教思想则业已被译成柏拉图的说法,业已被教会神学家用一种超验的形式把它教条化了。因而我们甚至有可能看到一种史学兴趣的中断,这时盛行的是经院哲学,人们认为只要有马丁·波洛诺斯所著的那样一份纲要就足以

满足为了论证或为了法律的目的之用的引证了。在进入一个新的进步的时期时(进步永远是有的,但“进步的时期”则是这样一些
223 时期,那时,精神的运动看来加速了,在几世纪中成熟了的果实被迅速地摘下来了),当时需要的是,在生活方面和思想方面都直接地有意地否定超验论和基督教的奇迹,否定苦行和末世论;这种否定的语辞(天国的生活和人世的生活)当然已被中世纪的史学注意到了,但它们被容许并肩存在和进步,二者之间没有发生过真正的和适当的接触,没有发生过冲突。

四　文艺复兴时期的史学 224

否定基督教超验论是文艺复兴时期的任务，按弗埃特的话说，那时史学已经“世俗化了”。利奥纳多·布鲁尼和布拉乔利尼为史学思想的新态度作出了首次的杰出的范例，在他们所著的历史和后来的同类著作中——其中以马基雅维里和圭奇阿尔狄尼的著作最为出色——我们很少发现任何“奇迹”的痕迹。奇迹之所以被记录下来，完全是为了取笑它们，为了用一种纯然人性的方式去解释它们。一种对于个别人物和兴趣的敏锐分析代替了神圣的天意的干预和教皇的活动，宗教冲突的本身也往往根据实利的情欲得到解释，只注意到它们的政治意义。关于四大帝国及基督之敌随之而临的体系被允许不再出现了；现在，历史的叙述是自帝国凌替时起的，甚至普遍史如萨贝利库斯的九卷集也不再顺从传统的教会传统了。世界的编年史，即普遍的奇迹的历史既是神学性质的，又是启示性质的，它们变成了人民大众和很少教养的人们的文学，或者只存在于文化落后的国度中，例如当日的日耳曼，或者只存在于公教或新教的忏悔性史学圈子中，公教和新教都保留了许 225
多中世纪的东西，新教或许比公教保留得更多（至少乍一看去是如此），因为公教至少还随时力图顺应潮流，使自己与时代相适应。这一切都被弗埃特说得很清楚、很细致，我打算从他的书中采

用某些说法和情况，把它们重新加以安排，并用我自己的加以补充。在中世纪后期的政治史学中，像我们所已说过的一样，神学的概念已被扔进后台；但自今以后，这种概念甚至在后台也找不到了，如果有时我们偶尔听见有人谈到它的公式，那些公式恰恰就像十字军反对土耳其人时用来宣扬使基督墓获得自由的公式一样。它们仍然被宣教师、韵文作家和修辞学家所复述（继续被复述达三个世纪之久），但是它们在实际政治和人民的良知中没有获得反应，因为它们不过是空洞的声音而已。对神学主义的否定和历史的世俗化也不仅是在实际中完成的，不是没有同时完全被意识到的；因为，虽则许多人的心灵事实上是朝向命运、即新的心灵需要所指示的方向的，虽则争论不是经常公开进行的，而是相反地小心谨慎地进行的，但实践与史学理论相符的证明却是很多的。像博丹那样严肃的历史理论家的批判就是反对四大帝国体系的。他的目的是要攻击关于四大帝国的积习难除的错误，证明这种观点
226 是随意从但以理的梦中摭取来的，证明它和事件的真正进程完全不符。马基雅维里和圭奇阿尔狄尼嘲弄神学和奇迹，在这里记下他们的警句将是多余的。圭奇阿尔狄尼看出了一切宗教都以奇迹自夸，因此，奇迹并不是任何一种宗教的证明，它们或许不过是“自然的秘密”而已。他劝他的读者千万不要说上帝因为某人善而帮助了他，因为某人恶而惩罚了他，因为“我们常常看见相反的情形”，神意的忠告实际上是一片混沌。保罗·萨尔皮虽然承认“把对每一宗事件的安排归因于神意乃是一种虔诚的和宗教的思想”，但他认为要去确定“事件被那最高的智慧所导向的目的是什么”乃是一种“臆测”；因为人们是从感情上坚信他们的意见的，

“他们深信自己被上帝所爱就像被自己所爱一样”。因此，举例言
之，他们争辩说，上帝使茨维恩格利和赫科拉姆帕迪乌斯差不多同
时死去，为的是惩罚和撤换不和睦的宣教师，但确切无疑的是，
“在他们两人死后，福音派郡县在从他们两人所接受的学说方面
取得了更大的进展”。这种相信宗教而又小心谨慎的人物的倾向
较之那种激进的和鲁莽的、公然不敬的人物的倾向，意义更为深
远；同样，人们赋予历史的新的重要性在下列方面是引人注目的，
就是，当时到处惹人注目的史学工作增加了，一种真正的和正当的
语文学派形成了，这个学派不仅研究古代，而且也研究中世纪（瓦
拉、比翁多、卡尔基、西戈尼奥、比阿托·雷纳诺等人），它出版和
校订原本，批判资料的真伪和价值，它从事建立一种考查见证的技 227
术，它编写学问渊博的历史。

最自然不过的是，这种新形式的史学看来像是向古希腊罗马的倒退，犹如基督教看来曾经像是向伊甸乐园的故事（这一异教的插曲已由耶稣降生救世而结束）倒退一样，或如中世纪在今天某些人看来仍像是向野蛮的希腊化前的时期倒退一样。这种倒退的错觉表现于对古典古代的崇拜，表现于知道文艺复兴的人们所熟知的文学、艺术、道德、风俗等一切表现中。在我们现在所讨论的特定领域中，我们发现一种奇怪的凭证，它支持语文学家和批评家，使他们自己难于相信希腊和罗马的作家像中世纪的作家一样、或许曾是自欺、欺人、歪曲，并被情欲引入歧途、被无知弄成盲目的。因此，中世纪的作家受到严酷的批判，而希腊和罗马的作家则受到尊敬、获得同意，因为，要在心灵上对古人获得同样的自由是需要很长的时间与很大的努力的，而对中世纪的历史在原本与资

料方面的批判则早在对于古代历史获得同样的自由以前就发展起来了。但关于倒退的错觉的最大证明和纪念品乃是反对中世纪史学的人本主义类型史学的形成。中世纪史学主要以编年史和人本主义史学的形式为限,虽则这种史学形式同意了按希腊人和罗马
228 人的榜样作出的按年按季编排的,尽量取消了数字指标,力求一气呵成,不采取年代学的剪裁和捷径。在中世纪时,拉丁文变得不纯了,它采用了本国语的词汇或以新方式称呼新事物的词汇,而人本主义史学家则把一切思想和一切叙述翻译成和装扮成西塞罗体的拉丁文,至少是黄金时代的拉丁文。我们常在中世纪的编年史中发现生动逼真的掌故逸事,人本主义虽则恢复了它对历史的尊严,但剥夺了历史的生动逼真的因素,或加以冲淡和粉饰,就像它对各野蛮世纪的事物和风俗所已做的一样。这种人本主义类型的史学像文艺复兴时期的新的语文方面的博学与批判及整个文艺复兴运动一样,是意大利的产物;在意大利,用本国语写出的历史不久就仿效了它,发现薄伽丘的拉丁化散文是十分适合它们的目的的工具。这种史学从意大利传播到了其他国家;像一宗企业移植到处女地时永远要从原地聘请工人和技术专家一样,欧洲其他各地最初的人本主义历史家都是意大利人。维罗纳人保罗·埃米利奥替高卢人写历史,他在他的《论法兰克人的功勋》中替法国人写出了法国的人本主义史,波利多尔·弗吉尔同样替英国写了英国的人本主义史;柳西奥·玛里尼奥替西班牙写了西班牙的人本主义史,其他许多人替其他许多国家写了,直到出现了本国的专家,不再需要意大利人的帮助为止。后来就有必要抛掉这件外衣了,它不是太松了,就是太紧了——事实上,它不是按近代思想的形式裁成

的。其中的人为的、夸大的、虚假的东西受到了责难——这类缺点 229
确乎是这一文体的结构原则中所清楚地指出了的，那是一种模仿的原则。但是任何怀恋过去的人都会欣赏那种历史人本主义的散文，认为那是爱慕古代和希望达到古代水平的表示。这种爱慕和希望如此强烈，以致除了较好的事物以外，有时在没有较好事物的情况下，他们也毫不踯躅地复制了外表的和无关重要的东西。乔巴蒂斯特·维科有时非常天真，在人本主义史学出现三世纪以后依然在悲叹"没有一位君主想到过要用最好的拉丁文体把有名的西班牙王位继承之战记录下来，永远保存；自从第二次迦太基战争、恺撒与庞培之战、亚历山大与大流士之战以来，世界上没有发生过比它更伟大的战争"。结果怎样呢？最近，在的黎波里战役中，有人从意大利南部某省的内地提出了一项建议，那是一个人本主义者的阴影依然存在的小地方，建议的内容是要求对那次战役编出一种题名为《利比亚战纪》的拉丁文评论。这个建议使人捧腹不已，我也为之失笑，但当我回忆到我们的祖先如何长久地和专诚地追求一种关于美好的古代和正派的史学的理想时，我的失笑是带有一种温厚之情的。

然而，我们已经说过，对这种返回的有效性和可能性的信念乃是一种错觉；任何过去有过的事情都不会返回，任何过去有过的事情都不能被取消；即使我们恢复了一种古老的思想，新的敌手也会
使保卫变成新的，并使思想本身变成新的。不久以前我读了一位 230
有学问的法国公教徒的著作。他在替中世纪澄清某些荒谬的指责，驳斥在论及中世纪时所常犯的错误时，认为中世纪是真正的现代，是具有真正永恒的现代性的现代，因此，他认为中世纪不应被

称为中世纪，中世纪一词应指 15 世纪与我们今天之间、应指宗教改革和实证主义之间的那段时期。我读到这一学说的时候就想起，它跟另一种认为中世纪劣于古代的学说真是很好的一对，我想起，从历史思想看来，这两种学说在不久以前都已自行表明它们是错误的，历史思想不知有什么返回，只知中世纪把古代深深保存在自己的胸中，就像文艺复兴把中世纪保存下来了一样。古代世界很少知道或完全不知道基督教和中世纪所深刻地感到的“博爱”，而“人本主义”除了是这种“博爱”的更新的公式以外还能是什么呢？“文艺复兴”或“更新”一词除了是从宗教语言取来的譬喻以外还能是什么呢？除了用字不说，难道人本主义的概念不就是对一种精神的和普遍的价值的肯定吗？而当它是这样一种肯定时，不就像我们所知道的，是古代的心灵本身所无的，是与基督教一同出现的“教会”史和“精神”史的一种本质性的继续吗？毫无疑问，关于精神价值的概念已经有了变化或变丰富了，因为它本身含有一千多年的心灵经验、思想和活动。但当它这样变丰富时，它却保存了它的原有的性质，它建立了新时代的宗教，这种宗教有它的僧
231 侣和殉道者、有它的争辩和护教论、有它的不容忍的精神（它把中世纪的文物加以破坏或任其消灭，并把中世纪的作家贬抑得湮没无闻），它有时甚至模仿中世纪的祭拜形式（纳瓦加罗经常每年焚化一份马歇尔的作品，作为对纯拉丁语风的一种燔祭）。中世纪时关于价值的概念只见于基督教的宗教信仰方面，现在则加上了博爱、哲学、科学、文学尤其是艺术、政治等各种形式的活动，因而历史或历史纲要继续作为这类规定的结果而出现；对中世纪的著作说来，它们当然是新的，但对希腊罗马的著作说来，它们也同样

是新的;在希腊和罗马的著作中,没有什么能和它们相比的东西,或者说,只有一些用经验的和外在的方式写成的论著。关于价值的各种新历史是怯懦地出现的,在某些方面,它们模仿少数古代的范例,但它们证明具有一种热情、一种知识、一种灵感,从而引起了一种希望,希望它们能有它们的先行者所没有的增长和发展;那些先行者不是发展了,而是逐渐愈益变成肤浅的,并终于再度消失成为模糊一片了。我们只要举出瓦萨里的《画家列传》一书作为它们全体的代表就够了;这些传记是和许多意大利人的论著、对话录和通讯集中对艺术的考虑和研究有联系的,随处闪现出古代从来没有闪现过的光芒。对于当时多少做出了一些成绩的诗歌和修辞学方面的论著及它们对于诗歌的论断和新的诗歌史,我们也可以这样说。马基雅维里所考虑的“国家”也不是古代的简单的国家,即城市或帝国,而几乎是被视为神圣的民族国家了;为了这样的国 232
家,灵魂的得救也应该牺牲,也就是说,它被视为一种可以使灵魂真正从中得救的机构。甚至马基雅维里和其他人用以与基督教德行对立的异教德行也是和纯希腊罗马的心灵倾向大不相同的。那时候对今天业已达最高峰的有关权利、有关政治形式、有关神话和信仰、有关哲学体系的学说,也着手进行了研讨。由于产生人本主义的同一意识也扩大了已知的世界的疆界,寻找了并发现了一些民族,那些民族是圣经上所没有记载过的,是希腊罗马的作家所一无所知的,因此,那时候出现了一种关于野蛮人和美洲本土文明的著作(也出现了一种关于遥远的亚洲的著作,它被研究得更加细致),从而首次出现了关于人类生活的原始形式的见解。这样一来,人类的精神疆界就和人类的物质疆界同时扩大了。

不仅我们看出了“复归古代”是一种错觉，因为文艺复兴时期的人们也很快看出了。不是每个人都满足于使自己适应人本主义著作形式的。有些人，例如马基雅维里就抛掉了那件外衣，它的褶曲和衣裙太肥大了，他们宁愿穿上现代的短装。在那一世纪的进程中，人们确乎经常可以听到反对学究气和模仿的呼声。哲学家反叛亚里士多德（最初是反叛中世纪的亚里士多德，后来则反叛古代的亚里士多德），他们吁求真理，真理比柏拉图和亚里士多德都好；学者们拥护新的“阶级”，艺术家们一再说“自然”和“观念”
233 是伟大的大师。人们从气氛中感觉到，“谁是真正的古人”，即“谁是智性方面的专家和成熟者”这一问题被答以“就是我们”的时候已经不远了；古代的象征将被打破，在这象征中，真实界、即人类的思想将被发现，其表现是不断更新的。这样一种答复之变得日益明显和确切及必然成为人们的共同信念，可能是迟缓的，虽则它终于会成为这样的；现在，只要不把象征当作被象征的事物，这样来说明那种回归古代的真正性质就够了。

这种象征性的外衣，即成见和曲解的原因，笼罩着整个人本主义，但它并不是文艺复兴时期的史学所遭受的唯一恶习。当然，我们在这里所指的不是那影响一切历史的偏见，那种偏见对历史的影响不一样，要看历史是学者兼朝臣及维护其主子利益的人所写的，还是贵族的和保守的国家如威尼斯的官方历史家所写的，还是一国内争中支持某一方如同佛罗伦萨的贵族党和平民党的人所写的，还是支持相反的宗教信仰的人如马德堡和巴罗尼奥的一群新教神学者所写的。我们在这里所谈的不是变成了小说家的历史家（他们有时喜欢历史，例如邦戴洛），也不是那些收集消息以激起好奇心和制造物议为目的。这类事情一切时期都有,不足以形容一个特定的史学时期。但是,如果我们只考查历史思想或愿意成为历史思想的东西,那么,文艺复兴时期的史学就遭受了其他两种缺点的损害,这是它从它们各自的祖先、即古代和中世纪继承下来 234
的。尤其重要的是它从古代得来的所谓人本主义的和抽象的或实用主义的概念,这种概念想用个人的单个性或原子性或用抽象的政治形式等等去解释事实。对马基雅维里说来,国君不仅是他用来说明事件的理想,而且是他用来说明事件的准则。国君不仅出现在他的论文和政治小品中,而且也出现在《佛罗伦萨史》中,在那本书里——当它对意大利在15世纪时的情况作了一番可怖的想象性的描绘以后——我们一开头就遇到国君以狄奥多里克的伟大形象出现了,由于他的“德行”和“善良”,不仅罗马和意大利,而且西方帝国的各个部分都“从它们忍受了多年的无数入侵所产生的连续灾难中崛起,获得了自由,并再一次变成了幸福而且秩序井然的社会”。在那些历史所描述的各个世纪中,同一个特殊人物以不同的形状多次出现。最后,在描写佛罗伦萨的社会斗争结束时,我们读到,“这座城市已经达到了易于适应一位贤明的立法者的任何政府形式的程度”。同样,圭奇阿尔狄尼的《意大利史》一开始就描写15世纪末意大利的幸福是“在不同时期获得并因许多原因保存下来的”,其中并非最不重要的一个原因是“美第奇的洛伦佐的勤劳和天才”,他“千方百计地平衡意大利的事务,使其不致偏于这一方或那一方”。他跟亚拉冈的费迪南及摩尔人柳多维克都有同盟关系,“部分是出于同一原因,部分是为了其他理由”,他们三个人都把维也纳人制服了。这一完整的平衡体系由 235

于洛伦佐、费迪南和教皇之死而被打破了。这期间的历史家都是这样来表达他们自己的，虽则一种关于人类的精神价值的生动意识那时正在形成，并已被人看到，但这类价值却被说成好像要以作为它们的主人的个人的意志和智慧为转移而非相反似的。例如，在绘画史中，瓦萨里的“国君”是乔托，“他虽则出身于平庸的画匠中，但他独自使绘画再次流行，并使它成为一种可以称之为善的形式”。传记也常是个人主义性质的，因为它们从来没有能把个人跟个人所创造而又回头创造了个人的作品完全统一起来。

机缘或命运的观念跟实用主义的概念一道存在下来了，那是它在古代的伙伴。马基雅维里把事件的进程一半归之命运，一半归之人力，在这里，虽则强调的是人力，但承认人力并不排除命运的力量，那是一种非常神秘的和超越的力量。圭奇阿尔狄尼攻击那些把一切事情归因于人力和德行而排斥“命运的力量”的人，因为我们知道，人类的事务“在一切时代都从意外的事件受到巨大的推动，那不是人类的力量所能预见或逃避的，虽则人类的关怀和理解能对许多事情发生调节作用，然而仅仅这样是不够的，好运气也是必要的”。在马基雅维里的著作中，看来确乎随处出现另外一种概念，即关于事物的力量和事物的逻辑的概念，但它只是一个
236 转瞬即逝的影子。对圭奇阿尔狄尼说来，它也是一个影子，他补充道，纵使我们愿把一切事情归因于人力与德行，“我们至少应该承认，生逢或生在你所自视甚高的德行或品质受人尊敬的时代是必要的”。基察第尼仍然感到困惑的只有一点，好像他已瞥见了某种既非个人的任性也非偶然的命运的东西，他说，“当我想到人生所遭到的疾病、机遇、暴力等等无穷无尽的意外和危险，当我想到

要有很多事情配合一致才能获得丰收时，看到一个老年人或者一次丰收真使我感到最大的惊异”。甚至在这里我们还是没有越过不确凿性，其表现是惊异。由于命运观念的复活，甚至部分的复活，由于对这种异教神崇拜的复苏，不仅基督教的上帝消失不见了，连中世纪时肯定过的理性、目的和发展等观念也消失不见了。古代东方关于人事循环的观念又回复了；它支配了文艺复兴时期的全体历史家，尤其是马基雅维里。历史成了生与死、善与恶、幸福与灾难、显赫与式微的交替。瓦萨里把绘画史理解得像其他一切艺术的历史一样，它“像人体一般有生、有长、有老、有死”。他渴望把对当时的艺术才能的记忆保存在他的书里，否则绘画艺术就会“由于人们的疏忽或时代的恶意或上苍的敕令（看来它是不愿意下界的事物长久保持原状的）而遭到”中世纪时它所遭到过的“同样紊乱和毁灭”。博丹批判和拒绝了四大帝国的体系，指出 237
了金子坏了变铜甚至变陶土那种说法的荒诞无稽，并且颂扬了当时在学问、商业、地理发现方面的光辉成就，可是他的结论并不赞成进步论，而是赞成循环论，责备那些认为凡事古不如今的人说，既然依照某种永久的自然法则，一切事物的循环看来都像是沿着圆周周而复始，因而，同样的罪恶会跟着德行，无知会跟着有识，丑会跟着美，黑暗会跟着光明来到。我们在古代历史家所看到的愁苦、辛酸、悲观的语调有时会发为悲剧的调子，它在文艺复兴时期的历史家中也常常可以遇到，因为他们看见他们所十分珍视的许多东西消逝不见了，他们为他们所仍享有的东西胆战心惊，至少是因预见到它们迟早必然会让位给它们的反面而替它们担惊受怕。

这样被设想的历史并不表示进步而只表示循环，不受历史的

发展法则的指挥而受自然的循环法则的指挥；这种循环法则使它成为有规则的和无变化的；既然如此，文艺复兴时期的史学就像希腊罗马的史学一样在自身之外有目的，它只提供了这样一些材料，这些材料适于用来劝人追求有用和善，适于用来满足形形色色的欢乐或作为抽象真理的装饰品。历史家和史学理论家都同意这一点，只有帕特里齐之流的怪人是例外，他表示怀疑知道过去的事有什么用，并怀疑叙述的真实性，但他终于自相矛盾，也拟定了一个
238 外在的目的。圭奇阿尔狄尼在他的《意大利史》的绪言中写道："为了自己和为了公共的利益，我们获知这些如此不同而又如此重要的事例后就都可以找到许多有用的文献，无数事例的结果清晰地表明，人事是不稳定的，统治者的错误主意对自己常是有害的，而对人民则永远是有害的；他们眼前只有虚夸的错误或当前的贪婪，他们不关心命运的经常变化，把为了公共福利赋予他们的权力变为对于别人的损害，因此他们就因不够谨慎或因野心过大而变成了新的扰攘的制造者。"博丹认为从历史性叙述中，"不仅适当地讲解现在，而且涉及未来，确立了哪些应当追求，哪些应当避免的最坚定不移的规条"。康帕内拉认为应当使它成为各门科学的充分基础而编写历史；沃西阿斯的定义注定要在好几世纪的论著中出现，他的定义是，为了美好而幸福的生活，认识并记住单个事物是有用的。因此，在当时看来，历史知识就是一种最低级的和最容易的知识形式（这种看法一直流传到今天）；它低级和容易到了这种程度，以致博丹除了承认历史有用、有趣外，还承认它方便，方便到了不需任何学艺之助，本身就能被众人所理解的程度。真实性既然被放在历史叙述之外，于是文艺复兴时期的所有历史家

就像他们的希腊和罗马前辈一样地采用多少有些想象成分的演说
和劝诫,而所有的理论家(从波塔诺斯的诗篇《奥克蒂》到沃西阿 239
斯的《历史艺术》)也都卫护这类演说和劝诫的采用,这不仅是屈从古代范例的结果,而且也是由于他们自己的信念使然。终于德·拉·波皮利尼尔在他所著的《完全的历史概念下的史学史》(1599 年)中滔滔不绝热烈地教人以历史的准确性和真诚性后,立即转而拥护想象性的高谈阔论,他的巧妙的理由是,必要的是"真实"而不是表达真实的"字句"! 这样一来,历史的真相就不是历史而是雄辩术或政治学了;如果文艺复兴时期的历史家很难实行雄辩的话(那时候的政治制度使雄辩很少用武之地),他们就都是或几乎都是谈论政治学的论著的作者;跟中世纪的作者比起来,他们所受的鼓舞是不一样的,中世纪有伦理思想和宗教思想作为作家的背景,它们恢复了和推进了亚里士多德和其他古代政治作家的思辨。同样,有关历史艺术的论著是中世纪所没有的,而在文艺复兴时期则迅速地增多了(大部分可查阅 1579 年的《历史艺术文库》),它们恢复了并丰富了希腊罗马理论家的研究。

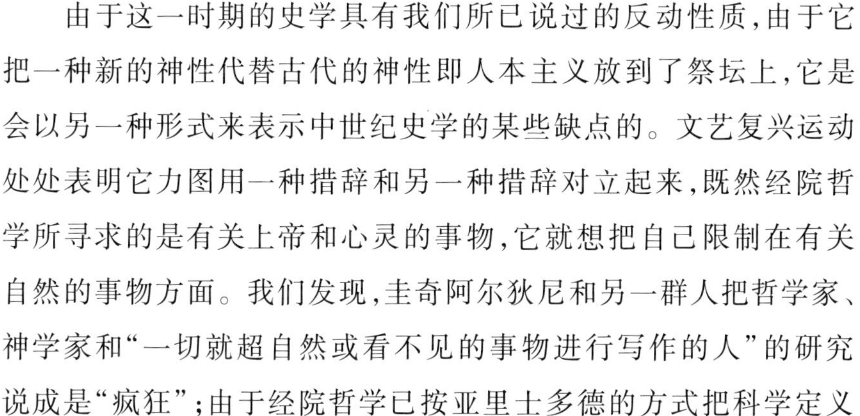

由于这一时期的史学具有我们所已说过的反动性质,由于它把一种新的神性代替古代的神性即人本主义放到了祭坛上,它是会以另一种形式来表示中世纪史学的某些缺点的。文艺复兴运动处处表明它力图用一种措辞和另一种措辞对立起来,既然经院哲学所寻求的是有关上帝和心灵的事物,它就想把自己限制在有关
自然的事物方面。我们发现,圭奇阿尔狄尼和另一群人把哲学家、 240
神学家和"一切就超自然或看不见的事物进行写作的人"的研究说成是"疯狂";由于经院哲学已按亚里士多德的方式把科学定义

为研究一般，于是康帕内拉就以他的科学是研究个别来与这一定义相对立。同样，当时的学者是偏好拉丁文的，他们最初不承认中世纪时所形成的新文字，也不承认中世纪的文学和诗歌，那时的法学家偏爱罗马法典而拒绝封建法典，那时的政治家偏爱贵族专制和君主专制而拒绝代议政体。那时候第一次出现了这样一种概念，就是，把中世纪看作一个整体，把它和另一个整体对立起来，那另一个整体是由古代和古代—近代组成的，而中世纪则像一个讨厌的和痛苦的楔子一样插在当中。“中世纪的”一词作为一种正式的称呼，用作历史的划分和标题，为时当然很晚（看来是接近 17 世纪末时见于切拉里奥的手册中）；在此以前，它只偶尔出现；但它所包含的思想则在空气中、即在每个人的心灵中存在有日了，用的是其他字眼，例如“野蛮”时期或“哥特”时期等；瓦萨里则以古代与“古老”之间的区别来表示，他把康士坦丁、科林思、雅典、罗马及尼禄、苇柏芗、图拉真、哈德良和安东尼之前建立的其他有名城市以前所发生的事情叫作古代的，而把“起源于圣西尔维斯特以后的事情”叫作“古老
241 的”。总之，区别是清楚的：一方面是最灿烂光明，一方面是漆般的黑暗。在康士坦丁以后，同一个瓦萨里写道：“每一种德行”都不见了，“美好的”心灵和“崇高的”才智都堕落成了“最丑恶的”和“最卑劣的”，新宗教的狂热使艺术遭受了无限的损害。这表示，中世纪主要特征之一的二元论完全被保全下来了，虽则它是受到不同规定的，因为，现在，神就是（虽则没有公开承认）古代、艺术、科学、希腊和罗马生活，而神的敌人、即神所遗弃的人和反叛者则是中世纪、“哥特式”神殿、充满困难的神学和哲学、当时的粗俗和残酷的风俗。但是，正因两种措辞的各自的功用不过倒换了一下，

因而它们之间的对立仍然存在;如果说基督教没有能够懂得异教,没有能够认出它的祖先,那么,文艺复兴也就不能承认自己是中世纪的子嗣,不理解那一行将结束的时代的积极和长远的价值。由于这个缘故,两个时代都销毁了前一时代的文物或任其归于消灭。这种情形在文艺复兴时期当然好得多,文艺复兴的自我表现缓和得多,它深受中世纪思想的感染,而且由于它的人道观念,它模糊地感到了它的先行者的重要性。正因如此,前面提到过的学者和语文学家学派就是在那时候形成的,旨在研究中世纪的古事古物。但学者究竟只是学者,也就是说,他们并不积极参加当时的斗争,虽则他们忙于收集和排比那时的编年史和遗物,他们常常是按当时的庸俗见解对那些东西作出判断的,因而常常可以发现他们看不起他们所从事的主题,宣称他们所研究的诗人是没有价值的,或 242
者说他们把毕生贡献给它的时代是丑恶的和令人生厌的。要使学者们几世纪来所积累成堆的中世纪古事古物放出知识的光芒是需要很大努力的;在文艺复兴时期,中世纪是被厌恶的,甚至当它被人加以研究时也是如此。爱和恨的演出,形式并无不同,较之当时在公教徒和新教徒之间所演出的虽则有趣得多,但在二元论的性质方面也不见得缓和一些。新教徒把教皇叫作基督之敌,把罗马教会的首要性叫作不义的玄说,并且为那些在这一不义盛行时就起而反对它的人们编了一份真实见证人名录。公教徒的回敬是对路德和宗教改革的批评,并编了异端的、撒旦的见证人名录。但是,这一冲突不过是过去的一点余波,是可以因逐渐冲淡和消散而得以了结的;而前一种冲突则是一种有关未来的因素,是只能通过长期的努力并用一种新的、具有最崇高的性质的概念才能克服的。

243 # 五　启蒙运动的史学

接踵而来的史学一方面把对古代和中世纪的双重怀疑推进到了极端；一方面这种激进不怀成见的做法又使它具有明确的外貌，并获得了被视为一个特殊史学时期的权利。由对希腊罗马世界的记忆所织成的象征性衣着是近代精神最初用以打扮它自己的，这时被撕破了，被扔掉了。认为古人不是最古老和最有智慧的民族而是最年轻和最不成熟的，认为真正的古人，即最内行和心灵上最成熟的人应从近人中去寻找的思想一点一点地出现了，并普遍地被同意了。从此以后，赤裸裸的理性以它所固有的名称受到了尊敬，它继承了希腊人和罗马人的范例和权威，把理性看成是和未开化的文化和风俗相对立的。人道主义、即对人类的崇拜也以“天性”的名义、即纯朴的一般人类天性的名义而被偶像化了，它继承了人本主义及其对于某些民族和某些生活方式的偏爱。用拉丁文写作的历史减少了，或只限于学者们了，而用民族文字写作的历史
244 则增多了；人们不仅批判中世纪的伪造和寓言，批判寺院中轻信和无知僧侣的著述，而且也批判古代历史家的著述，人们首先怀疑的是历史上的罗马传统的真实性。但人们对于古人仍有同情之感，而对中世纪的反感和厌恶则仍有增无已。人人都觉得，都说，他们不仅脱离了黑暗，而脱离了黎明前的昏暗，说，理性的太阳已高悬

在地平线上，以最鲜艳的光辉照亮着和照耀着才智。人们随时说到“光明”、“启明”之类的字眼，并且是以日益增长的信心和力量说及的；因而从笛卡儿到康德之间这一段时期就叫作“光明时期”、“启蒙时期”或“启明时期”。另外一个术语也开始流传起来，它最初不常用，意义很有限制，这就是“进步”。它逐渐变得更加惹人注意和更为人们所熟知了，最后就替事实判断、替人生行动、替历史编写提供了一个标准，它成了专门研究的主题，成了一种新型历史的主题、即人类精神进步史的主题。

但我们在这里看到了基督教思想和神学思想的坚持性和潜在力量。可以说，被多方讨论过的进步乃是一种没有发展的进步，它主要表现为一种感到满足与安全的叹息，像一个幸运儿一样，他成功地克服了许多障碍，现在宁静地注视着当前，他对未来蛮有把握，而对过去则有意避开，或仅偶一回顾，为的是悲叹它的丑恶、蔑
视它、笑话它。在所有最聪明同时又最优秀的历史方面的启蒙代 245
表人物中，我们可以伏尔泰为例，他写了《风俗论》一书，目的是为帮助他的朋友夏特莱女侯爵去克制烦恼，那种烦恼是罗马帝国衰落以来的近代史所给她的，他用一种嘲弄的心情讨论了那个题目。我们也可以孔多塞的著作《人类精神进步的历史图景草稿》为例，它在结尾时像一种最后的愿望和遗嘱一样（同时也像是作者的遗嘱），我们在那里发现了整个世纪的纲要。现在是幸福的，甚至在革命的屠杀中也是幸福的，未来是光明的，而对产生现在的过去则充满了蔑视与嘲弄。他们对于他们所正在踏进的时代的美满幸福说得很清楚。伏尔泰说，那时候人类比以前任何时代从欧洲的这一端到那一端得到了更多的光明。现在，人类在挥舞无人能予反

抗的手臂说：对付怪物的唯一武器是理性：阻止人们变成荒谬与执拗的唯一方法是教导他们；为了揭露那种可恶的信仰狂，我们只有描绘它。当然，人们并不否认过去有过善与美的事物。纵然它们受过迷信和压迫的害，它们必然是存在过的。人们看到，在历史中许多错误和偏见交替地互相继承，并且排斥真理和理性：人们看到，智者与有福者束缚愚者并制服不幸者；还有，这些能者与有福者本身就是命运的玩具，如同他们所控制的奴隶一样。善不仅存在过，虽则受到压迫，并且也在一定程度上起过作用：在这些掠夺和破坏中，我们看到了一种对秩序的爱好，它在暗中激励人类，
246 并防止了人类的完全毁灭：这是不断施展力量的大自然的权限之一，……。因此，“伟大的时代”不应该被忘记，那是由于贤人和帝王的努力而使艺术繁荣昌盛的“世纪”，是历史上的四个幸福时代。但是，这种偶发的善是软弱无力的或暗中进行的或时现时隐的，它和新时代的善在数量方面和力量方面的区别变成了一种质量方面的区别：这样一个时刻来到了，这时，人们学会了思考，学会了改正自己的观念，过去的事就像一个在坚实的陆地上登陆了的人所看到的波浪翻腾的大海一样。当然，新时代的事物不是每一件都值得颂扬的；事实上，可贬斥的地方是很多的：各种谬见几乎在全地球上成为法律；如果最明智的人士聚在一起来制定法律，那么，哪里会有形式保持完整的政体呢？新的世纪距离理性的理想仍然很遥远，它仍然只能自视为向完善的理性和幸福迈了一步而已。我甚至在康德身上发现了一种关于社会形式限度的幻想，他身后还拖着很多陈旧的主智哲学和经院哲学的东西。事实上，有时候它的最后形式没有被发现，它的地位被一连串令人眼花缭乱

的越来越光辉四射的社会形式所代替了。但这一连串光辉四射的形式、即向最后形式的前进及对弊端的摧毁，实际上是以前各世纪做过一些插曲式的尝试之后从启蒙时期开始的，因为只有这一时期才走上了公正、广阔、稳妥的道路，就是被理性的光辉所照明的道路。在那个时期，有时甚至也出现了这样一种学说，以致卢梭把通常的看法倒转过来，不把理性放在近代或眼前或遥远的未来身 247
上，而把它放在过去身上，不把它放在中世纪的、希腊罗马的或东方的过去身上，而把它放在史前的过去身上，放在“自然状态”身上，而历史则表示和自然状态的分离。这种学说的表达方式虽不一样，但实质上和一般公认的学说完全一样，因为史前的“自然状态”在本身即历史的真实界中绝没有存在过，它只表达了一种应在眼前或遥远的未来去达成的理想，这种理想在近代第一次被觉察到了，因而是能朝着那个方向前进的，不论是就实现的意义还是回原的意义而言。所有这一关于世界的新概念的宗教性质是没有一个人看不清楚的，因为它用俗人的措辞重复了基督教关于上帝就是真理和正义（世俗的上帝）、关于尘世的天堂、耶稣降生救世、千年至福说等等概念，它也像基督教一样把整个过去的历史和自己对立起来，贬斥它，同时好不容易才偶尔看到自己有着聊可自慰的一线曙光。那时候，宗教，尤其基督教变成了最猛烈地打击和羞辱嘲笑的目标，那时候，一切沉默都被打破了，人们不再满足于意大利的人本主义者一度挂在嘴边的谨慎的微笑，而爆发公开的和狂热的战斗，这有什么关系呢？甚至世俗的狂热也是教条主义的结果。虔诚的人受到了震动，在世俗的上帝身上看到了古代的撒旦，犹之开明的人在僧侣所代表的老上帝身上发现了任性的、主宰

的、无情的部落神一样,这又有什么关系呢?相互非难的可能性证
248 实了二元论在新概念中像在旧概念中一样活跃,并使新概念不适
于理解发展和理解历史。

史学对古代的怀疑也因抽象的个人主义或“实用主义”概念而更增加了。情形确实是这样的,因而恰恰就在那个时候,信条重新出现了,实用主义作为人类观念、情操、筹划和活动的历史,作为以思虑为点缀的叙述,和神学的或中世纪的历史对立起来,和古老的朴素编年史或知识和凭证的渊博汇集对立起来。伏尔泰攻击和嘲笑人们相信神的智谋和惩罚,攻击和嘲笑人们相信少数野蛮人的领导,相信他们是作为一种天之选民和作为普遍史的轴心来起作用的(这样,他就可以用前述的世俗神学来代替这种信念),而赞扬圭奇阿尔狄尼和马基雅维里的著作中初次出现的写得好的故事的,正是同一个伏尔泰。实用主义的研究方式甚至波及了有关宗教和教会事件的叙述,并在德国被莫斯海姆等人所采用。由于理性主义这样深深打入了教会史学和新教哲学中,后人以为宗教改革运动促成了思想的进步,其实,在这件事上,宗教改革不过接受了新形式的人本主义思想而已,以前,它和它是对立的。在其他方面,如果它以独创的方式帮助了历史概念的前进,我们将要看到,那是由于在它内部沸腾着的另一因素、即神秘主义所导致的。但甚至公教信仰也不是没有受到实用主义的传染的,我们在博修埃的《演讲集》中发现了公教信仰的影响,博修埃代表奥古斯丁的
249 概念,那种概念失去了它的副性,缩小了和现代化了,它没有关于
两个国度的不可调和的二元论,没有罗马帝国作为最后的和永存的帝国,它容许由上帝所注定和由法则所调节的自然原因跟神的

干预一同起作用,把大部分地位让给各民族的社会条件和政治条
件。我们所说的不是同一作者在他的《教会变迁史》中所采取的
最后步骤,那时,他是客观地和从内部动机方面去设想宗教改革的
历史的,把它说成是一种针对权威的反叛运动。甚至他的敌手伏
尔泰也承认,除了偏爱天之选民的神意以外,博修埃没有删掉其他
原因,因为他曾屡次考虑到民族精神。这就是时代精神的力量。
那时候的实用主义概念仍然是我们今天所深知的,离我们很近,并
且顽存在我们的许多叙述和历史手册中,用不着加以描述。当我
们想起 18 世纪的历史著作时,我们的记忆中马上出现一种历史轮
廓,在那份历史中,僧侣们进行欺骗,朝臣们玩弄阴谋,贤明的帝王
则想出并实现良好的制度,那些制度由于别人的恶意和人民的无
知而受到攻击,几乎归于无用,虽则从开明的人士看来,它们永远
是令人羡慕的。机遇或无常的形象随着那种形象的唤起而出现,
它和这类冲突的历史搅在一起,以致使这类冲突的历史变得更加
错综复杂,使它们的结果变得更离奇和更惊人。从那些历史家看
来,历史叙述有什么用处、即有什么目的呢? 在这里,读一下伏尔 250
泰的几句话也是可以提供说明的,他说:“这种好处特别在于它使
一个政治家、一个公民能从异于本国的法律和习俗中作出比较:这
就是在艺术、农业、商业各方面引起近代民族竞争的东西。过去各
种重大错误至今仍然很起作用。人们不会在自己的眼前过于容忍
这些罪恶和灾难:不论怎么说,他们全会加以预防。”这种思想以
许多不同的用语被人重述,在当时有关史学理论的全部著作中几
乎都可以找到,它以一种比较容易和比较通俗的体裁在继续意大
利方式的文艺复兴。“历史哲学”几个字后来获得了很大的成功,

最初是用来描绘那种可以从历史获得的帮助的,帮助的形式是忠告和有益的教训,它所受到的是不怀成见的研究,也就是说,唯一的“前提”是理性。

给历史加上一个外在的目的,这就引起了古代有过的同样结果,历史变成了演讲性的,甚至写出了历史教育故事,像文艺复兴时期一样,“雄辩的演说”被保存下来了,历史被当成多少适于达到某些目的的材料,不大注意它的真实性,因而,举例言之,马基雅维里就从李维的数十卷集中引申出了法则和教训,不仅假定它们是真的,而且同意其中那些他必定已认为能被证明为无稽的部分。演说开始消失不见了,但它们之所以消失乃是由于良好的文风,而不是由于别的原因,良好的文风认识到,这类手段是和18世纪的叙述所采取的新的通俗的、散文式的、争辩性的语调格格不入的。

251 代替的是更坏的办法,就是不尊重历史,他们认为历史是一种次要的实在,配不上哲学家,哲学家所追求的是法则,是经常的东西,是一致,是一般,这是能从他本人身上找到的,是能从对自然和人类的内外天性的直接观察中找到的,用不着对历史所叙述的事实去作漫长的、无益的、危险的巡视。笛卡儿、马勒伯朗士及其大串继承者在这里用不着特别被提到,因为人们深知,那时数学和自然主义怎样主宰了并抑制了历史。但是,能说历史真理至少是一种次要的真理吗?比较仔细考虑一下之后,看来甚至这一点都说不上。伏尔泰说,在历史上,经常用来表示“二加二等于四”、“我思考”、“我受苦”、“我存在”等知识的“当然”这词也应该尽量少用,只能用作“很可能”的意思。而别的人则认为连这样说也太过分,因为他们根本否认历史的真实性,宣称历史是一些寓言、捏造、蒙混或

无法指证的断语的汇集。因此就有了18世纪的怀疑主义或皮浪的怀疑说[①]，它曾屡次出现，给我们留下了一系列小小的珍书，作为它本身存在过的证据。如果把历史知识看作一堆个别的指证，而这些指证又被情欲所支配或改变，或因无知而被曲解，认为它最多不过提供教训性的和可怖的范例，以便证实理性的永恒真理，而理性的永恒真理对其他方面则用自己的光辉去照耀；这种看法的必然结果就是这样的。

然而，如果把神学的看法和实用主义的看法在启蒙时期史学中所已作出的夸张作为根据，并认为其时也有一种类似文艺复兴 252
时期或其他先行者时期的式微或退步，那是大错特错的。那时候不仅发生了错误的萌芽，不仅前一时期业已出现的困难变得愈加厉害了，而且那种关于精神价值的史学也得到了发展，并提高了效率，这类精神价值是基督教的史学所加强的，甚至几乎是它所创造的，而文艺复兴运动则已着手把它移植到地面上来。作为史学家的伏尔泰是值得保卫的（近来已有几位作家这样做了，弗埃特作得最好），因为他清楚地看出了有把历史从研究外在事物拉回到研究内在事物的必要，并竭力去满足这种需要。因此，在他看来，记载战争、条约、典礼、仪节的书籍只是一些"案卷"或"历史字典"，只在某些场合可供查考之用而已，但历史、真正的历史，他认为是一种大不相同的东西。真历史的任务不是用外在的或材料性的事实或他所称为事件的事实去增加记忆的负担，而是要去发现人类过去的社会是什么样子，人在家庭内部怎样生活，就培养出什

① 原文为 Pyrrhonism，一译极端怀疑主义。——译者

么样的艺术来,并去描绘“风习”;它不应该让自己迷失在不重要的细节中,而只应收集重要的事情和说明产生它们的精神。由于
253 伏尔泰这样重风习而轻战争,我们发现他怀有一种概念(虽则它没有得到充分的讨论并在激辩中消失了),认为历史不必去描绘人类的繁荣与贫困的细节,而只应描绘风习与艺术、即积极作为的景象;在他的《路易十四时代史》中,他说,他愿意阐述那个君主的政府,不是为了它对法国人有利,而是为了它对人类有利。伏尔泰所担起的并获得了不少成就的工作成了当时全体历史家努力的主要目标。凡是愿意这样做的人都可以在弗埃特的书中看到伏尔泰的《风俗论》与《路易十四时代史》中的伟大图景是如何被法国作家和其他欧洲国家的作家所模仿的,例如,罗伯逊在他的查理五世史的有名导言。还有应该注意的是,关于文化的这一方面或那一方面的专门史是怎样增加和写完善的,好像培根在他的历史分类中所提及的几种需要就这样得到了补充似的。哲学史日益放弃了那种收集故事和哲学家言论的形式,以便成为从布鲁克尔到布勒和蒂德曼的体系史。在温克尔曼及其后继者的著作中,艺术史采取了一种专门问题的形状。在伏尔泰自己及其学派的著作中,它采取了文学问题的形状;在杜博斯和孟德斯鸠的著作中,它采取了权利和制度问题的形状;在德国,它产生了一种跟莫泽尔所著奥斯纳布吕克市的历史同样富有首创性和现实主义性的作品。在赫伦(Heeren)的专家著作中,工商业史从历史划分分离出来了,或与离题的经济论著分离了,并获得了它自己的形式。社会风俗史甚
254 至研究到了社会和道德生活的最细微的面貌(例如圣帕勒伊的《论古代骑士精神》一书)。伏尔泰说到比武时不是说过他自己完

全愿意进行一些革新吗？我们就单说意大利吧，那时它也是采取首创行动的，虽则后来不久它就退却了，而从欧洲其他国家得到激励；我们应该记得，在18世纪时，皮埃特罗·詹诺内体现了许多那不勒斯同胞和同时代人的愿望和尝试，他描绘了那不勒斯王国的内政史，用了很多篇幅去谈教会与国家的关系和立法方面的事故。在意大利国内和国外（其中有孟德斯鸠和吉本）都有很多人学他的样子。在意大利也有柳多维科·昂托尼奥·穆拉托里在他所著的《古代意大利》一书中阐述了中世纪生活，蒂拉博斯基写了一本伟大的意大利文学史（被认为是意大利的整个文化史），它的内容的渊博不亚于它的立意的清新，同时，其他次要的作家，像纳波利·西尼奥雷利在他所著的《两西西里的文化变迁》中一样，详细记述了某些地域，把他们的历史撒满了当时流行的哲学思想。耶稣会士贝蒂内利也在意大利文学、艺术、风俗史中模仿伏尔泰的历史著作，博内菲德在哲学史方面模仿布鲁克尔的著作，朗齐的做法比上述诸人高明得多，他继承了温克尔曼在《绘画史》中所走的道路。

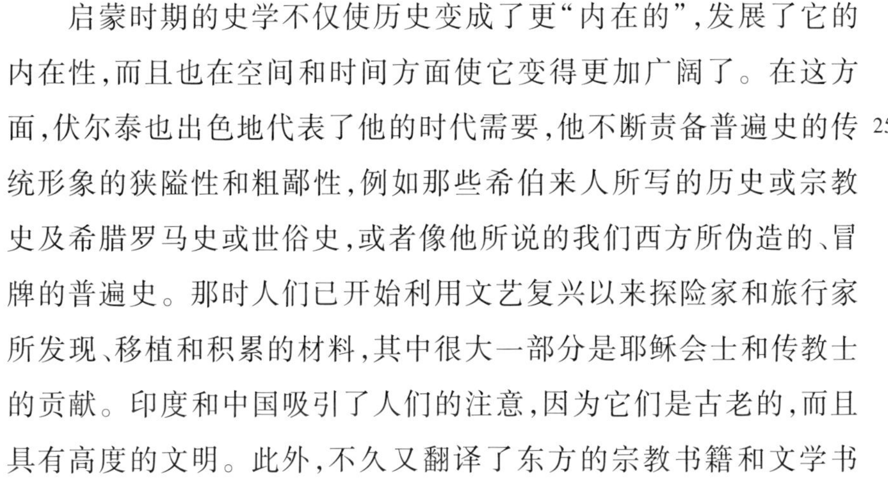

启蒙时期的史学不仅使历史变成了更“内在的”，发展了它的内在性，而且也在空间和时间方面使它变得更加广阔了。在这方面，伏尔泰也出色地代表了他的时代需要，他不断责备普遍史的传 255
统形象的狭隘性和粗鄙性，例如那些希伯来人所写的历史或宗教史及希腊罗马史或世俗史，或者像他所说的我们西方所伪造的、冒牌的普遍史。那时人们已开始利用文艺复兴以来探险家和旅行家所发现、移植和积累的材料，其中很大一部分是耶稣会士和传教士的贡献。印度和中国吸引了人们的注意，因为它们是古老的，而且具有高度的文明。此外，不久又翻译了东方的宗教书籍和文学书

籍，这就使人有可能不仅依据第二手材料和旅行家的叙述去讨论那种文明了。与东方知识增长的同时，不仅关于古代的知识增长了（这方面的研究工作从来没有停止过，但中心有变动，最初是从意大利变到法国和荷兰，后来变到英国，后来又变到德国），而且在本笃会士、莱布尼兹、穆拉托里等许多人的著作中关于中世纪的知识也增长了，他们在研究对象和进行研究的地域或城市方面各有所专，例如德梅奥在他的《那不勒斯王国批判史》中一样。

与学问及可得到的各种各样的文献和资料增多的同时，对于前者的真伪和后者作为证据的价值的批判也更精细了。弗埃特很
256 好地注意到了本笃会士、莱布尼兹（他虽则是一位哲学家，但在这方面没有超过那些最优秀的和有学问的僧侣）、直到穆拉托里在方法上所获的进步，穆拉托里不仅要考查传说的真实性，而且开创了对两种倾向的批判，即批判个人亲眼目睹和给予其叙述加上兴趣和激情的色彩和形状。以伏尔泰为首的启蒙人物开创了另一种更为本质的批判，这种批判所指向的是事物和关于事物的知识（指向文学、道德、政治和军事方面的经验），它认识到事物不可能像肤浅、轻信或怀有成见的历史家所认为发生过的那样发生，而试图按它们唯一能够发生的方式那样去再造它们。我们佩服伏尔泰（尤其是他的《路易十四时代史》）不信任朝臣们和臣仆们的报道，那些人惯于制造诽谤，惯于恶意地和以谈掌故的方式去解释君主和政治家的表面活动。

这种情形之所以发生是因为，启蒙时期的史学固然保存了甚至夸大了实用主义，但在另一方面，它也改进了实用主义，使它精神化了，这我们应该已从伏尔泰所喜爱的说法看出来了，甚至从神

学化的博修埃身上也看出来了，就是民族精神，时代精神。那种精神究竟是什么，自然还是模糊的，因为那时候那些新输入的概念把一种意外的冲突因素引进了哲学，哲学不能提供支持，以便把它看作发展中的精神的理想规定，并把不同时期和不同民族设想为在精神演出中各自有份的。因此精神常被曲解成一种固定的品质，例如，如果是一个民族问题，它就被曲解为种族，如果谈的是各种时期，它就被曲解为潮流或时派，因而就这样自然化了和实用主义 257
化了。伏尔泰写道，三件东西不停地影响人类精神，即，气候、政体和宗教：这就是解释世界之谜的唯一方法：在这里，“精神”被贬成了自然环境和社会环境的产物。然而，这一个有启发性的词终于被说出来了，人们对于当时正在进行的社会方面、政治方面、文化方面的斗争条件本身必已一点一点地清楚地意识到了。在当时，气候、政体、宗教、各民族的天才、时代的天才都是些试图越过实用主义并把因果关系置于一种普遍秩序中的可喜尝试。这种努力及其局限性——即重新采取抽象和实用主义的说明方式——也从“单个事件”的学说中表明出来了，人们相信单个事件一下子就可以决定新时代成为野蛮时代或文明时代。因此，那时候人们像弗埃特特别引证理查森[①]的历史所记载的一样，惯于赋予十字军或土耳其人对康士坦丁的占领以巨大的重要性。同一障碍的另一后果是，这时写出的各种文化史、风俗史、艺术史等很少贯通之处。生活的各种表现一件接着一件摆出来，毫不成功，甚至没有做过任何尝试去把它们有机地加以发挥。

① 原文为 Richardson。——译者

毫无疑问,启蒙时期的新的和生气勃勃的史学趋势。那时除了攻击实用主义和自然主义的障碍以外,又在攻击前面说过的世俗与神学二元论针对它们所设置的其他障碍。这种世俗—神学的
258 结果是否定发展原则本身,因为断定过去为黑暗的和错误的就杜绝了任何有关宗教、诗歌、哲学或有关原始和以往制度的认真概念。从伏尔泰看来,在观察和科学演绎的形成过程中,原始文明中十分重要的“占卜”制度是什么呢?它是将与一个傻子相遇的第一个骗子的捏造。对于古代生活同样重要的神谕又是什么呢?它是些骗术。公教徒、路德派、加尔文派关于圣餐的神学斗争是什么意思呢?天主教徒吃上帝以代面包,路德门徒吃掉面包与上帝,而加尔文门徒将吃面包而不吃上帝。詹森派门徒所能达到的唯一目的是什么呢?博尔当认为是一串令人生厌的神学争论和一串无聊的笔战,因此,当时参加争吵的作家什么也没有留下,而只留下了几何学、推理性文法、逻辑学,即只留下了属于理性的东西;神学争论是人类精神的另一种疾病。古代的哲学也没有受到较好的待遇。柏拉图的哲学不过是一种恶劣的形而上学,是一串拙劣的辩论,看来不像能一世纪又一世纪地得到了其他更荒唐的人的佩服和增补,直到洛克才不这样:洛克是在一本书中论人类悟性的唯一作者,这本书所说的都是真理,并且作品写得很完善,因而全部真理都是清清楚楚的。在诗歌方面,近代作品的地位被看得比古代的高,《吉罗莎伦》[①]的地位比《伊利亚特》高,《奥兰多》[②]比《奥德

① 意大利最杰出的史诗,塔索(1544—1595年)作。——译者

② 意大利散文体史诗,马泰奥·马里亚·博亚尔多(Matteo Maria Boiardo)作。——译者

赛》高，但丁显得晦涩而笨拙，莎士比亚显得是一个不是没有才能
的粗人。中世纪的文学不在考虑之列：人们所收集的是当时的一 259
些可怜的作品：人们像是置身宫殿之旁，可是从这古老的断垣残壁
中取出来的却是一堆石头。普鲁士的腓特烈在这方面的表现是一
位言行一致的伏尔泰信徒，他没有欣然接受新版的《尼伯龙根之
歌》和德国的其他史诗杰作。一句话，整个过去丧失了价值，或者
说，只保存了恶的消极价值：在那艺术、娱乐与和平今天仍占优势
而理性本身也开始潜入的大城市里，居民们又是怎样把各时代进
行对比，是怎样相互诉苦，如果他们敢于这样做的话。这几乎是这
类历史的每一页都应该加以深思熟虑的。

由于缺乏发展的概念，使得获得有关遥远的事和人的知识是
无用的；虽则在某些方面，把印度和中国纳入世界史，有功劳，虽则
它对“四大帝国”和“宗教”史的批判和嘲弄在一定程度上是正确
的，但应记得，它所嘲弄的观点却满足了理解历史跟基督教文明生
活及欧洲文明生活的关系的正当需要；应该记得，如果那时候没有
可能（那时候绝没有这种可能）形成一个更完整的链条，把阿拉
伯、印度、中国和美洲文明以及其他新发现的事物包括进去，这些
新知识就只能是一种好奇心和想象力所追求的目标。因此，在18
世纪时，印度、中国和就大体而论的东方除了表现出一种容忍的感
情、实即表明一种宗教上的冷淡感情以外是很少其他用处的。在
那些遥远的国家中没有皈依的狂潮，它们也没有派遣传教士来打
扰欧洲——虽则欧洲对它们不吝给以这类访问——它们是不被当 260
作历史实在对待的，它们也没有在精神发展的实在中取得它们的
地位，而变成了被渴望的理想，变成了梦想的国土。今天有些人重

新在赞扬亚洲的容忍态度，把它和欧洲的不容忍态度对比，并对这种智慧和温厚的态度变得敏感起来，他们不知道，他们所做的不过是无益地和不适当地重复伏尔泰所已做过的事而已；在这件事情上，伏尔泰如果无助于对历史有更好的理解，至少他已履行了一种为当时情况所必需的实际的和道德的职责。16 世纪语文学者所积累起来的大堆学问和启蒙时期史学之间之所以没有发生接触和联系，另一深刻的原因是发展的概念有缺点，而不是由于偶然的事情，例如那些独创性历史家的政论的、期刊的和文笔的倾向。如果根据新的概念说，精神不是发展的而是跃进的，并且业已大大跃进了一次，把过去远远抛在后面了，那么，那些凭证和汇集在精神的缓慢而且吃力的发展中是怎样被运用的呢？只要随时从中查出和摘出一些合乎当时论战之用的不寻常的情节就够了。伏尔泰说，这是一个大杂货店，你可以从那里拿走对你有用的东西。有学问的人和开明的人都是各自的时代的产儿，他们因此是分道扬镳的，前者由于精神不够活跃，无力达到历史的水平，后者由于过分活跃而践踏了历史，把历史变成了新闻的形式。

261　这一切限制正因它们是一些限制，因而给启蒙时期的史学划定了一定的领域，但它们并不表示史学没有取得任何进步。那时候的史学从事当时最为迫切的工作，它被它所正在揭露的周围的真理的光辉所围绕，它并没有看到那些限制和自己的欠缺，或者说，它很少看到它们，很难看到它们。它只知道，它进步了，而且进步得很快，它的这种信念不是不对的。有些批评家（其中有弗埃特）现在替它所遭到的坏名声作辩护，推崇它的许多优点，这些优点我们也已清楚地指出和补充过，它们之间的联系和统一我们也

已证明过;这类批评家也不是做得不对的。但是我们不应该不让
那种坏名声得到解释,因为和每一历史时期对于前一历史时期通
常加以蔑视、以便表明前一历史时期不如当前的做法比起来,它的
坏名声严重得多。反之,在这里,我们发现了一种蔑视方面的特殊
判断,甚至和启蒙时期以前各时期相比时也作出这种判断,因而,
这一时期而非文艺复兴时期等特别获得了“反历史”的诨名(即
“反历史的18世纪”)。关于这种情形的解释,我们发现是,从可
敬的古代得来的一切象征性的面罩当时正在消失中,是,那时候在
历史与宗教之间掀起的粗糙的二元论和冲突正在消失中。文艺复
兴本身也是对于人类理性的肯定,但当它与中世纪的传统决裂时,
它依然同样依附古典的传统,因而使它具有一种历史意识的外貌
(是外貌,不是实际)。文艺复兴时期的哲学家常常乞援于古代的 262
哲学家并使自己接受他们的保护,借柏拉图去反对亚里士多德,或
借希腊的亚里士多德去反对注释家们的亚里士多德。那时的学者
借古代的箴言去为新的艺术作品或对艺术作品的新判断作辩护,
虽则他们对于从古代箴言中找到的东西加以穿凿附会。哲学家、
艺术家和批评家只有在毫无妥协可能时才转向古代,而且只有其
中最有胆量的人才敢这样做。政治家把古代的共和国当作范例,
把李维的著作当作他们的教本,就像《圣经》被基督徒当作教本一
样。宗教在有教养的心灵中已经消竭了或已消灭了,但它对人民
有必要保存下来,作为一种统治工具,它是一种通俗形式的哲学:
从马基雅维里到布鲁诺差不多人人同意这一点。马基雅维里的立
法圣人或“君主”和伏尔泰的开明君主都是那些根据自己的意志
在政治方面塑造了欧洲的专制君主的理想化,双方在本质上是近

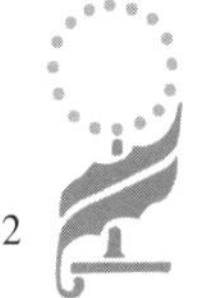

似的;但是16世纪的政治家是深知人类的弱点并具有希腊和罗马的丰富历史的全部经验的,他们研究权术和处事,而18世纪的开明人物则因受了理性日益胜利的鼓舞,高举理性的旗帜,为了理性不惜把宝剑从剑鞘中拔出来,丝毫不觉得有用面具罩住面孔的必要。奴马王为了欺骗人民,创造了一种宗教,因此受到了马基雅维里的推崇;但伏尔泰则会因此责备他的这种做法,像他责备一切教
263 条的制造者和盲信的推动者一样。此外还有什么可说的呢?文艺复兴时期的唯理论是意大利天才的特有产物,它是这样平衡、这样力求避免过度、这样圆通、这样巧妙;启蒙运动是法国天才的特有产物,它是激进的、必然的、容易走入极端、富于推理性。

把两个国家和两个时代的天才加以比较,启蒙运动和文艺复兴运动相较必然显得是反历史的,而文艺复兴运动则由于这样进行比较和设立这样一个目标之故,就变成了具有历史感和发展感的,其实它是没有的,实质上,它也是唯理论的和反历史的,在某种意义上说,甚至比启蒙运动更厉害。我说它比启蒙运动更厉害,不仅是因为启蒙运动像我所说过的,大大增加了历史知识和历史观念,而且恰恰是因为它使文艺复兴运动中潜在的矛盾全部暴露出来了。表面上,这是历史知识方面的退步,实际上,这是对生活的补充,因而是对历史意识本身的补充,如同我们后来立即清楚地看到的一样。启蒙运动的胜利和下场是法国革命;这同时也是它的史学的胜利和下场。

六　浪漫主义时期的史学 264

这一反动表现为情操上回复到过去，表现为政治家们维护那些值得保存的或与新生活合拍的制度。因此出现了两种历史表现形式，在一定程度上，这两种形式当然是一切时代所共有的，但在浪漫主义时期最为活跃：一种是怀乡性史学，一种是复古性史学。它们所希望的过去补充了实际可用的材料，由于那种过去恰恰就是启蒙运动和法国革命所已攻击和推翻的东西，即中世纪及一切类似或似乎类似中世纪的东西，因而可以说，这两种历史都是中世纪化的。正像一条被迫离开了自然河床的水道一旦去掉了阻塞立即汹涌澎湃地流回自然的河床一样，在长久受到唯理论的禁欲之后，当人们又重新拾起旧日的宗教和局部的及地方的旧有民族风俗时，当人们重新回到古老的房舍、堡邸和大礼拜堂时，当人们重新歌唱旧日的歌儿，重新再做旧日传奇的梦，一种欢乐与满意的大声叹息、一种喜悦的温情就从人们的胸中涌了出来并重新激动了人心。在这种汹涌的情操中，我们最初并没有看出一切心灵中所起的深刻而不可改变的变化，这种变化有那些出现在明显的返回倾向中的焦虑、情感和热情给它作证。

如果把浪漫主义运动的思乡性史学看成是由某些特殊文学作品组成的，那就小看了它了，因为，事实上，它像一股不可抗拒的潮 265

流一样渗进了当时的一切作品或几乎一切作品中，不仅能在次要的较为逊色的人物例如德·巴朗特那里找到它，也不仅能在较富诗歌倾向的人物例如夏托布里昂那里找到它，而且能在提出某些最重要的或纯科学的思想的历史家例如尼布尔那里找到它。这时候骑士生活、修道院生活、十字军、霍亨斯陶王室、伦巴第和法兰德斯的公社、同阿拉伯人发生冲突的西班牙基督教国王们，阿拉伯人本身、被撒克逊人和诺曼人所分割的英格兰、威廉·退尔的瑞士、中古时代的纪功诗、抒情诗人的歌、哥特式建筑（这是一个特征性有变化的名称，本有轻视之意，后来变成了一种喜爱的象征）等等都像粗俗的、质朴的民间文学、诗歌和艺术一样变成了普遍同情和全国同情的对象；中世纪编年史的译本或节本甚至也重印出来，以供一大群如饥如渴的读者的欣赏；第一批中世纪博物馆建成了；人们还试图重建和建完古代的教堂、堡邸和市政厅。史学和新的文学形式的历史故事发生了密切的关系，并且和它交换观点，这种文学形式也表达了同样的思乡病，首先表示的是沃尔特·司各脱，其后是他在各国的无数后继者（所以这种文学形式是与曼佐尼的历史小说大不相同的，那种历史小说不受这类情操的支配，它的历史因素是有道德方面的基础的）。我已经说过，在内容方面，这种思乡病比人们最初设想的现代性多得多；以致人人都因那最能投合
266 他的爱好的动机而受到了它的吸引，不论那动机是宗教的或政治的，是旧公教的、神秘的、君主专制的、立宪政治的、公社共和的、民族独立的、自由民主的还是贵族政治的。然而，当过去被用作诗歌的题材时，把形象加以理想化的趋势就有和批判性思虑发生冲突的危险：因而，变成了一种迷信的中世纪崇拜就得到了一个可笑的

结局。弗埃特引用过兰克的一句尖锐的话,那是关于浪漫主义学派的最后一位可敬的代表人物之一吉泽布雷克特的,他是《日耳曼帝国史》的作者,是“基督教的日耳曼德行”及中世纪英雄人物的力量与德行的仰慕者和颂扬者。兰克把这一切说成是“既过于刚强,同时又过于幼稚”。但是,在这种观念之流的源头上辨认得出的幼稚,在它变成笑料以前却毋宁说是诗人梦想中的崇高的幼稚。

现实的现代动机在思乡性史学中表现为情操,这些动机作为叙述旨趣所在的倾向在同一作家或其他作家身上得到了一种反映形式。在这里,对这些倾向的各种形式和规格全部加以说明也是没有必要的(关于这一点,弗埃特已经做得很好了),例如从乔瓦尼·缪勒的坚定的卢梭主义到西斯蒙迪,或从尼布尔的自由农理想、利奥的教皇绝对权力主义理想、前面已经提过的吉泽布雷克和菲克的帝国主义中世纪理想、劳默的老自由理想、罗特克和格维奴斯的新自由理想、基佐和德尔曼的盎格鲁化,或米什莱的民主理想到特罗雅和巴尔博及托斯蒂神甫的新教皇党理想,到德莱臣和德莱切克的普鲁士霸权,如此等等。但是,所有这些人以及其他具有 267
特殊偏见的历史家都是依靠过去的,绝少例外,他们从传统的辩证或传统本身中替他们的偏见找理由。谁也不再单靠抽象理性的光辉去写作了。社会主义学派对此提供了极端典型的例子,这一学派在其主要代表马克思身上采取了浪漫主义的形式,马克思以史学的和科学的价值赋予了社会主义学派。他的著作和18世纪时出现过的社会主义理想完全相反,因而他自夸那些理想已从乌托邦的状态过渡到了科学的状态。他的科学不过是他所预言的新时

代的历史必然性，唯物主义本身不再愿意成为一位霍尔巴赫或一位爱尔维修的自然唯物主义，而自称为“历史唯物主义”了。

如果思乡性史学是诗歌，而有目的的史学则是实用的和政治的，那么，浪漫主义史学、真史学就不属于二者中的任何一种，如果它被认为是思想史上的一个时期的话。当然，诗歌和实用产生于一种思想，并引起一种思想，作为它的内容或问题：法国革命当然不是一种哲学的原因或结果，而是既是原因，又是结果，是一种行动中的哲学，是从当时所发展的生活产生的，同时又在生出那种生活。但决定那我们想要弄明白的史学的科学性质的是以思想形式出现的思想，而不是爱慕过去或力图复活一种错误的过去的情操形式的思想。它用发展的概念同启蒙思想相对立，这样以思想的
268 形式去反对那很粗糙的二元论的启蒙思想。

事实上，这种概念并不全然是一种新东西，它在那时是花蕾的第一次开放：没有任何一种真正的思辨概念会在某一时期是没有的而在另一时期却出现了。区别在于，在某个一定时期，科学问题似乎适用于思想的某一方面而不适用于它的另一方面，而思想则永远是整体地存在的。所以，我们说古代和18世纪没有发展的概念，那是一种夸张。这样夸张是很有理由的，但它终于是一种夸张，不应该按字面去接受它，不应该按实质去理解它。我们也不应相信，在浪漫主义时期以前，人们没有猜想到或预期到关于发展的重要科学概念。这个概念的痕迹可以在文艺复兴时期的大哲学家的泛神论中找得到，尤其可以在布鲁诺身上找得到，也可以在包括泛神论的神秘主义本身中找得到，而在把历史事件的进程看作对人类的逐步教育，用这样一种概念去重建神学概念的空骨架时，更

可以清晰地找到它的痕迹;在这种教育中,圣典的传授就是不断的启示,这些圣典从最初的希伯来的圣经到福音书再到福音书的修订,逐步减少了初级的性质。莱辛在这方面提供了一个例子。启蒙运动理论家也不总像我们所提过的那些人一样是可怕的二元论者,他们之中时而有人像杜尔阁一样,虽不完全放弃那关于衰落时代的假设,但认识到了基督教比古代进步,近代比基督教进步,甚 269
至想要描述神话时期、形而上学时期、科学时期三个时期所经历的发展路线。其他思想家,例如孟德斯鸠,则注意到了制度与风俗及与时代的依存关系;另一些思想家,例如卢梭,认为情操的力量有很大的重要性。启蒙运动在它自己的时期中也有它的反对者,不仅表现在政治的抽象和虚妄的乐观上(例如加利亚尼的),而且也表现在其他更为重要的方面,注定后来要成为批判的专题,例如轻视传统、轻视宗教、轻视诗歌和贫乏的自然主义等等。因而哈玛晒笑伏尔泰和休谟盲目信仰牛顿的天文学说,笑他们缺乏道德教义的知识。他认为复兴诗歌并把它和历史联系起来是必要的,认为历史不是全部心灵工作中最容易的,而是最难的(在这方面,他和博丹恰恰相反)。但在维科的《新科学》(1725 年)一书中可以找到对于浪漫主义思想的极为丰富的和有机的预期(就像这种思想现在应被普遍地承认和知道一样)。维科只批判了初起时的启蒙运动(那时它还只是自然法学和笛卡儿主义),然而他比后来的人钻得更深,深入了它的隐蔽的目的,并对它的逻辑的和实际的后果作出了较为准确的估量。因此,他用人类心灵在历史上开展成为感觉、想象和知能,开展成为神的或动物时代、英雄时代和人类时代,这样去反对那种以抽象理性的名义对过去肤浅地加以蔑视的

做法。他并进一步认为没有一个人类时代是不对的，因为每一个
270 人类时代都有它自己的力量和美，每一个人类时代都是它的前一时代的结果和它的后一时代的必要准备，贵族政治是民主政治的准备，民主政治是君主政治的准备，它们各在正当的阶段出现，或者说，是那一阶段的公道。

然而，在浪漫主义时期，发展的概念不再是没有听众的一个孤独的思想家的思想，而扩大成为一般的信念了；它不是怯懦地悄悄地出现的，不是被人矛盾地加以肯定的，它是具体地、首尾一贯地、理直气壮地出现的，并支配了精神。它是唯心论哲学的构成原则，在黑格尔的体系中达到了登峰造极的程度。反抗它的力量的人是很少的，这些人，例如赫尔巴特仍然在康德前的教条主义中闭关自守，有些人，例如叔本华，尤其是孔德及后来的实证主义进化论则试图对抗它，但或多或少地沾染了它。它把它的智性的脊骨给予整个史学（在这里，徘徊不前者和反动者也是例外），而那种史学则在不同程度上替它纠正了一些同样片面的倾向，那些倾向来自前面已经说过的情操方面的和政治方面的原因，来自对最近的过去或对“昔日黄金时代”或对中世纪的深情厚谊。这时候，整个历史被理解为一种必要的发展，因而暗地里并或多或少公开地全都得救了；人人都感到它是神圣的，这样的感觉在中世纪时只对其中表明上帝反对魔鬼的部分才有。因此，发展的概念就扩大到了标准的古代，随后由于知识和注意力的增进，又扩大到了东方文明。
271 因而罗马人、爱奥尼亚人、多里斯人、埃及人和印度人都回复了他们的生活，并轮到他们有人替他们辩护和有人爱慕，差不多不亚于骑士制度的世界和基督教的世界之被人爱慕过一样。但是这一概

念在逻辑上的扩大并没有在哲学家和历史家中遇到任何障碍，甚至当人们厌恶对那与近代对立的时代如 18 世纪时也是如此。雅各宾主义和法国革命的反对者在其著作中写到它们的献身精神就是这种景象的见证，例如黑格尔就在这些事件中发现了笛卡儿所创始的近代抽象主观性的胜利和死亡，哪一方面也不次于另一方面，发现了它的“胜利的死亡”。不仅敌对双方和好了，刽子手及其牺牲者也和好了，18 世纪的知识分子以为苏格拉底是自由思想的殉道者和不容忍态度的牺牲者，今天还有人迷信和重复这种说法，那时则认为在“历史”的名义下，他是该死的，因为历史不容许没有悲剧的精神革命。《共产党宣言》的起草人也一样，他在急于以其祈祷和著作去消灭市民阶级的同时，热烈地、大大地颂扬了市民阶级所已获得的成就，这样一来，他就表明了他自己就是浪漫主义思想的忠实儿女；因为，对任何坚持 18 世纪意识形态的人说来，资本主义和市民阶级只能是由于无知、愚蠢和自私所产生的变态，除了致以悼词外值不得予以任何赞美。那些历史家中大多数人的热情是极其容易激动的，一点不亚于具有启蒙精神的历史家，但以 272
讽刺、挖苦、谩骂各种形式围攻了当时的历史理解，不过并没有压抑或否定这种理解，至少在比较优秀的才智之士中是这样的。从那些叙述中体验到的一般印象是一种使人人受到公正对待的认真努力，由于浪漫主义思想家和历史家的心理和心灵受到了这种教育的熏陶，因此只有一般最无教养和最狂热的僧侣和公教徒才继续把伏尔泰和 18 世纪诅咒成魔鬼的产物。同样，也只有庸俗的民主主义者和反对教士干政的人才同样粗野地对待反动、复古和中世纪，他们在时代错误和其他方面与前一种人是相似的。启蒙运

动和跟它联系着的雅各宾主义像我们所已说过的一样，是一种宗教，当它死亡以后，它留下了残余或迷信。

把历史设想成发展就是把它设想成理想价值的历史，理想价值是唯一有价值的东西，因此，那类历史在前一时期业已大量增多，在浪漫主义时期就更在日益增多。但它们的新特点不在于外表的数目增多，而在于内部的成熟，由于内部成熟就纠正了前人所写的历史，那些历史或者是由互无联系的知识项目所组成的学识渊博的汇集，或者真是由判断组成的，但那些判断的根据是一种外部的模子，那模子自命为是由纯粹理性所构成的，实则是由武断和
273 任意的抽象和想象所构成的。这时，诗歌史和文学史不再根据罗马人本主义理想的标准去加以衡量了，不再根据路易十四时期的古典理想去加以衡量了，也不再根据18世纪的推理的和散文的理想标准去加以衡量了，而逐步地在它本身中发现了它自己的衡量标准，这是从赫尔德、从施勒格尔兄弟、然后又从维尔曼、从圣伯夫、从格维努斯的初次尝试开端的，对古代则是从沃尔夫和米勒的初次尝试开端的，最后就达到了德·桑克蒂斯的《意大利文学史》所代表的高标准。艺术史突然觉得自己受到了莱辛和温克尔曼的过于狭隘的理想的拘束，兴起了一种指向色调、指向景色、指向希腊化前和希腊化后的艺术、指向浪漫主义艺术、指向哥特艺术、指向文艺复兴、指向巴洛克艺术的运动，这种运动的范围从迈尔和赫斯波及了鲁莫尔、克卢格、什纳斯，直到布克哈特和拉斯金，它也随时试图打破学派的阻碍，触及艺术家们的真正艺术人格。哲学史在黑格尔手上遭到了重大的危机，他把它从康德门徒的抽象主观主义导向客观性，他承认，哲学的唯一真正的存在是由思想史构成

的,是就它的整体来加以考虑的,不忽视它的任何一种形式。德国的策勒、菲舍尔和埃德曼,法国的库赞及其学派,意大利的斯帕文塔在这种客观研究方面追随黑格尔。在宗教史方面也有同样的情形,它由玛海内克、内安德和海斯仿照唯理学派最后的代表人物斯皮特勒和普朗克的做法试图采取一种内在的判断标准,在施特劳斯、鲍尔和图宾根学派手里找到了一种特殊的科学形式;在权利史方面则是从艾希霍恩到萨维尼、干斯和拉萨尔。国家的概念在名 274
为政治史的历史中总是愈来愈把领导权让位给民族概念,"民族"代替了"博爱"、"自由"和"平等"等名目,前一时期的其他一切曾经充满光辉的观念这时变得暗淡无光了。这种民族主义跟那种普遍主义及世界主义比起来,曾被错误地看成是一种退步,因为(尽管它有人所共知的情操方面的夸张),它格外帮助了那只活在其历史创作如民族中的普遍的东西的具体概念,民族既是它的发展的结果,又是它的发展的因素。由于这样意识到了民族的价值,结果,欧洲精神的价值就复活了。欧洲精神在启蒙时期过分被践踏了,原因是,自然主义精神主宰了那一时期,而且古代和基督教的历史体系受到了人们的反对,虽则欧洲人所写的历史显然只能是"欧洲中心的",虽则只有在和基督教的及东方的希腊罗马文明发生关系的情况下,沿着其他路线发展的文明才是现实的,才是我们可以理解的,如果我们始终不想把历史变成一种不同类型的文明的展出,以便给予其中最优秀的文明以奖品的话!由于同一理由,历史与史前史的分别,人类史与自然史的分别也弄清楚了,它们曾被唯物主义者和自然主义者不正当地联系起来过。甚至在赫尔德的著作中也有这种情形,他保存了许多和新时代因素混在一起的

他那一世纪的因素。但最重要的是，我们在浪漫主义的史学中看
275 到了人们设法把宗教、哲学、诗歌、艺术、法律和道德等等方面的事实当作发展的单一动机的一种功用来叙述，以便把一切关于精神价值的特殊史有机地联系在一起，并且常常幸运地实现了这种努力。不理解观念和风俗就不能理解文学，不理解哲学就不能理解政治，或者说（这是稍后才实现的），不理解经济就不能理解权利、风俗和观念，在那时候变成了一种老生常谈。值得我们顺便记下来的是，在这种种价值史中，很少有在以前没有被维科连同其内在统一性的迹象提出过或勾画过的。诗歌史、神话史、权利史、语言史、法制史、说明性或哲学性的理性史都包括在维科的著作中，虽则有时是隐蔽在其各自特别有关的历史时期或社会学时期中的。甚至近代的传记（它联系个人所履行的使命和在他身上变成了现实的“观念”的面貌去阐明个人的作为和遭遇）也在维科的自传中有它的最初的标记或最初的卓越标记之一，也就是说，在天意命令他和指导他“用各种看来是障碍实则是机会的方式”去完成的作为的历史中有它的最初的标记或最初标记之一。

这种传记方面的改变并无不承认个性之意，相反地是表示个性的提高，因为它从它与普遍的关系中找到了它的真正意义，就像普遍在个别中找到了具体性一样。可以说，个别化的力量，即对体相、对心灵状态、对各种不同观念形式的知觉，对时间、地点的区别
276 感在浪漫主义的史学中才第一次出现。这就是说，它们的出现不是罕见的，不是偶然的，也不再是以新旧之间、文野之间、爱国外国之间的对立的消极和概括形式来表现的。这绝不是说那些历史家中有人在一种抽象的观念辩证法中迷失了道路（虽则这种情形间

或发生过），不是因为我们在一切时代和全部思想进步中发现有夸张、片面性、不平衡，就说其他历史家比较常让观念陷溺在风俗和掌故的表面逼真中。责备浪漫主义者所重视的时间地点的渲染有错误，也不太重要，因为重要之点恰恰就是这种渲染的尝试，不论结果是好是坏（如果结果不好，图景就得重新加以渲染，但它总是要渲染的）。关于这一点还有一个进一步的理由，就是，我们已经承认，浪漫主义在真正的和正当的史学之外还有幻想和倾向在起作用，它们给予被阐明的时间地点以想象的和夸大的渲染，那是由各种情操和兴趣所引起的。历史就是思想，在这一时期中，它有时候被理想化了，化为一种关于过去的想象性的再生，人们要求历史把他们带回中世纪的古老堡邸和市场中去；为了享受，他们要求看到穿着固有服装和按固有行动去行动的当时的人物，要求听到他们用当时的语调去说话，要求把自己变为事实的同时代人，并为他们取得一个同时代人的真实精神。但是这不仅不是思想所能做到的，而且也不是艺术所能做到的，因为艺术也是超越于生活；而 277
且这样做也是无益的，因为这不是我们所需要的，人类所真正需要的是在想象中去重现过去，并从现在去重想过去，不是使自己脱离现在，回到已死的过去。最后这一点当然是一种错觉，是某几个浪漫主义者所特有的（在这个问题上，今天仍有他们的后继者），由于这是一种错觉，因而它若不是没有结果的努力，就不过发为抒情的叹息而已；但这样一种错觉只是许多面貌中的一种，不是浪漫主义史学的主要部分。

我们还得感谢浪漫主义的是，由于它的缘故，学者与历史家之间，即寻求材料的人和思想家之间第一次建立了关系，实现了融

合。我们已经说过,18 世纪没有发生过这种情形,老实说,在它以前的意大利或亚历山大里亚人本主义的伟大的博学时代也没有发生过这种情形,因为那时的博古家和政治家各走各的路,彼此漠不关心,有时从博古家的书架上闪现出来的唯一政治理想(如同弗埃特所敏锐地从弗拉维乌斯·布朗杜斯身上所看到的)是一个政府由于保持宁静而允许学者们去从事他们的平静的爱好!但是,在这个问题上,浪漫主义史学的口号也被维科在他的哲学与语文学相结合、真与确相互转化、观念与事实相互转化的公式中预见到了。这个公式证明(顺便提一下),曼佐尼的历史名言,说维科应该跟穆拉托里结合起来,即,哲学应该和博学结合起来,从历史上看不是完全确切的,因为维科已经把二者结合起来了,它们的结合

278 构成了他的著作的主要价值。然而,曼佐尼的话尽管不确切,它却证明了浪漫主义史学注意到了历史中流行的博学与思想之间的紧密联系,历史就是博学所保存或恢复的文献的再活与再思考,事实上,它需要博学去把文献找出来,预备好。浪漫主义不仅抽象地提出这种要求,实际上它产生了从尼布尔到蒙森、从蒂埃里到弗斯特尔·德·库兰兹、从特罗雅到巴尔博或托斯蒂等语文学思想家(有时也是诗人)。17 世纪和 18 世纪的巨大博学汇集和储备的真正价值那时才第一次受到了重视;补充它们和纠正它们的新的汇集那时才发展起来,补充和纠正的标准日益严格地跟主题及知识益多与手头所用的手段有关。这就出现了名为《日耳曼尼亚志》的著作和日耳曼语文学派(它曾是最后的一个学派,后来成了最初的一个学派),对欧洲其他部分说来,前者是这类工作的范例,后者是有关这类工作的学科的范例。由于民族情操推波助澜,新

的史学在语文文献学方面的要求也在我们意大利使历史团体，使编年史、法律、宪章、“历史档案”或评论的汇集，即使与现在的史学工作有关的组织获得了生气。除其他各种作品外，从《拉丁铭刻集》可以发现一个推动那种纯粹基于历史需要的最有耐性的语文文献学前进力量的卓越例证，那集子是由一个具有蒙森的热情 279
毅力和综合心灵的历史家所设计和编写的。在18世纪时（只有一两个极少见的局部性例外），历史家瞧不起羊皮书和对开本书，或者不耐烦去读这类书，浅尝辄止；但在19世纪时就没有一个认真的人再敢说不去准确地、细心地、明察秋毫地研究历史所依据的文献就能写出历史了。

因此，以前各世纪的实用主义历史就因这类新的史学信念的轻轻一触而冰消瓦解了，而不是因为受到直接和公开的批判或议论才消失的。“实用主义的”这个词本来一向是个光荣的称呼，这时开始被用来称呼一种不适当的历史思想形式，叫起来有点轻视的味道了；启蒙运动时期的历史家不被信任了，不仅伏尔泰和法国历史家不被信任了，连休谟们、罗伯逊们以及其他英国历史家也都不被信任了。他们在这时候显得没有声色，没有历史感，他们的心思完全放在事物的政治局势方面，肤浅地、徒劳无益地想用个人的意向和小事情或个别细节去解释伟大的事件。那种把历史当作演说家或宣扬德行和箴言的教师的学说也消失了。这种学说在古希腊罗马时代曾经存在过很久，并且很有活力，后来从文艺复兴时期起也一样有活力（当我说，这种种都消失了的时候，如果看不到这些古物倒必然还是有待理解，因为这类古物那时存在，今天也还存在，还带着有活着的样子）。对待历史的基督教精神又恢复了。

280 这种精神把历史看作一个单个的过程，并不重现，把它看作上帝的作品，直接通过上帝的到场来进行教育，而不是一件用来例证外在于它本身的抽象教训的东西。从此以后，“实用主义的”这个词像“历史是生活的教师”或它是“为了生活得美好和幸福”等公式一样，说出来是见笑大方的了：谁愿意相信这些公式就让他去相信吧！也就是说，谁愿意附和传统思想而不重新思考那些思想并满足于传统和庸俗的概念，就让他去吧！然则历史有什么用处呢？答复是，就是“历史本身”，这确乎不是一件小事情。

新的世纪由于采取了新的方针，因而获得了“历史世纪”这样一个光荣的称号，这些新方针是同出一源或殊途同归的。新世纪神化了同时又人化了历史，这是过去从来没有做到过的，它又使历史变成了真实界与思想的中心。这个光荣的称呼即使对整个19世纪是不能证实的，它对19世纪的浪漫主义或唯心主义时期应当是可以证实的。但我们不应该由于这种证实而不能同样清晰地看到那种史实的局限性，如果看不到，我们就无法理解它在日后的进一步前进。那时，历史既神化了，又人化了；但神性和人性真的合流了，或二者在根砥上就没有什么分歧了吗？古代的世俗思想和超世俗的基督教思想之间的不协调是真正治好了，或不再以新形式重新出现了吗？虽则这种新形式被冲淡了并变得在知性方面更富批判性了。在这种抽象的不协调中，两种因素之中哪一种是主导的？是人的因素还是神的因素？

答案就可以从这些问题中看出，并且进一步可以从人所熟知
281 的一种记忆中看出，就是，浪漫主义时期不仅是伟大的进化论历史的光辉时期，而且也是历史哲学、即超验论历史的致命时期。事实

上，在文艺复兴运动和启蒙运动时期，虽则内在论思想逐渐变得日益丰富和深刻了，虽则超验论思想日趋消失，但前者并没有因此就吸纳了后者，而只把后者纯洁化了和理性化了，就如希腊化哲学和基督教神学在它们自己的时代用它们自己的方式所试图做过的一样。在浪漫主义时期，纯洁化和理性化仍在进行，这正是浪漫主义的过错，也是它的功劳，因为这已不是一个端正那种古代意见的问题，而是一个把它根本转化和重制的问题。那时候，关于历史的超验论概念不再称为启示和默示，而称为*历史哲学*了，这个名称是从启蒙运动得来的（主要是从伏尔泰得来的），虽则它已失去了前此的意义，即指用一种具有道德和政治思虑的、不怀成见的或哲学的精神去考察历史，它的意义现在截然不同了，它所指的是对历史领域之上或历史领域之下的领域进行哲学研究，事实上是一种神学研究，不管它曾经是多么世俗的或思辨的，它终于是神学的。这样的探索既然永远导致一种理性化的神话，我们就没有理由不把“神话”这一名称扩大到历史哲学，或把“历史哲学”这一名称扩大到神话，像我所扩大了的一样，把关于历史的一切超验论概念都叫作“历史哲学”，因为它们都拆散了事实和概念、事件和解释、行动 282
和目的及世界和上帝。历史哲学在其内在结构上既然是超验的，它在浪漫主义时期所采取的各种不同形式之为超验的，也就不足为奇了，甚至在渴望内在论的哲学家如黑格尔身上，也是如此，黑格尔是摧毁柏拉图主义的一位伟大人物，可是他在相当大的程度上也从事历史哲学；敌人是十分顽强的，每个思想家的身上都有它，他本来应当把它从胸中剔去，可是抵挡不了。

但是，我们不必细述浪漫主义者和唯心主义者在其“历史哲

学”的结构中所采用的假设，我们只要看看后果，以便指出他们的结构的超验论倾向就够了。这类结构会在方法方面危及浪漫主义历史，并在执行方面损害浪漫主义历史，虽则它们在最初是极力被视为哲学与语文学的一种统一。后果之一恰恰就是那些采纳了并促进了博学的人重新看不起博学，有时候则口头上赞誉它而行动上轻视它。这种矛盾态度被一种恶念所搅乱到这样的程度，以致它多半是隐藏不露的，而表现出来时，则称赞不诚恳，轻视又很怯懦。然而，人们可以从这类弯曲和伪装中发现一些泄露真相的昙花一现的词句，例如在一种先验论历史中所发现的（费希特、谢林、克劳泽及至少在一定程度上的黑格尔），这种历史应当是真正的历史，是从纯粹概念推演出来的，或者说，在帕特摩斯的先知者[①]的眼中是变成了神性的，跟人类的事件纷纭杂乱和人类的事
283 实错综复杂的情形应当多少有所不同，作为哲学性历史，应当把单纯的叙述性的历史当作身外的废物，而单纯叙述性的历史则应当作为道德家和政治家说教和教训的原料或教本。哲学想使哲学也变成历史，这样试图自行创造历史（这一点证明计划还没有真正化为行动），我们从这种哲学的胸中看到了哲学和历史之间、即历史思想方式和哲学思想方式之间的差异，看到了两类研究工作者的互相敌视和互不友善。“专业的”历史家不得不保卫自己，反对他们的前辈（即哲学家），结果是，他们一点不怜悯哲学家，否认他们是哲学家，而把他们看作爱管闲事的人和吹牛行骗的人。

① 指《圣经·新约》中的圣约翰。圣约翰曾被放逐到爱琴海意大利岛屿帕特摩斯。——译者

不愉快和恶感由于下述情形而更无法避免,就是,“历史哲学家”,即被超验论迷住了的历史家并不永远满足于(严格说来,他们也不能满足于)哲学性历史和叙述性历史之间的区别,他们自然而然地要去调和这两种历史,要使事实符合他们所想象出来或推演出来的体系。由于怀有这样一种目的,他们就为了有利于他们的体系而对事实施加强暴,结果就以一种普罗克鲁斯蒂斯的[①]方式割弃某些最重要的事实,而对其他被接受下来的事实则加以歪曲,使它们符合一种不是真正的而是强加于它们的意义。甚至那些仅仅作为叙述的实际助手的年代学划分也受到了折磨(中世纪的习惯就是这样的),希望它们能被提升到合乎理想的划分的地位。在这类任意的做法中,不仅真理的光辉熄灭了,不仅个人的 284
同情或反感掺进来了(其中最典型的一个例子是把希腊及这一或那一希腊化种族加以理想化),而且出现了一件对受害者更富人身攻击的事情,就是,如果历史家是一个党派成员、一个牧师或隶属于这一或那一民族、国家或种族时,他的个人爱憎就在崇高的哲学伪装下钻进了历史。结果就捏造了日耳曼精神、人类的荣誉与完美,这种日耳曼精神自命是阿里乌斯教义的最纯粹的表现,有朝一日,它原是会恢复上帝选民的观念并蔓延到东方去的。因此,半君主专制政治就被推崇为国家的绝对形式,空论的路德主义就被推崇为宗教的绝对形式,还有其他类似的虚荣性吹捧,德国的骄傲心就利用这类吹捧压迫了欧洲各民族,事实上是压迫了整个世界,

① 普罗克鲁斯蒂斯 Proscrustes 古希腊强盗常捕人使卧床上,比床长者割短,比床短者拉长。意即“削足适履”。——译者

这样一来它就以某种方式替德国给予世界的新哲学索取了代价。但是，我们不应以为德国的骄傲没有受到它自己的武器的攻击，因为，如果说英国人很少空想，法国人过于坚信上帝通过法兰克人所做的业绩（它变成了理性和文明的业绩），但其他处境较差和对责骂它们低劣老迈较为敏感的民族的反应还是：焦贝蒂写了一本《意大利的霸权》，齐埃斯科夫斯基写了一本《我们在天上的父》，它预告了斯拉夫民族、尤其波兰民族将在未来占得的优势。

285 但“历史哲学”还有另一后果，就是“普遍史”的重新繁荣，它们错误地意味着人类的完整史，简直是意味着宇宙的完整史，在中世纪时，它们是以从开天辟地起和论两个国度及论四大帝国的编年史形式来叙述的，而文艺复兴运动和启蒙运动则把它们变成了完全庸俗的汇编，兴趣中心另有所在。世界的群像和历史哲学一同返回了，它们本身就是这样的超验普遍史，把“自然哲学”归属于自己。在那里，民族的相续代替了帝国的相续：给每个民族派定一项特别任务，就像以前给每个帝国派定一项特别任务一样，一旦任务完成了，它就消灭或粉碎了，它已传递了生活的火炬，而生活的火炬是不应从任何民族的手中通过一次以上的。在这里，日耳曼民族应该扮演罗马帝国一角，它绝不应死去，而应长远存在，或存在到时代的尽头和上帝的王国为止。

揭露历史哲学的各种不同形式有助于弄清楚这种学说的内在矛盾，有助于说明为什么要采取某些纠正措施去消除这些矛盾，但消除矛盾时又产生了其他矛盾。我们这样进行考察时，应给维科以特别的地位；维科提供了一种很复杂的“历史哲学”，它一方面并不否定基督教的和中世纪的概念，而是默默地跳过去（例如它

并不否定圣奥古斯丁关于两个国度或关于天之选民和异教民族的概念，而只严肃地考察后者的历史），另一方面，它又恢复了关于 286
循环（经过和重新经过）的古代东方动机，但把经过理解为生长与发展，把重新经过理解为一种辩证的反复；在另一方面，这种反复看来并不导致进步，虽则它似乎并不排除进步，也不排除自由意志的自律性或偶然性的例外。在这种概念中，中世纪和古代发酵了，产生了浪漫主义的和近代的思想①。但在浪漫主义时期，循环的观念（它仍然含有一种要求获得满足的巨大心理要求）让位给了一种直线进程的观念，这种观念是从基督教得来的，是从进步走到一个目的的，它的归宿是作为一种限度的某种状态，或进入那进步无止境和无忧无虑、无限快乐的天国。在这样一种概念中，有时候有一种神学和启蒙精神的混合物，例如在赫尔德身上的，有时候有一种按照人生年龄和精神形式去写历史的企图，例如费希特及其学派所作的；此外，在黑格尔的著作中，观念及时实现了它的逻辑理想，在洛朗和另外几个人的自然神论中，上帝的影子又出现了，在温和的公教和新教看来，上帝仍是旧日宗教的上帝，但是近代化了，是高贵的、贤明的、宽宏大量的。在所有这些体系中，进程都必然要有一个目的，这目的是宣布了的，描绘过了的，因而是业已经过的和逝去了的，因此，试图延长、停止或改变这种目的的人不是没有的，这类人物中有基奥阿希尼住持们，他们出面自称为“斯拉
夫启示者”或其他名称，并在已被描绘过的时代之外加上一些新 287

① 在我所著的《哲学论文集：乔巴蒂斯特·维科的哲学》（*Saggi filosofici*: *La filosofia di Giambattista Vico*, Bari, 1911）第二卷中，我对维科的思想作了大量的阐述和评论。

的时代。但是这并没有改变一般概念中的任何东西。举例言之，第二位谢林的通常叫作非理性的或悲观主义者的历史哲学就完全没有使它发生任何变化，因为显而易见，它们所描绘的衰落是一种反面意义的进步，是一种邪恶和苦难中的进步，它的目标是邪恶与痛苦的极致，或者说，事实上是导致一种得救之后再变成一种向善的进步。但是，循环是同样地重复出现的，而历史意识则是对永存的个性和分歧的意识，如果循环的观念压抑了历史意识，那么，这种指向一个目标的进步观念就用另一种方式压抑了历史意识，因为它声称历史的一切创造都是不完善的，只有最后一件创造是例外，到了那里，历史就停顿了，因而只有它是有绝对价值的，这样一来，它就为了一种抽象而取走了真实界的价值，为了不存在的东西而取走了存在。二者——即一切历史哲学，不管它们是怎样规定的——都在打埋伏，想要推翻发展观和浪漫主义通过发展所获得的史学价值的增长；如果这种损害没有发生（例如某几位著名历史家的情形，他们虽则承认自己是信从抽象历史哲学的规则的，远近都向其致敬，但小心地不将其引入他们的叙述中去，而把历史叙述得很好），那就证明矛盾的深刻不和还没有被发觉，至少没有像我们今天所发觉的那样被发觉。这是一种迹象，表明浪漫主义也有它所长期努力和深入探讨的问题，有它所根本没有尽力或仅仅
288 做了点滴工作、多少有点收获、静待下文的问题。历史也像从事工作的个人一样，“一次只做一件事情”，对于当时来不及照顾的问题则加以忽视或临时稍加改进，任其自行前进，但准备在腾出手来的时候给以充分的注意。

七　实证主义的史学 289

历史哲学在三点上违背了历史意识，对这三点，历史意识是具有一切理由谨守勿失的，这三点是，历史事件的完整性、叙述与文献的统一性和发展的内在性。人们反对“历史哲学”和一般地反对浪漫主义的史学恰恰就在这三点上，而且反对经常很激烈。归根到底，这种反对是有其共同动机的，这可以从出面反对的人经常互相同情友好而清楚地看出来，虽则他们在细节方面常有纷争。但为了清晰起见，最好是就这种反对的三重性来考虑它，并把它看作历史家的反对、语文学家的反对和哲学家的反对。

我们所说的历史家是指那样一些人，他们专爱研究特殊事实，不爱研究理论，对历史性的著作比对思辨性的著作更为熟悉，用得更多，他们的说法是，历史应当是历史而不是哲学。他们并不敢否定哲学，因为相反地，他们自称尊重哲学，甚至尊重宗教和神学，并且不耻下问地偶然到那些水域去做一次迅速而谨慎的巡游；但是，一般地说，他们只愿在历史真理的风平水静的港湾中驶行，避免驶进哲学的波澜汹涌的海洋：哲学是被划进他们的著作的视界以内
的。他们甚至也不反对“普遍史”的宏大结构存在的权利，至少在 290
原则上不反对，但是推崇和偏爱那些可以从细节方面充分地加以研究的民族史或其他专题史，并以国家史和民族史的汇集去代替

普遍史。由于浪漫主义已把它的各种实际倾向（历史哲学那时已把这些倾向变成了教条）引进那些普遍史和民族史本身，所以历史家就在他们的纲领中自行克制，避免民族的和党派的倾向性，虽则他们保留了让他们的爱国的和政治的愿望能被感到的权利，但他们说，对事实的叙述并不因此而有所改变，事实被认为是不受他们的意见的影响而独立地进行的，或者说，它们是在其自然发展的进程中自然而然地合乎他们的愿望的。由于欲望和哲学判断在浪漫主义中弄混了，彼此发生了污染，因而克制也就扩大到了关于所述事实的质的判断方面；人们认为历史家的领域是事实的实在性而不是它的价值，如果要对问题作出较为深刻的考虑，人们就诉诸理论家和哲学家对于问题所已作过的考虑。历史不应当是德国的或法国的，不应当是公教的或新教的，但是它也不应当妄想用一种较为广阔的概念来解决这些对立物或类似的对立物，像历史哲学家所已试过的一样，而只应当用一种明智的怀疑论或不可知论把它们全部加以中和，并用一种主席作总结的口吻的形式来冲淡它
291 们，仔细倾听对立双方的意见，对各方都有礼貌。这当中有外交手腕，难怪许多外交家或学习外交的人会在这种形式的历史中进行合作，难怪这一学派中最伟大的历史家利奥波德·兰克特别喜欢外交方面的资料，在他身上是可以找到我们所已描绘过的一切特征的。事实上，他老是攻击哲学，尤其攻击黑格尔哲学，大大地有助于历史家们对哲学的不信任，但他的攻击是有礼貌的，小心地避免使用任何听来太粗鲁或太强烈的词句，而表示坚信上帝的插手已在历史当中自行表现出来，那只手是我们自己的手所不能握住的，但它触及了我们的面孔，把它的行动通知了我们。他用专题论

文的形式完成了他的长期的和极有收获的工作，而不采用普遍的结构。当他晚年编写一本世界史时，他小心地把它和宇宙分开，宣称，如果他放弃了民族史的稳固基础而在那些“彼此影响、逐一出现并构成一个活的整体”的民族的普遍性之外去另找他种普遍性的话，那就是“迷失在幻想和自明前提论证中”。在他的第一本书中，他用精致的反语抗辩说，他没有能力担起交给历史的那份重任，去判断过去或就未来教训现在，他觉得他只能表明“事情真正是怎样发生的”；这就是他的整部著作的目标，他坚守这一目标，从而获得了别人所得不到的声誉，甚至达到了替反宗教改革时期的教皇们编写历史的程度，虽则他是一个路德派，并且终身是一个
路德派。这本历史在一切信仰公教的国家都受到欢迎。他的最大 292
成就是以不得罪法国人的方式去写法国史。他是一位最富文采的作家，他能在礁石之间行驶甚至不暴露自己的宗教信念或哲学信念，从不自己负责去作任何确定的解决，在任何情况下他都不对他所依靠的概念例如“历史观念”，教会与国家之间的永远斗争，以及国家观等逼得太紧。从兰克自己国内的许多历史家看来，他是他们的理想和教师，从某些国外的历史家看来，他也是这样的。但是，即使没有他的直接影响，他所代表的历史型式也到处在萌芽，有些地方稍早一些，有些地方稍晚一些，这要看各国的形势和巨大的政治激情和哲学热情的冷却程度而定。例如，在法国，这种情形发生得就比意大利早，在意大利，史学在 1848 年以后还感到唯心主义哲学和民族运动的力量，甚至直到 1860 年仍是如此。但是，这种我在最初开玩笑地呼之为“外交式”而实则几乎是应当严肃地看待这一称呼、把它命名为“外交”型式的历史，在那些性情温

和的人中至今仍然是成功的，他们爱慕文化，但不愿意沾染党派的激情，也不愿意为了哲学思辨而伤脑筋：不过，我们可以想象得到，它不是经常用一位利奥波德·兰克的智力、平稳和手腕去加以研究的。

外交式的历史家没有完全不许思想进入历史的野心（因为他
293 们没有这样一种野心所必需的天真），反之，语文学者却有这种野心，他们是一群最天真的人。他们显得格外天真，因为他们对于自己的评价以前虽是极其谦逊的，但后来已经显著地提高了，原因是，对编年史和文献的研究已经达到了高度完善的境地，最近又有了批判法或历史法的创立（事实上它不是从一无所有中创造出来的），这种方法被用来精细地和严密地考查资料的来源和提炼这些资料，被用来从内部去对原文进行批判。在德国这样的国家，语文学家的这种骄傲心是盛行的，方法也发展到了顶点，在那里，傲慢的书生气比别处更为盛行，在那里，作为那件最可赞叹的事情即科学的严肃性的结果，“科学精神”大大地偶像化了。在一切有关环境和真正正当的科学工具方面也都野心勃勃地采用了这个词，例如对叙述和文献的收集及批判方面就是这样的。至于法国和意大利的旧派学者，他们在“方法”方面所取得的进步并不逊于19世纪德国所取得的，但是他们没有梦想到他们这样做是在产生“科学”，更没有梦想到要嫉视哲学和神学，或者以为他们可以把它们逐出阵地，用文献法去取而代之。但是，在德国，每一个平庸渺小的原件抄录者、每一个不同文本的搜集者或每一个考查原件之间的关系的人和文本的真伪甄别者都自高身价，侧身科学家和批评家之列，不仅自视为谢林、黑格尔、赫尔德或施勒格尔等人的

平辈，而且还看不起和蔑视他们，把他们叫作“反方法的”。这种伪科学的傲慢心从德国传遍了欧洲其他各国，现在达到了美国，虽 294
则它在其他国家比在德国更加常常遇到不客气的人，笑话它。那时，我所名之为“语文学的”或“博学的”历史的史学方式就第一次出现了。也就是说，那些通常叫作古史、年代记、文库、文集的多少有点见识的资料汇编就把自己伪装为历史，只有它们才是高贵的和科学的。这些历史家把他们的信念安放在一份叙述当中，其中每一个字都有一件原本作依据，此外，在他们的著作中什么也没有，有的只是原本中所有的，那是脱离了上下文的，是没有经过语文学叙述者的思索重述出来的。他们的目的是要使他们的历史达到一种综合性汇编的地位，从有关特殊的时代、地域和事件开始，而终于把整个历史知识安排在巨大的百科全书中，从中可以为古典的、浪漫主义的、日耳曼的、印欧系的和闪族的语文学提供系统性或定义性的条目，那些条目是在一个专家指导之下由一群专家编成的。语文学者有时候为了减轻工作的枯燥性，也会用带有情感的爱好和理想的见解来略略点缀一下自己。为了这个目的，他们就求助于求学时的记忆，求助于当时流行的哲学口号，求助于当时人们对于政治、艺术、道德的日常情操。但做这一切时，他们是很有节制的，以免失去他们的科学严谨性的声誉，以免在科学的语文文献学的历史方面遭到失败，这种历史是看不起哲学家、外行、 295
吹牛家所喜爱的无益点缀的。结果，他们就两害相权取其轻，容忍了上述那种类型的历史家，并且照例倾向于原谅他们为了支持“新文献”而跟“观念”发生来往所产生的罪过，那些新文献是他们所发现或利用过的，是他们经常可以作为一种有用的残余从他们

的书本中挖掘出来而去掉其“主观的”杂质以使其纯洁化的，也就是去掉其前人的加工。他们所知的哲学只是“历史哲学”，甚至这也是从它的可怕的恶名知道的，而不是从直接熟识中知道的。他们记得有名的哲学家确实记错五六个人名和日期的掌故，并且随时准备重述那些掌故，却很容易忘记他们自己所犯的无数错误（更易犯，更危险）；他们几乎使自己相信了哲学是被发明来改变人名和混淆日期的，而那是委托给他们去热情地加以照管的，相信哲学是魔鬼用来毁灭严肃的“文献性历史”的陷阱。

第三群反对历史哲学的人是由哲学家或历史家—哲学家组成的，但是他们不要那个称呼，他们选择了另外一个比较不致引起猜疑的称呼，或用某一形容词加以冲淡，或事实上接受那一称呼而附以适当的说明：他们自称为实证主义者、自然主义者、社会学家、经验论者、批判主义者或类似的名目。他们的目的是要去做不同于
296 历史哲学家所已做过的事，既然历史哲学家用的是*目的*观，于是他们就都发誓说，他们要用*原因*观来进行工作；他们要找出每一件事实的原因，这样去愈来愈广泛地概括出整个历史进程的原因或诸原因：另外一些人则觊觎一种历史的*原动力*；他们要从事一种历史*机械学*，即一种社会物理学。一门特殊的科学出现了，它和历史哲学是对立的，在那里，自然主义的和实证主义的倾向自己觉得抬高了身价：它就是社会学。社会学把起源于人类的事实加以分类，并规定了调节它们的相互依存的法则，利用这些法则为历史家的叙述提供说明原则。在另一方面，历史家则辛勤地收集事实，把它们送给社会学，使社会学能从这些事实中挤出汁来，也就是说，使它能把支配它们的法则加以分类并引申出来。因此，历史和社会学

的关系就与生理学和动物学的关系、物理学和矿物学的关系或另一种同类的关系一样；它们不同于物理科学及自然科学的地方只是它们更为复杂而已。数学计算的采用好像成了历史进步的条件，犹如它是一切物理科学和自然科学进步的条件一样。一门新的名叫统计学的“科学”以实际行政的谦逊仆人和官僚制度所激发的作品的形状出来支持这样一种想法。既然全部科学是以一座压缩工厂的观念作模子的，于是人们就替历史祈求和勾画了“综合”，即历史的间架，在那里，支配各单个历史的法则和事实应当加以扼要的叙述，就像一种图表一样，以便一眼就能看出其中的原
因和事实。难道我们还用得着回忆这一学派的人名和支持者、孔 297
德、巴克尔、泰纳等等及追随他们的最近的历史家如兰普雷希特和布雷西格吗？难道我们还用得着回忆这一学派的最必然的和最似是而非的纲领如巴克尔的文明史序论和博尔多的《历史家的历史》吗？这一切和其他类似的实证主义学说都是记忆犹新的，因为它们或则在年代上离我们是最近的，或则它们在世界上所引起的喧嚣回响犹在，我们还到处可以看到它们的痕迹。我们到处看到它，尤其在他们根深蒂固的成见中看到它（这是我们必须耐心地加以消灭和融化的），这种成见认为，历史、真正的历史应当用自然主义的方法去构成，认为原因归纳法应当被采用。因此，他们用多种多样的自然主义概念感染了近代思想：例如种族、遗传、退化、模仿、影响、气候、历史因素之类。在这里，也和历史哲学的情形一样，既然我们只要选出每一件事实的主要东西就够了，我们就不必细究它的各种特殊形式了，即，不必细究那些宣布和列举历史原因的各种方式，不必细究那些声称这一原因或那一原因是最主

要的原因的各种主张了:最主要的原因有时是种族,有时是气候,有时是经济,有时是技术,如此等等。在这里,研究特殊的形式对每一个这样的人会有用处,这种人特别愿意发展辩证法,愿意描绘那一学派的内部分解,即指出它要以自己的特殊方式越过自己的内在倾向,虽则它没有能够通过那一途径做到这一点。

298 我们已经说过,反对"历史哲学"的三类人物和他们打算用来代替它的三种方法——外交的、语文文献学的和实证主义的历史——表明,他们的内部是不一致的。可以证实这一点的是,外交式的历史家看不起纯然的博学,不信任实证主义的构造,博学家则怕人名和日期弄错了,看见外交式历史和写作这类历史的实行家的漫不经心的作风就摇头。最后,实证主义者又认为后者是一些没有穷究事物的底细、没有穷究它们的一般原因或自然原因的人,责备博学家无力提高到法则的水平、无力按照这些社会学的、生理学的或病理学的法则去确立事实。但更可以证实的是我们所已注意到了的:激励他们的共同概念和他们的实质上的亲近关系,因为,当博学家想用某种哲学来打扮自己时,他们很快就披上一些实证主义思想的外衣或实证主义言辞的破布,高视阔步起来。他们也参与了实证主义者和外交式历史家对于思辨性问题所持的保留和不可知论的态度,同样,不承认他们所要求的正当性是不行的,他们所要求的是:证明应当可靠和文献应当无伪。外交式历史家同意他们的这一公式,就是,历史不应当是哲学,研究工作应当不管目的论而应遵循因果性的路线。事实上,三种反对派对于历史
299 哲学的超验性的态度是一致的,他们否定了历史和哲学的统一性,但否定的程度不同,各有特殊用意,初步研究不同,方式不同。

这些学派在它们所否定的方面虽则是一致的，但从我们看来，它们三者都要受到一种批判，这种批判把它们在一种单一的否定下一致起来了。因为，甚至一位兰克的能力和智力也无力把生气灌输给稳健主义，无力坚持外交式历史的折衷主义，在企图这样做的人失败以前，事情就失败了，因为这样做是和他们的能力背道而驰的，本质上是不可能的。不可知论的历史观是荒谬的——这种历史不是哲学性的，但又并不否认哲学，不是神学性的，但又不是反神学的，而把自己限制在民族及其相互的影响方面——因为兰克本人也不得不承认有超过民族的力量或理想，因而需要在一种哲学或在一种神学中思辨地加以辩护。这样一来，他就使自己受到了实证主义者的责备，他们不信任他的观念，说它们是“神秘的”。由于同一理由，其他的人就在把它们一点一点地从理想或精神运动的地位变成自然的和生理的产物，如同洛伦兹所尝试的一样，他是一个热烈地追随兰克的人，他因其生殖的和遗传的学说而陷入了他的老师本人力图避开的生理主义和自然主义。当这种从精神性到自然的过渡被完成时，历史与史前，即文明史与自然史之间的分界线也就不被尊重了。另一方面，当观念被人解释为超验的及被解释为符合神意的设计时，事情又回到“历史哲学”了； 300
神意根据一种法则支配世界，并根据一种行程计划指导世界。自负为公正与客观的基础原是一种半吞半吐的、暗示性的、谨慎缄默的文字策略，它同样是骗人，从严格批判的观点看来，反对兰克及其教皇史的耶稣会士将要永远得势——教皇制度要么永远到处像它所自命的那样是作为人的上帝之子所建立的一种制度，要么就是一种谎言。尊重和谨慎在这里是不适用的。二者必居其一。事

实上,不采取那种看法左袒一边是不可能的;充其量不过因此形成一些宽容的人、袖手旁观的人和漠不关心的人所组成的第三派而已。兰克的原则是不大一贯的,这可以从他的《世界史》的某一部分看出来,在那里,当他谈到塔西佗的时候,他以历史教师的身份提到他自己的体验说,“不能说史学是向进步方面平稳地和始终如一地发展的,在古人中是如此,在近人中也是如此,因为,目标本身是在时间的进程中形成的,永远是不相同的,而概念是以作者的生活和写作的环境为转移的”。这样一来,他就在盲目的偶然论跟前采取了一种退却的行动,而现在的历史描绘则表明这是很不应该的,因为现在的历史描绘已描绘了历史思想从希腊人到近代的有机的和进步性的发展。在另一方面,整部《世界史》证明,由于他所存心模糊地留给我们的观念或观念网不大一贯,结果,他就很难使那部浩瀚的叙述具有生气,那部叙述非常缺乏联系,非常沉
301 闷,有时甚至写出一些无关的想法,例如,在第一卷开头,他把扫罗和撒母耳跟那些同教皇发生冲突的皇帝相比,把罗波安和耶罗波安的政策跟近代的中央集权国家与离心的地域之间的政治冲突相比。一般地说,我们发现兰克有一种陷入实用主义方法的不可避免的倾向。批评兰克的话同样再可以用来批评他的门徒和那些培植同样也是折衷性历史的人。至于语文文献性历史,我们对它的纲领的描绘就把它的无用说清楚了,因为它直接导致了一种双重的谬误。如果真正采取最严格的方法去审查见证,那就没有见证是可怀疑和探究的了,语文文献性历史就会否定它所希望建造的历史的真实性。如果由于外在的理由,把价值强加给某些证据,那就没有一种胡说是不能同意的,因为没有一种胡说不会没有诚实

的、公正的和聪明的人站在它一边。语文文献学方法甚至对奇迹也无法加以否认，因为奇迹也有证明确有一次战争或一份和约的同样核实为凭，例如洛伦兹就按照最严格的语文文献学批判法审查过圣伯尔拿的奇迹。为了不承认不可思议的东西和不承认随着见证无效而来的历史无效，就只好求援于思想，别无他法，思想从内部重组历史，它就是它自己的证据，它不承认不可思议的东西，因为那是不能想象的。这种求援就是宣布语文文献性历史的破产。我们当然可以说，这种形式的历史如果依靠历史本身所提供的一切帮助，它就多少可以支持自己作为历史而存在，并自相矛 302
盾；或者说，它自相矛盾，却不能支持自己，或又采用实用主义、超验论和实证主义的方法，只能在表面上支持一会儿。其中实证主义又在不同体制中遇到了同样的经验，因为它用来从原因方面说明事实的历史原则先假定有事实，而这样的事实本来就是思想，因而在某种意义上是已得到了说明的。因此就产生了一种恶性循环，这在历史和社会学的关系中是昭然若揭的，它们互相作为基础，同时又互为对方提供基础，很像柱支持柱顶，同时又从柱顶再树立柱子一样。但是，如果为了打破这一循环，把历史当作基础，把社会学当作它的实践，社会学就不再是历史的说明，历史就要另找说明了。根据不同的爱好，这不是一个未知的原则，就是某种像上帝一样行动的思想形式，二者都是一种超验原则。因此，实证主义就在事实上导致了历史哲学，如同孔德、巴克尔及其他同类人物的启示录和福音书所例示的：他们都是最虔敬的神学家，但是很混乱，他们重新采用已被浪漫主义史学驳斥过的那些谬误概念。

浪漫主义是知道它已把人类事务发展方面的研究工作提到了

什么样的高度的，当它面对这类肤浅的、愚昧的或粗糙而奇怪的历史时，它确乎是会大叫大嚷的（事实上，它已通过它的勇士的嘴大
303 叫大嚷了），会模仿波拿巴在雾月十八日的口吻对它的反对者和后继者叫嚷说："我留给了你们以如此光辉的历史，你们用它做了些什么呢？难道这就是你们答应用来解决我所未能解决的问题的新方法吗？除了厄运与贫困以外，我从中什么也看不到！"但是，我们是一些在史学的长远发展中从未见到绝对倒退的人，我们的当前的或最近的敌人虽是实证主义和自然主义学派，但我们不能让自己随波逐流，跟着正在反对这种学派的浪潮跑，以致看不见事实上是这一学派自己所固有的东西，由于那种东西，它确实代表了进步。我们也不会去衡量浪漫主义和实证主义的优点，把它们加以比较，并作出结论，肯定浪漫主义的优越性；因为人人皆知，这样去审查优点的程度乃是教授们的事，在历史上是不能容许的，观念上后来的东西，实际上比它所继承的东西好，尽管表面相反。第一，严格地说，相信浪漫主义所已赢得的东西在实证主义中失去了，那是错误的，因为，如果从另一种观点来看这一时期的历史并比较用心地来看时，我们就知道，那些东西都被保存下来了。浪漫主义废弃了历史二元论，从历史二元论看来，事实上存在着积极的事实和消极的事实，即被选的事实和被弃的事实。而实证主义一再说，一切事实都是事实，它们都有进入历史的同等权利。浪漫主
304 义用发展的概念替换了由以往史学插入事件进程之间的鸿沟与罅隙，实证主义也一再重复那种概念，把它叫作进化。浪漫主义在发展方面确立了许多时期，这些时期或者是一种局面循环的形式，像维科所确立的一样，或者是一种非循环的、直线的状态，像德国的

浪漫主义者所确立的一样,它并且举例说明了各种状态是一连串的精神形式或心理形式,而实证主义则复活了这类概念(虽则由于它的信徒通常缺乏教养,它常常相信自己发现了前人从未发现过的东西),这是可以从一长列的例证中获得证明的。这类例证有孔德的心理发展的三个时期和分别属于同时代人兰普雷希特和布雷西格的“新产品”的社会发展的八种局面或四大政治时期。浪漫主义断定,用看成原子一样的个人的任意、筹划和计谋来说明事件是一种儿戏,而以普遍的东西、“观念”、各种观念、精神、民族和自由作为历史的主题;实证主义也反对个人主义的原子主义,谈论群众、种族、社会、技术、经济、科学、社会趋势;事实上,它谈论一切,但蒂齐乌斯和克伊乌斯的任性是例外,不再被认可了。浪漫主义这时不仅已经加强了各种观念价值的历史,而且已把它们看成是有机地联系着的;而实证主义则坚持社会因素的相互依存和实在的东西的统一性,并想用文明和文化史来填补各种专门史的空隙,所谓社会史本身就包括了政治、文学、哲学、宗教以及其他一切类别的事实。浪漫主义推翻了他律的、教育性的、道德化的、服务性的历史,实证主义也自夸它的历史是一种科学,本身就是目的,像其他一切科学一样,虽则也像一切科学一样,它提供了实用的基 305
础,因而是能应用的。浪漫主义提高了对博学的尊重,刺激了博学与历史之间的来往。但是,实证主义时期的博学和语文文献学自负它们本身就是历史,除了意识到它们继承了它们所保存和夸大的浪漫主义以外,它们那种自负是从哪里得来的呢?它们的方法的实质,除了(如同弗埃特所已很好地注意到的)表现在创始这种方法的沃尔夫身上的浪漫主义对于原始的、真正的、质朴的东西的

寻求以外，又是从哪里继承得来的呢？我们最好要记得，沃尔夫是一位前浪漫主义者，他是佩服奥希恩和通俗诗歌的。最后，实证主义力图找出历史的诸原因，找出历史事实的连贯，找出各因素的统一性及其对于一个最高原因的依存，除了浪漫主义者本身对于发展的方式、目的和价值的思辨以外，那种努力还有什么别的意义呢？任何一个注意到这一切和我们所能列举的其他类似之点的人必然都会得出结论说，实证主义之于浪漫主义跟启蒙运动之于文艺复兴运动是一样的，就是说，它作为浪漫主义的对立面者少，而作为它的假设的合乎逻辑的执行和夸大者多。甚至它之最后变成神学也和浪漫主义之最后变成神学是相应的。在其他方面，这是一件显而易见的事，因为超验性总是超验性，不管它被设想为上帝的超验性或理性的超验性，被设想为自然的超验性或物质的超验性。

但是，把它看作物质也好，看作自然也好，这种对浪漫主义的问题和概念的自然主义的和唯物主义的歪曲把观念歪曲成原因，把发展歪曲成进化，把精神歪曲成群众等等，乍一看去是可厌和可
306 笑的，人们最初会以为那是实证主义史学的弱点所在，其实相反，从细心的观察者看来，它正是实证主义比浪漫主义进步的地方。那种曲解有力地否定了历史是由超现实的力量，由外在的究竟，由超验的法则所推动的，在它的动机方面是如此，在它的一般趋势方面也是如此，与此相关，它肯定了历史的法则应从真实界中去寻找，真实界是单一的，名叫“自然”。实证主义没有理由愿意听到任何“形而上学的”东西，心里头却有教条主义的和超验论的形而上学，那种形而上学已经渗入了康德及其后继者的思想中；它所轻

视的标的是好的，虽则结果它把形而上学和一般哲学弄混了，或把教条主义的形而上学和批判的形而上学弄混了，把存在的形而上学和心灵的形而上学弄混了，它自己不是完全不受它所攻击的东西的影响的。但是这种情形并不妨碍它对“形而上学”的极为反感，由于把我们自己限制在比较直接的兴趣中，并不妨碍它去讨厌“历史哲学”产生于持久的结果。幸亏有了实证主义，历史著作才变得不那么幼稚，著作中的事实才变得较丰富，尤其是富有浪漫主义所忽视的那类事实，例如被称为自然安排的安排，被称为退化过程或病态过程的过程，被称为心理错觉的精神混乱，被称为物质兴趣的兴趣，以及财富的生产与分配或经济活动，势力与暴力或政治力量与革命力量等事实。实证主义存心否定超验论，存心观察它 307
的一切，它觉得自己在这方面是正确的，实际它也是正确的。我们每一个适当地注意那类事情并再次提出那种否定的人乃是在收获实证主义的果实，在这方面是一个实证主义者。它的矛盾的功绩在于它使浪漫主义史学中潜在的矛盾变得更明显了。应该说，实证主义者的最无节制的学说例如泰纳的学说也有这种功绩，泰纳认为知识是一种真正的幻念，认为人类的智慧是一种耦合，它认为非理性是正常的状态，就像朗布罗梭相信天才就是疯狂一样。这种情形的另一个例子是，人们试图发现异质混杂和历史分歧是怎样出现的，如果同质被假定了的话；此外还有方法论上的规则，认为对历史的说明应当从因果关系中去寻找，但应在天才和德行前停止，因为它们没有因果关系，它们拒绝接受因果说明；还有可怖的不可知，人们对那欲与天公试比高的科学巨人大捧特捧一阵之后，它被放在真实事物的历史的前头。但是，既然浪漫主义没有使精神和自然相融合，而是互相反对，那么，在浪漫主义时，如果精神吞噬了自然，但没有能力消化它（因为，前面已经说过，它是消化不了的），而现在则自然在对精神做出同样的事，得出同样的结果，这是很公平的。这种情形如此公平，如此合乎逻辑，因而有不少的旧日唯心主义者倒向了最彻底的唯物主义和实证主义，因而对他们自己在混乱中无力看清道路所作的自白立即成了有教育性和有启发性的，挂上“不可知论”名义的困惑也和这一样。对历史
308 实证性的明确肯定代表一种思想上的前进，同样，其对立物被推到极端时也就向新问题的准备和解决精神与自然之间的关系的新方法前进了一步。毁谤应当出现，意思是说，甚至荒谬的人的毁谤和对人类良知的令人厌恶的错误批判的毁谤也是一种前进。

八　新的编史工作 309

结　　论

浪漫主义潮流不仅在实证主义统治时期仍然过多存在，不仅如我们所已说过的，甚至慢慢地形成了它的自然主义的对立，而且以其真正的形式继续存在着。此外，我们虽然没有谈到迂腐的模仿者和保守派——他们在思想史上的意义是很小的，也就是说，他们的意义只限于他们不得不为自己思想的狭小领域以内——但我们已记下了兰克的折衷主义中所保存的浪漫主义，兰克是信从洪堡（也是一位“外交家”）的学说的。

在从洪堡到洛策、从哈特曼到冯特以及其他各国相当于他们的哲学家中，唯心主义和浪漫主义的动机继续照耀哲学家的才智与心灵。在正当地被称为编史工作中，也有同样的情形，并且不能不出现同样的情形，因为，如果严格地相信不可知论和实证主义的公式，思想的全部光辉就将消灭在盲目的机械论中，即，消灭在一无所有中，因而任何历史表述都将成为不可能的。因此，政治史、社会史、哲学史、文学史和艺术史即使不如浪漫主义时期的那样重要，也继续有收获（环境对自然科学和数学比对历史远为有利）但仍是值得注目的。这种情形在一本篇幅巨大的史学著作中说明过 310

了（我指的是在这方面已经几次提到过的弗埃特的著作）。在那本书中可以找到对兰克所完成的伟大工作所表示的适当敬意，由于我的说明进行得很快，因而我只阐述了它的消极面，例如我对《历代教皇史》一书就只提到了其中的矛盾，其实它仍是一本杰作。浪漫主义精神最盛行的时候使人信服的性质在泰纳的典型例子中得到了显露，泰纳在他的著作的命题和指导性原则方面是毫无掩饰的自然主义者，但在特殊的事例上，例如他在描写法国的诗人或荷兰和意大利的画家的特性时，却是毫无拘束的浪漫主义者。结果，他在他的《现代法兰西之起源》一书中表现了过分的反雅各宾的浪漫主义，犹之左拉和其他真实主义者[1]一样，他们口头上是浪漫主义的敌人，他们的小说却全是抒情的，这一学派的领袖以抽象抒情诗体的四福音书结束他的著作。对泰纳的说法也可以对巴克尔和其他自然主义者及实证主义者说，他们被迫违反自己的意志，变成了历史的，也可以对那些变成了历史唯物主义信徒的实证主义者说，他们发现在自己家里建立了辩证法，可是不能解释它是什么，是从哪里来的。并不是所有的史学理论家都像博尔多和其他一两个人那样坚决地和疯狂地信从自然主义；事实上，这种人很少，而且是些声誉较次的人。在他们大多数人中盛行的是折衷主
311 义，这是一种必要和自由、群众和个人、原因和目的、自然和精神的联合：甚至历史哲学纵使不以其他形式被承认，那么也作为一种需要或在情况需要的时候予以讨论一个问题而被承认了（纵使那是绝不会的）。折衷主义的种类也是最多的，从低水平到高标准都

[1] 1875 年左右意大利人韦尔加（Verga）所创，即左拉的自然主义。——译者

有，低水平的是人为地把概念加以浅薄的排比，高标准是经过了内心加工的，随时显得必将从中产生一种新福音，不再折衷似的。

自从近代意识脱离了实证主义并宣布实证主义破产之后，最后这种形式的折衷主义及企图或多或少地完全复活浪漫主义唯心主义的公开尝试就更经常出现了；史学的浪漫主义方法也是一样。但是，这一切的重要性在于它是思想上真正前进的征候。新的近代直觉哲学和价值哲学应该被看成是征候，而不代表思想上的进步（我指的是一般的，不是常常形成一种真正贡献的特殊思想和理论上的）。不过，直觉哲学在正确地批判了作一种经济结构的科学，认为它对真知识没有用处之后，旋即把自己封闭在直接的意识中，那是一种神秘主义，在那里，历史辩证法被淹没了，被窒息了；价值哲学把价值的概念当作精神的卫士，用来反对科学的概念，像“一种哲学上的防备狗咬”一样（我们的富于想象的塔里会这样说过），因而为一种二元论开了方便之门，这种二元论妨碍了历史与作为历史的思想的统一。因此，当我们举目四顾时，我们没有发现这样一种新哲学：它既能奠定基础，同时又能解决富于想象 312
的浪漫主义和唯物主义的实证主义之间的对立，从而为新的史学提供辩解。

显而易见，我们甚至不能把这样一种哲学当作一种要求来讨论，因为对一种特殊哲学的要求本身就是对那种特殊哲学的思索，因而那不是一种要求，而是一种现实。因此，我们就陷入了一种两端论法，或者是不谈它，在这种情形下就是连那作为一个时期的已告结束和已被替换的实证主义也不谈，或者就把新哲学当作一种活着的和存在着的东西来谈，恰恰因为它是活着的和存在着的。

既然我们已经批判了它，不谈它是不可能的，唯一的办法就是承认那种哲学是一种存在着的东西，而不是一种尚待召唤的东西。不过我们不应举目四顾，看它在哪里，而应回顾我们本身，应该求助于激起了对史学的这种历史性勾画的思想，求助于在它以前的全部历史解释。在我们所已描绘的哲学中，真实界被确认为精神，这种精神不是高悬在世界之上的，也不是徘徊在世界之中的，而是与世界一体的；自然已被表明是这种精神本身的一个阶段和一件产物，因而二元论（至少是那种困扰过从泰勒斯到斯宾塞的思想的二元论）被它替换了，一切超验论，不论其起源是唯物主义的或神学的，也已被它替换了。精神就是世界，它是一种发展着的精神，因而它既是单一的，又是分歧的，是一个永恒的解决，又是一个永恒的问题；精神的自我意识就是哲学，哲学是它的历史，或者说，历

313 史就是它的哲学，二者在本质上是同一的；意识和自我意识是同一的，也就是说，意识和自我意识既有差别，同时又是同一的，就像生活和思想一样。这种哲学在我们自身之内，是我们所有的，它使我们能够从别人的也是我们的思想中认出来，也就是从我们身外去认识我们自己，它使我们能够在其他形式的当代哲学中或多或少清晰地和完善地发现它，并在当代的史学中或多或少明晰地发现它。我们常有机会产生这种认识，它能使我们得到很大的精神安慰。例如，最近，当我写这些文章的时候，我得到一位历史家、一位纯历史家所写的一部历史著作（我在许多例子中选了这个例子），我一开头就读到了一些语句，那些语句很像是我自己说的，他说，“我这本书所根据的信念是，德国的历史研究工作应该提高一步，以便获得较自由的行动，跟政治生活和文化的伟大力量发生接触，

而不放弃它的方法上的珍贵传统，是应该投身哲学和政治，而不伤害它的目的或本质，因为只有这样，它才能发展它的内在本质，才能成为既是普遍的，又是国别的”[①]。这就是我们时代的哲学，它是一个新的哲学和史学时代的开创者。

但是，要写出这种哲学和史学的历史是不可能的，它是主体，不是客体，其所以不可能不是由于一般人所持的理由，那种理由我们业已证明它是错误的，因为它把意识这件事实和事实拆开了，其所以不可能是由于另一个理由，就是，我们正在创立的历史是一种“时代”或“伟大时期”的历史，而新的时期之所以为新，正因为它
不是一个时期，也就是说，它不是一种已告结束的东西。我们不仅 314
无法从年月方面和地理方面描绘它的轮廓，因为我们不知它将占据多长的时间（它会在三四十年中得到迅速的发展，还是会遇到阻碍，但将继续延伸达几个世纪呢？），不知它将包括哪些国家（它将长久是意大利和德国的，限于某些意大利和德国的圈子，还是将在一般文化和公众教育两方面在所有各国迅速扩散呢？），而且我们也无法从逻辑方面去限定它在这些考虑以外的价值将是什么。原因是，为了指出这些限度，必须已经发展出了它的对立面，即从它的解决中所必然要出现的新问题，而这种情形还没有发生：我们自己还在波浪起伏中，还没有卷起风帆，靠拢港口，准备新的航行。黑格尔在他的历史哲学讲义结尾时说，知识在它的发展中达到了

① 弗里德里希·梅内克，《世界市民与民族国家：德意志民族国家起源之研究》，*Friedrich Meinecke*，*Weltbürgerthum und Nationalstaat*：*Studien zur Genesis des deutschen Nationalstaates*，第二版，序，第7页慕尼黑、柏林、奥尔登堡1911年出版，München u. Berlin，Oldenburg，1911。

这一点;但他还没有权利这样说,因为他的发展是在日耳曼世界和绝对唯心主义的体系中从不意识到自由走到充分意识到自由的,它不能实现。但我们却大可以这样说了,因为我们已克服了黑格尔主义的抽象性。

人 名 索 引

（本索引所标页码为英文版页码，即本书边码）